王维十五日谈

李让眉 著

岳麓书社·长沙

目
录

代
序

周流于万象而寂静

胡桑

让眉是诗人。与我不一样,她写旧诗和词。她的诗更新了我对旧诗和诗人的一些看法。二十多年前,我提出过要重建新诗与旧诗的联系,新诗需要激活古典诗歌的精神内容和语言资源。我又常常以为旧诗的形式(体式、句长、韵律等)限制了对当代生活的表达能力,在既有的情感、思想、记忆里徘徊、兜圈。直至几年前我读到让眉的诗词作品和诗学书写:

蝶恋花·通勤口占

白月空天潜自驻。衢底终风,地铁过无数。诸我错肩门一阻。晨昏心气春冬絮。

漂泊浮身尘里语。幻码方生,打闸人潮去。遮面已迷回望处。上楼去会苍生苦。

在这首写于 2021 年的词作里，当代打工人的通勤体验在"词"这一古典体式中被裁剪、形塑、安放，同时"词"的形式潜能也得以激活。比如"地铁""幻码""打闸"诸多语汇的嵌入，分明是在邀约当代人的生活进入古典的书写形式。让眉在采访中自己"拆解"过里面的一句："'幻码方生，打闸人潮去'，本身其实就是在'潮打空城寂寞回'这个模组基础上的搭建——现代人虚无倦怠的感受是真的，它属于当下的体感，但表达是从旧范式里顺应下来的，也是比较适合这个老瓶子的。"可见，她是在自觉地更新刘禹锡的诗句和诗意，旨在通过旧范式"唤醒"和"重温"当代人的感受与"当下的体感"。也可以倒过来说，她的写作试图通过当代人的真实、现场和肉身化的感受蜕出古典范式下的新颖表达。

2021 年春日，在上海古籍书店徘徊觅书，我突然被书架上"所思不远"四字吸引，停下来翻看了许久。我将这本《所思不远》买回家，读得细致，就更加兴奋。作者便是李让眉。我当时对她一无所知，在网上搜寻很久，大概拼贴起了她的人生的一些碎片。最让我流连的是，在她的写作里，对朱彝尊、陈维崧、黄仲则、王昙、龚自珍、谭嗣同等清代诗人词家的体贴和身代那么细腻、敏锐，闪耀着思考的光，流溢着生命的温热。让眉的才情很高，其书写却始终源于性情，一字一句紧贴于人物的遭际、命运及其表达。我实在太喜欢这样的书写了，向许多友人推荐过这部《所思不远》。后来我又读到《李商隐十五日谈》和《香尘灭：

宋词与宋人》，它们很快成为我旅行途中随身捧读的书。

在我的阅读感知中，让眉是一个"相似的人"。我在《失踪者素描》里写过一句诗："他多么渴望相似于每一个被困在世上的人。""被困在世上的人"，是指那些理解并栖身于辽阔的尘世罗网并持护己身与他人的人，他们懂得真也知道造幻，懂得分寸也洞悉让眉所谓的"对颤抖的努力抑制"。我在她笔下的唐人、宋人、清人身上看到了那些被困在世上又从中汲取滋养的人，也看到了一些自己的身影。我并非让眉眼中的"上根之人"，但遇到、邂逅甚至遥遥望见那些上根之人，总是心生欢喜，见贤思齐。作为书写者，让眉善于显现古往今来上根之人的光芒与暗影。

《李商隐十五日谈》体例独特，既是李商隐的传记，也是对李商隐诗歌的讲读，更是对李商隐生命、心思、情感的烛照和显影。于我而言，这是一种更新和纠正：它更新了李商隐的诗歌面目和生命姿态。历来诗评家一味彰显玉溪诗的晦涩难解，而让眉却弥合了他的诗歌形式与生命内容之间的深渊。李商隐的诗在让眉的分析、解释中生成了一个"现代性维度"：在觉察、吸纳、巩固传统表达和审美之外，拥有了"走向未知的能力"。这源于她对当下瞬息万变的现代经验的体认和总结，并以敞亮的心胸与古典经验贯通。

在当代，我们可以追问，诗到底源于什么？面对空寂无常的世界，诗到底如何帮助我们安顿这惶然不安的人生？在汉语世界，旧诗和新诗仿佛是两种截然不同的诗，给出的答案也就往往风马牛不相及。但旧诗新诗终究都是诗。操持不同语言的人也终究拥有同一种碳基肉身。新诗与外国诗歌之间千丝万缕的关系造就了新的书写形式、修辞、结构、情感和寄托。所谓"走向未知的能力",可以翻译为德国诗人保罗·策兰(Paul Celan)的话:"诗歌就是语言中那种绝对的唯一性。"绝对和唯一的极致性、决绝感源于西方思想深处的逻各斯和形而上:穷极万物、探寻至真。因此,个体的生命与灵魂的安顿也就成了不可或缺又难以回避的命题,即"存在"的命题。但中西的安顿方式总是殊途而分歧。中国古典思想终究不在逻各斯上求索,而在不执、嗒然丧耦的道路上潜行。让眉曾留学德国,虽然专业不是文学,但异域的体验想必加强了她对自己生活世界的确认。她在异国写诗时感觉到形式与内容之间的断裂,但那种写作经验无疑加深了她对古典诗人的感同身受 ——用她的话来说,"以身代入"。古人和现代人的生命困局在肉身存在的缘起上毕竟是相通的,差异只在于表达的方式和道路的选择。

让眉的诗学思想里有融汇古今的渴望,也有贯穿中西的诉求。她敏感于变化,并将其体验、吸纳 ——不仅是技术和时间的变化,也是物质和空间的变化,更是体验和形式的变化。所以在《李商隐十五日谈》里,她试图揭示出一个"新李商隐",一个经过李让眉形塑和阐发的李商隐,一个当代人可以进入的李商隐。正如冯至写了一个"新杜甫",陈寅恪写了一个"新柳如是",乔伊斯写了一个"新尤利西斯"。当然,她也在变化中挽留着不变。她关切的始终是"人本身"。于她而言，诗歌只是对肉身易朽之人的"安放和开拓的方式"。

《王维十五日谈》这部书稿既然沿用了旧的命名方式和写作体例，可见，让眉必然决定去创造出一个"新王维"，一个与我们共享着同一个世界的王维，一个作为我们的同代人的王维，一个复活于动态视角的王维，一个在珠影交映、无穷无尽的因陀罗网中努力安放自己又敏感于万物生机的王维。

王维常被称为山水田园诗人、自然诗人、佛教诗人，他的诗则是清新自然、超俗恬淡、寂静虚空、诗画交融。但在让眉的书写里，王维"不是一个适合用现代诗学体系去定义个性的诗人"，而是一个在各个维度上做到均衡的诗人，"均衡得令人提不起警惕"，因此他的诗能够灵动而开阔，森然又淡泊。让眉将王维视为"擅长自我疗愈的诗人"，同时也是一个"很容易受到伤害"的诗人："他会悲伤、懊悔，也时常忧愁、失落，艺术赋予他的敏锐本就是双刃剑，会同时作用于敏感和修复两端，得之失之，皆由于此。"于是，王维在让眉的视域里成了一个"在失序中追求平衡"的诗人。

让眉在右丞的诗里读到了表面的淡漠和内里的情义，读到了表面的周全与内里"致命的羸弱与伤痕"。除了得益于才华与天资，正是她始终坚持以诗人体代诗人，才会生成关于王维的诸多新见。她并非不偏不倚地去看待王维，而是要敏锐又更加"平衡"地滋育出一个饱满、丰润的王维，一个"诞生于静观"又"周流于万象"的王维，一个彻底消散了人欲又蓬然生成一个有情世界的王维。

于是，让眉在书中复现、重塑了王维的时代、诗交、家庭、才艺、迁谪、行旅、居止、信仰和书写，更激活和生成了王维的情感晶体，一枚炫目、剔透又寂静的晶体，一枚无欲而有情的辩证的晶体。

宇文所安在《盛唐诗》中就发现了王维诗歌集中表现了社会价值与个人价值、家族义务与退隐愿望之间的冲突，并认为，王维的诗歌既有着"走向寂静、孤独及空无的进程"，又是"倒退和回归的行动"，努力回到原始、自然的状态。但让眉让我们看到了王维另一重更深的回归：回归有情世界，持护超越性的生动和美丽。这是她所发掘出的王维诗歌的深层底色，也是一般人在浮光掠影中难以读到的核心。不同于白居易、苏轼，解读王维的诗是需要向导的。向导的作用并非耳提面命、惯于说教，而在于能够陪伴、指示，就像岔路口的标识。作为向导的让眉，更是能够让人猛然"觉醒"。本雅明（Walter Benjamin）曾将事物和历史视为内蕴着流动、转变的"星丛"（Konstellation），而星丛的力量正在于召唤沉睡于历史梦幻中的人觉醒过来，放眼凝视世界真实的灵动和美丽，从而获得生命的勇气、耐心和决心。

经由让眉的向导，我发现自己更喜欢王维的诗和人了。王维广博地接纳，平顺地返还，在空无中感应生机，与万物取得平等。这样的诗人，让人敬慕，让人愿意接近。我曾动心于王维的一句诗："缅然万物始，及与群物齐。""缅然"是一个空间词，状遥远貌。但其中也渗透着时间：世界绵延迁变，无所住持，因而引人思念。却终究不知为何心动。在读到让眉对王维诗的领会之后，我终于理解了王维如何能做到与万物齐平的姿态，并在万物与人世中如何溶解这一姿态。"溶解"一词正是让眉对王维心性的极好把握。此种出神入化、虔敬谦逊的溶解能力弥漫在王维的诗里，让他在书写中舍弃了自我，顺从并融合于事物，令事物呈现自身的润泽与圆满。这也让我进一步理解了中国古典诗的英语译者大卫·辛顿（David Hinton）对王维的一段评价："王维让诗歌超越了纸上的文字，让意识回归到其最基本的维度——空无与山水。这最终成就了一种惊心动魄的诗歌，它以此种方式呈现万物：令万物清空自身，在自我圆满的清澈光辉中闪耀。"

在微博和豆瓣上，我常常刷到让眉的摄影。在她的镜头中，亭台楼阁、树花云山都显现出静谧、流溢、空远的生动。在本书中，让眉也喜欢以摄影作喻，谈论诗歌的技法、旨趣和寄托，让人在接近、深入王维的古典世界之时，也不推却、遗忘自身所处的这个"当代"。借用本雅明的说法，影像技术深化了人类的统觉（Apperzeption），重新组织了感知方式和能力，"以最密集的方式深入捕捉现实"。所谓"密集的方式"并不是让事物变得繁复、矛盾，而是在言外之意中、在被遗忘处留住一个遵从感性的、丰盈的"可辨认的当下"。通过让眉对王维人生和诗歌的辨认，我们也会爱上自己置身其中的"可辨认的当下"——这个体察着细密而轻小的万物、充盈着难以穷尽的秀丽和生机的当下，以及其中恒久的寂静。

我想说，无论何时何地捡起这部《王维十五日谈》，无论从何页何段开始阅读，其温热、敏捷、轻盈、锐利、随和的文字始终令人愉悦、惊喜、觉醒。这大概就是书写的意义所在。诗歌让人愉悦，让人从幻梦虚空中醒来去追寻意义。诗学书写同样可以让人惊讶，让人欢喜，让人明心见性，让人从人生之幻梦、世界之虚空中觉醒。书写本身便是一个觉醒过程，催促人去体验愉悦并追寻意义。

活成王维，写成王维，都不太可能，但向王维学习如何活、如何写，真真切切是快乐的，尤其是在让眉的陪伴下。

是为序。

2025 年 7 月 31 日，上海金山海边

第一日

我们对王维的误解

空山不见人，
但闻人语响。

———

读诗时我们始终要记得，王维是个擅长自我疗愈的诗人，这同时正意味着他本身很容易受到伤害。

说起中国影响力最大的诗人，大多数人第一个想到的不一定是王维。但若多追问几次，这名字出现的序位该也不会超过前五。

王维常常出现在中国小朋友与诗的第一场邂逅里：孩子开蒙，少有不曾背过"红豆生南国""空山不见人"的，不独如今，古时亦然。他的五言清逸流畅，兼具音乐性与画面感，是个舒适开放的美学端口。更难得的还在于其成长性：王维的诗儿时读来可亲，大了观之忘俗，不学诗的觉它清新成诵，学过诗的对比过诸多仿作，则要益发敬畏它准确微妙。

能做到在每一种视觉焦距里都美，很难。看过《格列佛游记》我们会意识到，巨人国里娇俏的女郎，在小人儿眼中不过是皮肤粗糙不堪、颜色不一的怪物。能做到入眼可爱，且每走近一步、每深入一层仍能美而不失度，其中必然包蕴着高于观察者理解层级的技艺。

科幻小说《三体》里有段情节，说三体文明派了一只被人类称为水滴的探测器来到太阳系，它小巧光滑，好像一滴水银。起初因为体积小，它并没有受到重视，但当科学家在一千万倍的、可以使大分子显像的显微镜下观察时，发现它的表面依然绝对光滑，才迅速产生了敬畏——后果也确实证明，在这个小而美丽的水滴面前，技术落后的地球舰队虽然庞大，却粗糙到不堪一击。看到这段剧情的时候，我突然想到了王维的诗：它正是与水滴一样的小巧、匀滑，拥有完美而看似毫无攻击性的弧度。

王维的诗也是用方块字组成的，同样遵循基本的格律，却没有近体诗特有的编织感。它很难被还原成一个个像素块，这也就意味着，我们没有办法用结构放缩的方法去拆解他的语言——王维拥有令大多数诗人深羡的语言天才，但他诗的好处却不完全在语言这个维度。

古往今来，中国的好诗很多，但能同时禁得起不同角度审视的却很少。有的诗朗朗上口，但文辞粗陋；有的诗意象华丽，却佶屈聱牙；有的诗初见无味，要有阅历才能看出好处来；也有的诗乍看惊艳，却没有挖掘空间，禁不起成长后的回望。凝固的文本很难跟随读者变焦进行自我修正，而对大部分诗人来说，他们的魅力与缺陷本来就是一体两面的：彼之蜜糖，此之砒霜，优势与劣势的消长从来不只在于诗人自己，读者的偏好也是重要的定义方。

但王维的诗却是个圆匀的弧形：王维的诗从来不是我们情感上有紧急需求时可以即拿即用的工具，但同时，它又似乎总在不经意的余光里安然存在着。他没有预留杀手锏，也相应失去了破绽——换言之，王维不是一位适合用现有诗学体系去定义个性的诗人，硬要去套的话，他可能在每个维度都刚好处于八十分的位置，均衡得令人提不起警惕，又仿佛是出乎某种有针对性的设计。

为什么会这样，这是我想在这十五天里和你一起探索的。

开始聊王维之前，我建议我们不妨先闭上眼睛，调取一下脑中对这个名字的记忆。

不知你如何，反正在很长一段时间里，我对王维的印象是很模糊的：他似乎做什么都不很用力，诗中也就很难找到一种不得不写的急迫感，而对普通读者来说，急迫感的缺失代表着接触面的缩小，对心灵的作用力也会随之减弱。

中学课本通常告诉我们王维出身高门望族，一身才艺，不独是顶级的诗人，也是顶级的音乐家与画师。他的琵琶名动京城，初入仕途担任的就是太乐丞这样的乐官——《唐国史补》记载，看到某幅《奏乐图》时，王维能脱口说出那是《霓裳羽衣曲》的第三叠第一拍，着人一试，分毫不爽；画则更不必说，他是董其昌盖章的南宗山水始祖，而苏轼夸他的"诗中有画，画中有诗"，更早已是王维独步千年的标签。王维淡泊名利，但好像仕途也不坏：半官半隐，却还是平步晋升，连安史之乱中被迫投敌的黑历史也没拦住他从正五品继续升至从四品尚书右丞。他寄情山水，每日里好像就在耽看水怎么流、山怎么青，对人世间的情感反而淡漠：终其一生，王维也没给妻子写过一首情诗，唯一一首看似有几分暧昧的《相思》却偏偏又是给友人的。人们总说他是个参透了一切的聪明人，所以外号叫诗佛。他名维字摩诘，那本就是佛教著名的居士维摩诘的拆分 —— 学禅之人，当然不会轻易动感情。

某种意义上讲，这些说法都不算错，但想碰触到一个诗人的心，这点东西却仿如木珠表面一层桐油，太浅太滑，反而令人更难着手。今天，我们就针对这些标签小幅调整一下焦距，更近地看看王维。

王维属于五姓七族中的太原王氏，当然也算传承有自的好出身，但在当时看也不能说是多高的门第。他的高祖王儒贤、曾祖王知节和父亲王处廉都只做到州府司马（分属赵州、扬州、汾州），品级在正六品下阶到正五品下阶之间；祖父王胄在武周朝任太常寺协律郎，虽是京官，品级更只在正八品上阶 —— 相较所谓"富贵山林，两得其趣"的标签，说他出生在一个中等官僚士族家庭可能更要贴切些。

他的家族还处于不进则退的逆流上行期，影响力尚不足平均地荫及每一位后代，王维就更没能获得多少支持。为了前途，父亲王处廉合家从祁县迁居到了蒲州，称河东王氏，地域分隔，宗亲的帮衬便很难指望。

虽然同属今天的山西，但蒲州与祁县的差异很大：祁县虽属北都管辖，但地处山乡，子弟仕途的天花板多限于太原府辐射范围内，只在地方长官这个层级打转；蒲州则是个很繁华的城市，它与潼关隔黄河相望，据长安、洛阳两都之间，处关中往河东、河北多路要冲，顾盼自雄，发展空间自然就广远得多。因产兼粮盐，漕运便利，蒲州有极重要的战略意义，后来曾一度被玄宗定为中都——许多年后的安史之乱中，郭子仪也正是凭借占据了潼关与蒲州一线，扼住叛军粮道，方才在不到一年内先后收复两京。因为地位重要，长属中央直辖，唐代皇帝来往两京途中都会巡幸蒲州。日本学者入谷仙介认为，王处廉举家迁居是为了摆脱太原的区位限制，靠拢中央，以突破门第，获取更多的机会，类似于从省会城市搬迁到直辖市天津，目标是靠近首都，获得更广的政治便利。武周归政李唐后，政治中心渐从洛阳转回长安，但关中土地所出毕竟不足以供给京师，三门峡天险也高度限制着两京间的漕运，天子要逐粮而居，国家也就始终在"主辅摇摆"中寻找平衡，迁都的争议始终不断。局势明朗前，王氏家族迁至襟带两京的蒲州观望不失为一种更理智的选择。

这个计划是有格局的，但遗憾的是，或是因为奔波谋划劳心太过，搬到蒲州不久，王处廉就去世了。这一年，作为长子的王维还只有九岁[1]，举目无亲，下面尚有四个弟弟、一个妹妹。

我们应该能够想象这个家庭当时如何失措。虽然母亲出身五姓之首的博陵崔氏，背靠家门不至发愁生计，也应仍有能力保证子女的优质教育，但为长远考虑，他们还是不得不迅速做出调整，以接续已经来不及转向的家族仕途规划。作为长男，这个担

---

[1] 为符合古人表述年龄的习惯，本书中提到年纪皆采用虚岁说法。

子当然要由王维率先去挑 —— 后人往往盛赞王维具有极高的艺术天赋，但少年时就能在清通经史子集之外同时把书法、音乐、绘画都学到远出侪辈的水平，当然不是单纯依靠喜爱就够。对没有政治资源的少年来说，艺术是一条融入上流社会的捷径，王维下大力气去学习这些，大概率出自母族的规划与期望 —— 他要用最短的时间获取常人积累几十年才有的助推力，以此撑起这个家庭，帮助弟弟们在长安立足。

了解以上，我们也就当明白王维不可能如后人以为的那样视功名如云烟 —— 这是他的处境所不能允许的。作为长子，他必须及早按父亲的规划以蒲州为跳板走进长安，尽自己最大努力去谋求功名，为弟弟们的入仕铺路，做他们的台阶与后盾，不管他愿不愿意。王维的诗集中，很让我觉得心疼的是"独在异乡为异客"一诗下的注脚："年十七" —— 诗里说"每逢"，显然这已不是他独自在异乡度过的第一个"佳节"。在今天该上中学的年纪，王维已早早为了家族孤身去长安打拼。在这个格格不入的大都市中，这个少年常觉得冰冷、孤独且恐惧，但因身后有他珍视的家人，他一步都不能退。

人们常叹服于王维在上流社交圈中展现出的交际能力，也就往往不会设想一个中级官僚家庭出身的十几岁的孩子要经历怎样的努力，才能如此从容地游走周旋于长安众多名流之中。事实上，王维后来的仕途是配不起他年少时的声名的：即使清才卓绝，又早谙世故、足够谨慎，他还是多次被高层的政治漩涡波

及 ——要走捷径，就不得不在努力之外积极谋取高层人脉加持，也自然难以避免这样的风险。二十岁出头入仕后的十三年中，王维一直像鸭子凫水般奋力坚守着安逸的姿态，苦苦挣扎在贬官、去职、出放、冷遇等困境之中，中年后，他的际遇也总不如弟弟王缙，半官半隐之间，品阶虽慢慢抬升，但一直在尚书省做郎官，打理一些事务性工作，始终不曾迁转外放，直到安史之乱前由文部郎中转给事中（职位品级在正五品上阶），才算做了有事权的实职，但这时，他已经接近六十岁了。

王维不怎么爱抱怨，也往往能很快在冷板凳上找到自己的乐趣，这就容易让大多数人忽略他在责任和现实的回摆之间实际承受着什么。但作为诗的读者，看不到这一层，就很容易把情态理解为姿态，从而失去在其中找到慰藉的机会 ——虽然美依然存在，但读王维的诗若只关注意象造型，就无异于买椟还珠，入宝山而空回，是非常可惜的。

读诗时我们始终要记得，王维是个擅长自我疗愈的诗人，这同时正意味着他本身很容易受到伤害。他会悲伤、懊悔，也时常忧愁、失落，艺术赋予他的敏锐本就是双刃剑，会同时作用于感受和修复两端，得之失之，皆由于此。他的诗作，也正是在失序中追寻再平衡的过程产物。

王维并不像他表现出来的那样淡漠，相反，他是个重情义，也重道德的人。他深爱母亲与弟弟妹妹，这都有传世文本证明，而三十岁丧偶无嗣却终身不再续娶，本身也已是比文本更长久的表白。王维很少为痛楚哀鸣，但他一直在忠实地用诗记录每一场失去后的自我疼愈过程——人们常被他的叙述迷惑，以为他是天地间第一周全之人，但细细辨认过药渣才知道，他的宽袍之下始终藏着致命的羸弱与伤痕。安史之乱中王维为叛军所俘，装病不得而被迫接受伪职，此事严重冲击了他的道德标准，并最终导致他急遽走向衰老与死亡。那是王维唯一一次自愈失败，或者说因为自责过甚，他已经失去了修复的意愿——这正是他肃宗时期的诗歌虽仍有文学性，却不再具备吸引力的根本原因。当药方不再针对病症，它就失去了与人的链接，恢复成潦草的字纸。

看王维要有动态的视角。一杯均匀的盐水并无可观，美的是盐粒入水消融的过程——真正的宁静总被安放在过程中，这是我们读王维前，要走出合围四面的历史定论的根本原因。山永远不该被摩崖石刻定义，它是松风，是落英，是明月，是积雪，是所有的流逝与再生。

后面十几天里，我就希望与你在动态里，去感受王维的宁静，并被他疗愈。

明天见。

王维和他的时代

微官易得罪，
谪去济川阴。

———

少年捧着空花盆孤单单地在春光里站了
十四年，眼看着人间生机勃勃地复苏，却
始终没能获得一颗种子。

要了解一位诗人，我们总该去看看他的生活。诗滋生于感受，无论是体察还是幻觉，感受总是人与某种特定氛围结合的产物，而氛围不可能无中生有。诗人要制造氛围，终需向生活中觅取材料 —— 虽然王维不是一位乐于用诗记录时代的人，但站到他的立足之地，我们总能在独属于王维的能量场里，看到催生这些诗的条件。

王维的一生不过六十余年，却横跨了唐代的波峰与波谷。人间最和缓的诗歌，却偏偏诞生在最跌宕的时代。今天，我们就跟随王维的视角，去近距离看看这段历史。

王维出生的年份有几种说法，常见的是公元 701 年，也有说 699 年、693 年的，误差长达八年之久。八年，已经足以为历史制造出重大的认知偏离，也足够一个诗人去主动或被动地完成一场彻底的自我颠覆，自际遇而心境，从性情到诗风 —— 杜甫从"痛饮狂歌空度日，飞扬跋扈为谁雄"的佯狂走到"黄鹄去不息，哀鸣何所投。君看随阳雁，各有稻粱谋"的沉惋，也只用了八年时间。

还好王维不是以人生为刀锋去雕塑际遇的诗人，相反，直击种种遭遇时，他始终有意在用诗卸力，进而平滑掉时间的波折。因此，这个误差落到他而不是其他盛唐诗人头上，对研究者来说已算得上幸运的事。

我个人更倾向于相信王维出生在公元 699 年。原因也简单：两唐书中，王维的弟弟王缙卒年被记录为建中二年（781），寿八十二，反向减回去就知其生在武则天久视元年（700），所以王维出生至少不该晚于这个年份，701 年的论断也就不能立住；而王缙以下，王维还有三个弟弟和一个妹妹，父亲王处廉去世时王维九岁，兄弟俩若相差七岁之多，除非后面的弟弟妹妹们是多胞胎，不然恐怕来不及一一生下来。

这一年（699）距武氏革唐建周已有十余载，七十六岁的女皇帝气力渐衰，立嗣之事也日趋急迫。在位期间，武则天一直在大力提携武氏子弟。诸武用事，气焰甚盛，早已驾凌旧李唐王室之上，但虑及自称"承天皇之顾托而有天下"，若立武氏子弟为太子，则"篡唐"之实再难矫饰，这却不是武则天乐于接受的。几经权衡，她命武、李二系子侄会于明堂共同盟誓，约以和睦共处，永不争斗，而作为交换，她也愿将皇位归于太子李显，不使李唐绝祀。

明堂上的誓约没能确保权力平稳过渡，反而绵延了朝中各方势力的拉锯与缠斗——六年后，张柬之等人发动神龙政变，逼迫女皇退位。还政不久，武则天以则天大圣皇后之名辞世，太子李显即位，称中宗。

李显庸懦，遂致皇后弄权。韦后欲与武三思联手废掉太子，转立女儿安乐公主为皇太女，伺机再效武氏称帝——安乐公主是武三思的儿媳，看似是后权与皇权之争，事实上却仍是武氏与李氏的权力分配。太子李重俊不堪嫡母逼迫，为求自保，他联合禁军反扑，成功诛杀武三思父子，为稳妥计，他当然应该顺势除掉韦后母女，但在父亲干预下，禁军倒戈，李重俊功亏一篑，反遭斩杀。三年后，中宗李显为自己这个决定付出了代价：韦后与女儿安乐公主合谋将他毒死，转扶十六岁的皇子李重茂登基，称少帝，年号唐隆。

韦后临朝称制，将皇城禁卫军移由韦家子弟统领——这自然就又触及了李氏宗族的利益。牌桌上局势愈演愈烈，玩家们早已不能容许后来者替手。于是，临淄王李隆基与姑母太平公主见机而作，发动了政变：李隆基一举诛杀韦后及其党羽，太平公主则逼迫李重茂将皇位禅让给了自己的弟弟李旦。李旦登基后，先封李隆基为平王，后更扶为太子。

事实上，从嫡从长，李隆基都不具备立储的优势：他上面有嫡长子李成器与二皇子李成义，是李成器上表称"时平则先嫡长，国难则归有功"坚让，才令他坐稳储副之位——太平公主手中尚有筹码，李成器自知无力与她抗衡，也就不愿自置炭上。果然，禅代后，李隆基与太平公主俨据两端，矛盾日剧。《资治通鉴》说："每宰相奏事，上辄问：'尝与太平议否？'又问：'与三郎议否？'然后可之。"这危险的平衡，实则仍是武李二姓间的角力——太平公主是武家的儿媳。

两年后，李旦将皇位传予李隆基，自称太上皇帝，改元先天。

次年，与皇位亲缘渐远的太平公主不甘失势，与一干朝臣预谋北以羽林军、南以南衙兵起事夺权，预感到危机的李隆基则早备先手，联合诸王提前发难，一举剪除公主亲信，并不顾太上皇求情将她赐死，自此彻底将大权夺回，改元开元。

女皇退位八年，大唐先后经历了四次政变，更换了五位皇帝，终于在干涸的血迹中开启了安史之乱前的最后一个盛世。

这一年，王维十五岁。

王家官品不高，未在两都任事，也就不曾被宫廷斗争波及——朝中云谲波诡、血雨腥风，但对于身处地方的中层官僚而言，到底还只是惴惴间一点刺激的谈资。

神龙政变以来，王处廉肯定曾紧张地观望局势，并留备过种种后手，但因其早逝，都成空谈。王维父亲死后，母亲崔氏皈依佛门，此后"师事大照禅师三十余岁"。大照，是神秀禅师弟子普寂的谥号。自神秀圆寂，中宗制令普寂统领天下僧众，他就此在洛阳开堂，聚徒传法，直至生命终结。崔氏所谓的"师事"，应该就是从去洛阳听他弘法而始——而既然去过洛阳，她也必然会拜见东都的族中长辈，为孩子们预以仕途。

作为山东士族的代表，博陵崔氏在高宗、武后执政期间达到家族仕途顶峰，族中崔玄暐、崔敦礼、崔湜、崔日用等人都当过宰相，族人见识自然不用说——王维前期在地方官学中专心课业，从科举所需的儒家经典、策论，到音乐、舞蹈、绘画、书法等艺术，无不勤力清通，这恐怕和族中长辈的规划和督促不无关系。

王维现存的诗歌是弟弟王缙在他去世后收集整理的，其中有十首青少年时期的被专门标注了创作年龄，这种记录方式在同期诗人中非常少见（大多数诗人的少作都会因为缺乏传播度而被遗失）。很多学者认为，这些注释正可以说明王维曾是个以早慧出名的少年诗人，甚至是如后来刘晏、李泌这样的神童。诗集中每个时年多少多少的标注，可能都是家族为宣传他少年天才而特地擦亮的勋章。

唐代自高宗朝就设置了童子举，神童入仕也随之成了一条捷径：王维后来的上司裴耀卿就是在垂拱四年（688）以八岁稚龄"试《毛诗》《尚书》《论语》及第。解褐补秘书省校书郎"，家族为王维规划的，可能也是这样的路线。事实上，如果不是朝堂上政变频仍，王维可能会被家族更早地运作进权贵圈：年纪小，就不易对常规应举的士人形成威胁，操作弹性也就更大。

王维最早可考的诗作标注为"时年十五"，也就是实岁十四的年龄，若依699年出生计，正是大唐改元开元、国基已定的那一年。这年的诗有两首，第一首是《过始皇墓》，秦始皇墓正处于蒲州到长安途中，显然，时局刚刚稳定，王维就在家人安排下奔赴长安谋求仕途了；第二首是《题友人云母障子》，云母障子是一种镶嵌云母石的屏风，诗中说"时向野庭开""自有山泉人"，可以推想这屏风应该被置于某山居别业中——又可见来到长安不久，王维就在族人帮助下顺利进入勋贵圈层，并拥有了一些愿意将他视为"小友"的高阶人脉。

《新唐书》中说王维在长安时,"豪英贵人虚左以迎,宁、薛诸王待若师友",其实除宁王、薛王之外,这名单里至少还遗漏了一位岐王,就是"岐王宅里寻常见"的岐王。

玄宗兄弟本有六人,去掉早逝的老六隋王李隆悌,此时尚存两兄两弟。五个兄弟自来关系很好,他们少年时期逢武周朝政治高压,都被监禁在洛阳的积善坊,初返长安后则同居于隆庆坊。玄宗即位后,诸王各有新封,旧宅还归皇帝,改称兴庆宫,玄宗特地在兴庆宫西南建起两座高楼:为纪念兄弟情分,西面那座就叫"花萼相辉之楼",取《诗经·常棣》"常棣之华,鄂不韡韡。凡今之人,莫如兄弟"的意思。

诸王之中,宁王就是曾上书将太子位让给李隆基的哥哥李成器,薛王、岐王则是弟弟,先天政变中曾助玄宗诛杀太平公主一党,以功赐封,都是五千户的待遇。抛除生母地位较低的申王李成义,这几位兄弟可谓或有政治资本,或有武装实力——当年是臂助,后面难保不是威胁。时局清平后,诸王也很快意识到这一点,为免忌惮,他们一个比一个奢靡懒散,赋诗作乐、击球斗鸡,镇日只变着花样琢磨些高明新奇的享乐姿态。渐渐地,姿态固化成了习惯。皇帝喜欢他们这样。

王维进入诸王圈子就在这个时候。他这样的才子很适合被上位者用来证明自己的风度与品位:年纪不大,诗文却已颇享名,兼之画、乐、书皆佳,更有一副极好的容貌,随便往哪个雅集酒宴中一摆，都是体面可喜的炫耀品。同时，王维有世家大族应有的教养和眼力，他知道什么时候可以展露才艺，什么时候又应该消隐声息，用今天的话说，情商也是高分。

2023年上映的电影《长安三万里》曾在主人公高适的背景板中复现了薛用弱《集异记》里的一个故事：说岐王想帮王维在京兆府试中一举成名，就把玉真公主请到府中做客，命王维打扮成伶人入见。王维不负众望，先以一手琵琶震惊四座（动画片里改成了古琴），引来公主询问，再适机呈上了自己的诗文。一读之下，公主大为惊艳，立刻决定把原拟定为第一的张九皋压下去，让王维做了解头。

《集异记》是小说家言，不能全信，毕竟王维声名早显，行卷本来就占便宜，不一定要靠这种手段，但这故事一定程度上反映了当时的社会共识：在朝廷的人事举荐方面，公主说话比岐王好使。虽然有安乐公主、太平公主乱政的前事，但显然，相较玉真公主这位同母小妹，皇帝还是对兄弟们防范更甚：故事里的岐王非但不能干预科考名序，甚至连私下向妹妹推荐人才都不能落了形迹，而要经过种种设计，引她主动询问才能往下推行。

和诸王来往不是一条稳当长远的路。在王维被举为京兆府解头的第二年，玄宗突然宣布"禁约诸王，不使与群臣交结"，随后重责了一批常与几个兄弟往来的朝臣，其中包括不少皇亲国戚。皇帝出手突然且狠辣：跟岐王一起喝了酒的驸马被判先与公主和离，再流放到新州；薛王的内弟更因为跟内廷总管谈论了皇帝的病情被下令杖毙。虽然玄宗一直强调自己绝不会为此责备兄弟，但很显然，他就是要把他们制作成脱水的永生花，隔绝一切潜在的可能——兄弟们要好看而无用，就像山林别业里的云母障子。

因为还没有官身，王维没有在第一轮敲打中受到牵连，但他当然意识到了危险。第二年（721），他进入太常寺任太乐丞，协助令官调合礼乐——王维的爷爷王冑当年曾在太常寺做协律郎，也算家学有承。

太乐丞的职责比较杂，主要是调理乐器、考核乐师、选词入乐，大多是幕后工作，很少在正式礼乐场合中露脸，跟朝政事务更是距离很远。这个位置已经算是非常明显的安全声明：它体现了王维家族的礼乐传承，同时也证明着他与诸王的往来并不关乎政治野心，也不存在利益交换——这个职位没有任何可以变现的权力。

但他还是没有逃脱这次皇权收束的余震。入仕几个月后，他就莫名其妙地因为所谓"黄狮子舞"案坐罪，被外放到了济州。对处罚的缘由，官方记载语焉不详——《唐语林》卷五《补遗》说："王维为大乐丞，被人嗾令舞黄狮子，坐是出官。黄狮子者，非天子不舞也。"大意就是说王维被怂恿着让人表演了一种只有天子能看的黄狮子舞，所以被罚了。

这件事仔细看来挺蹊跷，因为跟他一起被处罚的还有他的上级太乐令刘贶。刘贶做太乐令已经有很多年了，是个踏实认真的学者加技术型人才，针对自己的本职工作，他有专著《太乐令壁记》，书中专门探讨过五方狮子舞的细节，包括这种狮子舞是太平乐歌的配舞，服饰如何分青、赤、黄、白、黑五色，如何依东、南、中、西、北五方站立，每只狮子如何由二人组成，更至怎么穿着、怎么起舞，都记录得很细致，但唯独没提及黄狮子舞只有天子可以看这种关键信息，于是上下级两人一起坐罪——他父亲刘知几去找宰相陈情，还被连坐了。

有学者认为王维是被下属暗算了，也有说皇帝因为与诸王往来密切看他不顺眼，故意针对。但事实很可能更悲哀："黄狮子非天子不舞"，此前大概并非成例，而只是皇权的震荡上升期中，皇帝用来收权的抓手——玄宗恰有两兄两弟，五方狮子就成了极好的喻体：居中的黄狮不同其他，任谁于礼有所轻忽，都要重责。王维和领导刘贶，大概率只是皇帝借机发作，随手抓来立威的两个倒霉鬼而已，和此前被流放杖毙的皇亲国戚并无区别。

真相很难查证，总之，在这场皇帝与诸王的角力中，王维沦为了炮灰，他被发落到济州去做司仓参军，品级在从八品下阶，成了个看守仓库的小官。唐代科举放开以来人才冗余，有"停年格"之说，一旦远离中央，则任期届满就要轮休守选，可能很久都等不到一个新职位，何况王维还是戴罪之身。

这一去就是四年，王维直到开元十三年（725）玄宗封禅泰山时方才蒙赦。这年，被写入《三字经》的神童刘晏以童蒙稚龄通过童子试，被授予秘书省正字的职务——不知听到这段佳话时，王维和他的族人心中是怎样的唏嘘。

这四年恰是皇权达到顶点的四年，也是国家挣脱政变积衰、迅速走向盛世的四年。诸王在皇帝的声色豢养中消失在朝臣视野中，一批贤相相继登上了政治舞台，其中大家比较熟悉的有姚崇、宋璟、张嘉贞、张说、张九龄等人。这批臣子之所以被后人称为贤相集团，倒并不是因为人格多么无懈可击，更多在于他们都主张减少征兵开边，同时尽量降低赋税，让国家财政得以在一个低位平衡点休养生息。在几代贤相的经营下，大唐的民间经济很快恢复了元气，开元盛世也渐见气象。

获赦离开济州后，王维曾经在淇上（今河南省北部一带）做过一段时间的小官，但大概依然是没什么前途的俗吏，所以没干很久就辞掉回到长安，等待补官。这段时间里，他在空虚中或隐居，或壮游，也一直在为回归正途而努力：王维曾经上诗给中书令张说求官（《上张令公》）。此后他曾短暂地在集贤院担任了一段校书郎，并结识了后来的贵人张九龄与朋友孟浩然，这可能正缘于这次干谒。但是不久后，妻子崔氏因病去世，王维也随之再次开始了隐居，直到开元二十二年（734），老上级张九龄当了宰相，推举他为右拾遗，才算正式回到朝堂。

这一年，王维已经三十六岁了。

在生命力最旺盛的十四年里，他幸运地赶上了盛世，却没能参与它的构建。这个在任何评判标准下都堪称时代翘楚的少年，就在俗吏杂务的摧磨之中半仕半隐，度过了他最该有作为的年华。"忆昔开元全盛日，小邑犹藏万家室。稻米流脂粟米白，公私仓廪俱丰实"，如杜甫般，经历过安史之乱的诗人们都对追忆里的开元盛世满心自豪，而在盛世中做过司仓参军、对稻米和粟米可能比大部分诗人来得熟悉的王维却显然对此毫无眷恋。

杜甫出生晚，他看到的开元盛世是一个伟大而既定的成果，遂能毫无心理负担地歌颂前人的事功，但王维不同 —— 在他有能力和意愿去为这个正在回归秩序、走向荣光的时代奉献时，没有人给他机会。少年捧着空花盆孤单单地在春光里站了十四年，眼看着人间生机勃勃地复苏，却始终没能获得一颗种子。从始至终，热闹都是别人的，王维只有一张冷板凳（虽然他最终学会了如何在冷板凳上坐得舒服些），而终于轮到他被起用时，盛世的风向却已经悄悄变了。

玄宗心里一直有着开边的梦想。大唐边境本来也并不安生：契丹、奚、突厥、回纥、吐蕃、大食、南诏……渐次在试探和拉锯中擦出战争的火星，而随着边患渐起，日益增长的军备需求突破了强调安民减赋的贤相们的能力范围，财政的低位平衡就被打破了。

就在王维重新入朝这一年，善于聚敛的李林甫在武惠妃支持下被皇帝任命为礼部尚书同中书门下三品，成为宰相之一。和张九龄相比，李林甫更懂得皇帝需要什么，并迅速证明了自己能够满足他的需要 —— 于是回到中央这两年间，王维眼见提携自己的张九龄、济州时代的老上级裴耀卿在与李林甫的交锋中纷纷落败，日渐被皇帝疏远，最终都被罢相，分置尚书省左右丞。

当权的李林甫很快找到能吏牛仙客作为搭档，并获得皇帝的全力支持：监察御史周子谅试图弹劾这位新贵，竟然被当庭打死，而因为举荐过周子谅，张九龄也被问罪贬去荆州，彻底离开了中央。

同期，王维调任监察御史，出使凉州。官方事因是奉旨宣慰，因河西不久前突袭吐蕃，打了胜仗。

可能是尴尬时期求自保，王维出使后没有立刻回长安复命，而是奏明皇帝留在了凉州，出任河西节度使崔希逸的判官。这一年中，他看到了真实的边塞，也写出了许多不错的边塞诗。但随着大唐和吐蕃关系日益紧张，皇帝很快调整了河西的布局思路，一年后，幕主崔希逸被调回中央，不久去世，替代他的是更娴于军务的武将。作为幕僚，王维也不得不随之回归长安，重新做了个闲官。

李林甫时代，失去所有靠山的王维只能处处低调，尽量避免显示任何仕途上的野心，并开始着力经营他的辋川庄。这当然可以被理解为一场天性的自我觉察，但我们也要认识到，在当时情境下，这更是王维在官场中自保的唯一一条路。

后面十几年，王维承担过知南选等一些重大的朝廷事务，也按部就班地循门下省考评逐级晋升。虽然没有时间在辋川长住，他还是自觉地按收成给朝廷交税，对岁末前来收税的小吏，也客客气气地作诗迎送（《赠刘蓝田》）——中年王维没有在隐居中躺平，相反，他始终承担着自己的那份责任，差别只在于不会再为所谓的志向透支精力了。

王维一直没被皇帝看作自己人。玄宗雅好音乐，据说练习敲断的羯鼓槌就装满了四个大柜子，也颇能承袭旧谱，自制新声。他常召见有此类才华的大臣进宫同参同乐，可二十年前就以乐律精绝闻名于世的王维却从未曾因此受诏——诸王失势后，王维极力淡化着自己的音乐才华："仙乐风飘处处闻"的天宝年间，安禄山、安思顺、高仙芝、哥舒翰等番将在盛世的羯鼓声中登上政治舞台，在李林甫的支持下接替贤相节度四方，掌管了大唐的军队，而与此同时，能"调六气于终编，正五音于逸韵"的王维却终而没为盛世发出过一点声音。他只在松风山月下独自弹琴，沉默地看着盛唐这部大曲走过散序、中序，终于入破。

天宝十二载（753），李林甫病逝，杨国忠接任宰相，开始与番将集团角力。皇帝暧昧的态度激化了双方的试探和拉锯，最终催发了天宝十四载（755）安禄山的反叛。

不到一个月，洛阳沦陷，次年正月初一，安禄山在东都称帝。

朝廷迅速组织了抵抗，颜杲卿、李光弼、张巡、郭子仪……一个个名字嘈然闪现，而种种逆转的希望却终然随着错误的决策灭失——六个月后，潼关失守，皇帝连夜带着少数亲信臣下悄悄从延秋门逃离了长安。消息传出后，城中大乱，城外残兵哗变横行，再难出逃。时任给事中的王维就和大批官员一样，成了茫然无措的弃子。

王维在后来为韦斌撰写的《大唐故临汝郡太守赠秘书监京兆

韦公神道碑铭》中回忆了当时的情形："将逃者已落彀中，谢病者先之死地"，"君子为投槛之猿，小臣若丧家之狗。伪疾将遁，以猜见囚，勺饮不入者一旬，秽溺不离者十月。白刃临者四至，赤棒守者五人，刀环筑口，戟枝义颈，缚送贼庭"。叛军入城后，王维很快被抓住，关在了平康坊南门东边的菩提寺中。被俘后，王维绝食十天，又服用泻药假作痢疾（当时正是六七月间最热时，污秽可知），希望能因这样不体面的病状被嫌弃再伺机脱身，却没能如愿。王维名声太大，被特别勒令严加看守，并最终绑赴洛阳，拘禁在母亲生前常去参拜的普施寺。

此后近十个月的时间里，王维一边继续偷偷服用泻药，维持奄奄一息、不能任事的状态，一边请好友裴迪带着自己《凝碧池》一诗向弟弟王缙求救，并托弟弟代为传达自己心念旧皇、不愿就降的立场，但这没能避免他被迫仕贼的命运：不升不降，仍是五品给事中——安禄山也不是真的想用他管理吏部的事务，只是要其名声为新朝廷背书。因此王维事实上仍是囚犯，论处境，只怕更接近被授司空而身处监禁的哥舒翰。前面提到的韦斌是在洛阳城破后被迫接受了黄门侍郎伪职的，沦陷日久，才是真降——此人既能在王维困难的时候"推饭食我，致馆休我"，显然衣食足供，且有自己的住所，而非始终被囚寺中。

弟弟王缙倒是在安史之乱中幸运地得到了建功立业的机会。这些年来，王缙与王维的仕途都是不咸不淡，年逾五旬而官序五品，本都是止步中层致仕的命运。安禄山起兵后，王维在文部（原吏部）迁给事中，时任武部（原兵部）员外郎的王缙则受命出为太原府少尹，辅佐府尹李光弼守城，也就没有在长安陷落时被俘。

九重城阙烟尘生，须臾马嵬坡兵变，天家父子生别。玄宗千乘幸蜀，太子李亨则集结潼关一带残兵占据灵武，不久即位称肃宗，迅速开始筹谋反攻。这期间，李光弼和王缙遣精兵派去保卫肃宗，自己则依靠一支不足万人的杂牌军在太原城中坚守，把牢战略要冲，并最终利用安庆绪弑杀安禄山的内乱出城掩击，取得完胜。这之后，王缙先以本官太原少尹兼任宪部（原刑部）侍郎，不久后更是被召回朝廷，出任从三品国子祭酒，正式步入高级官员之列。

至德二载（757），唐军在回纥人的帮助下收复两京。十月，肃宗进入长安，一番试探推让之后，幸蜀的太上皇最终同意还朝。东都这边，安禄山之子安庆绪逃离后，被迫仕贼的官员也终于获得了自由。他们在宰相陈希烈的带领下集体向广平王（后来的代宗）素服请罪，次年被押回西京长安，王维也在此列。去大明宫拜见肃宗后，降臣们被收入大理寺和京兆府的监狱，等待甄别和处理，他们按照轻重程度被分为六等，各处死刑流贬不等。

这里面，王维相对特殊：他和郑虔、张通等人被单独关押在了宣阳里的杨国忠旧宅中，三个人都以笔墨知名，时任中书令、对李亨有拥立之功的宰相崔圆想请他们给自己的新居绘制壁画，从而顺水推舟向肃宗说了情。同时，王缙上书皇帝，称愿意削减自己的官职代兄长赎罪——唐律有"官当"之法，可以用官职来抵徒刑、流刑等罪。肃宗在灵武时读过裴迪传出的王维《凝碧池》诗，对"百官何日再朝天"一句深觉触动，此时既有功臣出面，就没有深加追究，最终，王缙由从三品国子祭酒降回四品，任蜀州刺史，王维则在乾元元年（758）正月接到责授：官降一阶，任正五品下的太子中允。

这处置实在是很轻，但也没引起太大非议 —— 王维恬然无争，人缘很好，不独皇亲国戚多以为其情可悯，民间也有很多士人在为他自发辩护，譬如杜甫便有《奉赠王中允维》："中允声名久，如今契阔深。共传收庾信，不比得陈琳。一病缘明主，三年独此心。穷愁应有作，试诵白头吟。"其中颈联两句是后人为王维辩护的常用依据，清代学者厉鹗就说："'诗史'都有这样的公论了，其他人还要再苛责什么呢？"

从世俗角度看，经历了这样的风波仍能波澜不惊地继续仕途生涯，实在堪称时代幸运儿；但站在王维的立场上，我们更该体会到的是他的痛苦。

一个有天赋、肯承担，在世人的赞美与羡慕之中长成的少年，在可堪任用也愿意作为的年龄走入了盛世的序幕。他带着家族的希望处处小心，事事计划，却不断被洪流推远 —— 他没有资格治水，也没有运气弄潮。少时预期不断地关闭与坍缩，无论在盛世还是危局，他总被虚化在时代的焦点之外。

每个人都羡慕他拥有当世最聪明的头脑，但无论如何出挑，他还是只能被命运困在原地：等待着被提携，等待着被救赎，等待着被赦免。王维用了三十余年去习惯一个"无用之用"的假设，并在此基础上尽己所长，搭建了足够自洽的美学模型，但当假设被确认为真实，它还是轻松地刺破了他为保护自尊而营建多年的幻觉。

晚年的王维最终没能走出安史之乱为他带来的心灵困境。在此后无数种写作场景里，他对自己发起了一场漫长而疯狂的苛难，甚至否定。王维以为母祈求冥福为名，把自己经营多年的辋川庄施为寺院，自称"效微尘于天地，固先国而后家"——他艰难地重新拾起少年时那个背负着族人希望的身份，外禅内儒，自此分明。

令大多数人深觉可惜的是，王维同时放弃了已被他写到极致的、以芥子见世界式的短诗，而把剩余的精力投入了骈文：他不再放任文本自生，而决定在余生中自己把话说尽，把空填满。在十五篇晚年所作的文章中，王维不断痛陈自己的罪过，如恐不到，日本的小林太市郎对此评价说："如斯痛切真率地嫌恶自己之记录，洵世界文学，其类不多。"这类文章的代表，是他在生命最后阶段的一个春日上呈的《责躬荐弟表》。

在这篇奏表中，王维先是自责"久窃天官，每惭尸素"，继而痛悔"不能杀身，负国偷生"，最后从忠、政、义、才、德五个方面用弟弟王缙作比较，细细剖析自己如何卑下不及，恳请皇帝"尽削臣官，放归田里，赐弟散职，令在朝廷"。

"荐弟"是目的，而为此"责躬"却并非必需，但看笔法，后者分量显然更重。王维的自贬凌厉辛辣，毫不留情，句句直指自己最难堪处，读来分外悲壮：他把所有罪恶揽于一身，以此托举起了干干净净、人生没有污点的弟弟，希望他能作为自己的替身，代以实现那些久已消亡在岁月中的抱负。

一个最爱洁净之人被弄脏了，他只能这样离场。

写完这篇文章不久，王缙除左散骑常侍，准备回京。王维向肃宗进上谢恩状，在这年七月平静地去世，后来葬在了辋川。

王维去世后第二年，宦官李辅国弄权日甚，凌虐太上皇，逼杀张皇后，肃宗竟被惊病而死，此后长子李豫继位，称代宗。

代宗宽仁温和，爱好文学而崇信佛教，对王维的才华深深服膺。他即位后，曾经特地命王缙编纂王维的诗文集，并大为感慨："卿之伯氏，天宝中诗名冠代。"代宗孩提时曾在诸王府中听过王维的乐章，青年时又曾在洛阳接受王维的请罪，但遗憾的是，他们的盛年并不同时，王维没能活到代宗有资格用人的年纪。常有人设想王维青年时若遇到这位君主，我们看到的或许又将是一段不同的故事，当然与此同时，人间也注定会失去一些绝好的诗歌——但当然，在既定的这一重世界里，一切都只能是或许了。

讲到这里，与王维相关的这段历史已经说完。他的波段始终没能与时代同频，也就无从在共振中完成跃迁。波峰与波谷的交错叠加令王维的时空看似格外平滑，这也是世人对其"平顺安稳"错觉的由来。

不能否认王维是远比大多数诗人幸运的：他有良好的家世门第，不必像李白那样要靠入赘、走弯路；他不必为生计发愁，也就不需如少年李商隐般"佣书贩春"，艰难度日；他受过完备的礼乐与艺术教育，能轻松融入任何层级的场合，不似孟浩然，一不小心就要在言语间犯忌讳；他少年时恰逢朝廷重视科举取士，不像杜甫刚好赶上"野无遗贤"的噱头，要费尽心思献三大礼赋才能被皇帝看见；他更始终没有结过死敌，身处风波也有贵人相护，不像王昌龄无端受屈被杀，连自我剖白的机会都没有——在这样跌宕的时代里，王维经受的种种更近乎一种钝闷的磨损，它摆脱了剧情化的偶然性，也就跳出了历史的周期，更能真切地触探到一个静态的人的内核。

诗人的思力依托于眼界，表达欲则生发于痛楚，前者自然是愈高而愈佳，后者则不然，只有分寸合度的痛楚才能作用于心灵，太深或太浅，则只能短暂地留存于肉体，再消逝于时间。要滋养出第一流的诗，并非独仗人力可成，而需要宏观与微观难得的缘会，王维的可贵，正在于他在一个视野开阔、际遇浓缩的时代中，精准地承受了尺度极为合宜的痛觉。打开《王右丞集》时，我以为后人正应该报以这样的惶恐和感激——是那般剧烈的时代与那般困闷的人生，才催生了这卷千古无二的好诗。

明天见。

第三日

王维的诗交

故人不可见，
汉水日东流。

——

终其一生，他们在各自的际遇中不断发觉
着自己的人格，并将之灌溉成诗。

曾听一位画家朋友说起如何看现代雕塑，如醍醐灌顶：不必着眼于此物本身，且先去看它四周的空气。

事实上，每个个体存在的方式，正见于它如何塑造环境。要了解一个人，先将精力环诸四面是更便利的视角。因此，在泉流中锚定到王维这一滴水珠后，我想邀你一起感受其四围涟漪——今天，咱们看看王维的朋友圈。

王维恬淡温良，人缘很好。传世诗歌与时人笔记都显示，上至王公贵族、文人名士，下至僧侣道人、乐师画工，都与他维持着不关名利的融洽关系。但既要着眼于诗，我还是想从中择取与诗歌有关的人物来谈。今天，我们针对王维的诗交，聊聊与他诗风相近、诗名相齐的两位诗人：储光羲与孟浩然。

今天的许多读者可能对储光羲不很熟悉了，主要原因可能是他的诗作没能入选中小学教材，也就没有参与进我们这代人的少年记忆。但在盛唐，储光羲与王维并称"储王"，又与王昌龄颉颃同力继兴建安遗风（《河岳英灵集》："元嘉以还，四百年内，曹、刘、陆、谢风骨顿尽，顷有太原王昌龄、鲁国储光羲颇从厥迹"），是很负盛名的诗人。储光羲受陶渊明影响最深，擅长田园诗，时人殷璠编选的《河岳英灵集》说他的诗"格高调逸，趣远情深，削尽常言，挟风雅之迹，浩然之气"，并选入十首之多，体量犹高于孟浩然。后世的《四库全书总目》也赞他"源出陶潜，质朴之中有古雅之味，位置于王维、孟浩然间，殆无愧色"。

储光羲年龄至少要小王维三四岁，是开元十四年（726）的进士，因此与王维相交常执后学礼。释褐试后，他被授下邽县尉，也算进士的常见去处。下邽县尉算是畿尉，位九品，所务多为"亲理庶务，分判众曹，割断追催，收率课调"的琐碎政事，虽是朝廷认为不可少的历练，却历来为文人所不喜。可能因为无法适应这些俗务，没干一年，储光羲就辞官去淇上隐居，几年后拜汜水县尉，不久又辞，转去终南山隐居，直到天宝五载（746）被授主管祭祀的太祝，回归中央，才算走上了正途，以此，他很长一段时间一直被称为储太祝。天宝九载（750），储光羲任监察御史，终于从畿尉的苦出身熬转六道之首[1]，不几年却骤然赶上了安史之乱。措手不及的储光羲与王维同在长安被俘，押去洛阳受任了伪官。虽然他极力自救，也企图建功自赎，但还是因乱中失节而被贬岭南，最终客死贬所。

储光羲与王维在淇上时或许就认识，但关系趋于密切应该还是在长安。他们的唱和以田园诗为主，大多是在终南山中所作。

1　唐代韩琬《御史台记》以佛家六道喻畿尉的六种前景："畿尉有六道：入御史为佛道，入评事为仙道，入京尉为人道，入畿丞为苦海道，入县令为畜生道，入判司为饿鬼道。"

储光羲隐居的庄子虽没有王维的辋川庄大，但也有"石子松""架檐藤""钓鱼湾"等小景，很见主人经营的心思。王维打理辋川庄时心气已平，更多是为逃避在朝的不得意，但储光羲却多少存着走"终南捷径"曲线进取的想法：他说自己的田庄"此乡多隐逸""四邻竞丰屋"，显然周围住着很多在朝求隐的长安官贵（其中当然也包括王维）。他为尉多年终于入朝为太祝，正在终南隐居之后——在仕途上有所期盼并不可鄙，坐望汲引，在唐代的社会生态中也属常事。

储光羲是个心地光明的士人。他接受社会规则，并愿意努力适应它，但与此同时，他远而不怨，近犹谦恳，能体察劳人的艰辛，更能在等待机会的日子里记得欣赏生活的美，这是王维喜欢和他相处的原因。胡应麟说"王维清而秀，储光羲清而适"，这个"适"就点出了这种随遇自安的意思，或者也正是他喜爱陶渊明的原因。

陶渊明的影响力在唐代刚刚中兴，于此，王维少年时所作的《桃源行》也起到了一定的助推作用。很多人喜欢把王维比作陶渊明的接棒人，比如苏轼就说他"前身陶彭泽，后身韦苏州"，但事实上，王维虽然追慕陶渊明的心态，却并不认可其生活模式。王维始终认为人要先承担自己的责任，确保肉身无碍再去安顿精神，因此曾在诗中说陶"生事不曾问，肯愧家中妇"，责他纵浪田园的同时也该想想妻儿的生活——王维始终清楚自己向往的田园本质上只是一场投放灵魂的幻觉：既然不关乎物质，就更需要足够的物质去涵养，一如人要做梦，乃要先保证自己的身体能始终安安稳稳睡在床上。

因此，王维诗中虽然田园的意象极多，但我们很少能感受到它与作者之间的作用力：王维与他笔下的田园更近乎光与光的神会、水与水的交融，没有谁开垦谁，也没有谁象征谁。这种幻光式的存在让诗格外纯净轻盈，但同时，因其物理层面互不可触，读者也就很难在其中找到自己的位置。这是王维与陶渊明的根本不同之处，也是储光羲更像陶渊明之处，储光羲一直在身体力行地感知耕种、辨认四时，他会诗化自己的体感，却不能接受"雪里芭蕉"式的写意不写实。田园不是储光羲的幻光，而是家园，他能在装点修饰它的过程中获得充盈的安全感，和自我的不断加固。

能代表储光羲与王维区别的诗，可以推《偶然作》一组。这组诗是王维写就之后储光羲仿作的，二者互为映照，取材与表达都很见个人特点。篇幅关系，我们在此各举一首诗，说说其中的几个片段：

偶然作六首·其二

王维

田舍有老翁，垂白衡门里。

有时农事闲，斗酒呼邻里。

喧聒茅檐下，或坐或复起。

短褐不为薄，园葵固足美。

动则长子孙，不曾向城市。

五帝与三王，古来称天子。

干戈将揖让，毕竟何者是。

得意苟为乐，野田安足鄙。

且当放怀去，行行没馀齿。

同王十三维偶然作十首·其三
储光羲
野老本贫贱，冒暑锄瓜田。

一畦未及终，树下高枕眠。

荷蓧者谁子，皤皤来息肩。

不复问乡墟，相见但依然。

腹中无一物，高话羲皇年。

落日临层隅，逍遥望晴川。

使妇提蚕筐，呼儿榜渔船。

悠悠泛绿水，去摘浦中莲。

莲花艳且美，使我不能还。

开篇都以野老农闲的场景入题，王诗把老人安排在衡门下独
坐（来自《诗经·陈风·衡门》中的"衡门之下，可以栖迟。泌
之洋洋，可以乐饥"，明显的隐士派头），储诗则写其耕田间隙在
树下高卧。比对着读下来你或许能感觉到，储光羲的诗更像是实

际耕作过的人写出来的：他看得到老人是因为贫贱才不得不在暑天里锄田，这样热的天，老年人的体力根本坚持不完一畦就需避到树下稍事休息。纵然"高枕眠"还是带着文人美化过的安适，但究竟远不及王维笔下的老人潇洒：我们很难从"有时农事闲"这样的淡笔中感受到其日常耕作之苦，这也从不是王维强调的方向。王诗中的老者身上展现着一种不属于农人的洒脱，他淡看三皇五帝、干戈烽烟，并决定留守在野田之中。"短褐不为薄，园葵固足美""且当放怀去，行行没馀齿"。这只是"雪里芭蕉"式的文人想象，并不脱胎于真实。

诗中的老人是王维造就的幻象。用弗洛伊德的理论讲，他在用客体替代主体的方式体面地包裹自己的表达：王维重意不重言，不喜欢像白居易那样自得地说教，也不以陶渊明式的讲道理为高级。实在有话想说时，就只得塑造出一个与自己形象毫不相干的人，任其表述，宛如事不关己。

相较来看，储光羲的创作观就比较老实。他在诗中用了不少典故："瓜田"托指秦亡不仕、东陵种瓜的召平，"荷蓧者"是《论语》中嘲孔子"四体不勤，五谷不分"的丈人，"羲皇年"则取自陶渊明"五六月中，北窗下卧，遇凉风暂至，自谓是羲皇上人"的事典。各朝隐士带着自己标新立异的不配合如走马灯般在诗中往来穿梭，储光羲虽调度艰难，却还是坚持保留了他们每个人的担负：瓜田野老独耐暑困，荷蓧丈人白发卸担，自称羲皇上人者则索性是"腹中无一物"了。储光羲是要写隐逸之乐，但他对田园生活太熟悉，就无法心安理得地把话借这些人的嘴巴说出来，诗中那个"逍遥望晴川"而悠然不能还的人只能是他自己，一个与农人格格不入的文士——从"落日临层隅"的高举远眺开始，我们清楚地看到了作者与真实田园的视角间离。他并不回避这一点。

创作中的储光羲无法突破真实，从超越的境界意义讲也就不及王维，但也因此，他的诗远较王维有社会性。且不说田园诗中对农户"春至鸧鹒鸣，薄言向田墅。不能自力作，黾勉娶邻女""仲夏日中时，草木看欲燋。田家惜工力，把锄来东皋"等艰难的洞察（这些信息显然是通过长期与农人的对谈得来的），单看他做监察御史时所作"妇人役州县，丁男事征讨。老幼相别离，哭泣无昏早"，更几乎已是杜甫"三吏""三别"的先声。作为田园诗人，储光羲从未放弃士大夫的自觉，在自我安置的同时，他时刻保留着自己对"具体的人"的体代与爱。《池边鹤》尾句说"江海虽言旷，无如君子前"，这可谓是他创作身份的写照。

储光羲诗中每称王维为"王夫子"，自己惯以"门生"自居。一则王维中进士在前，再者诗风成熟也早，本就是能在诗坛领一时气象的大家。两人以半步之差且行且喜，形成了一组很相惬的关系。这里我们且举一首王维的《待储光羲不至》证明：

> 重门朝已启，起坐听车声。
> 要欲闻清佩，方将出户迎。
> 晚钟鸣上苑，疏雨过春城。

了自不相顾，临堂空复情。

创作缘由很清楚：某日二人早早说好要来王维家小聚，结果储光羲临时有事没来成，王维空等一天后，就写了这样一首诗送了过去。诗很可爱，说一大早，我家从里坊到内宅的门就一重一重打开了。我在门口等着，打算一听到车声近了、佩声响了，就马上出去迎接。结果等呀等，直到听见晚钟响起，才发现已经黄昏，又见下了雨，终于知道今天肯定已经等不到你了。我只好独自在中堂含情徘徊，久久不愿回房去。

王维在诗中用了很多进退折转的口语虚词，要欲、方将、了自、空复，把原木没有什么起伏的等待捻长折弯，读来节律回转，别有种带着薄怨的絮叨感。这种絮叨的尺度非常微妙，它如果见于宫词，就不免会令读者心中产生一些道德负担，因为这种幽怨是宫女的叙述视角无法消化的，它于是会郁乎中而难去，把等待逼入一条压抑的绝路。可王维却不贪读者那一口气。他偏要让这几句絮叨在反差中见出开阔——当絮叨发乎一位温文凝定的长者之口，就如天女舞于庆云之上，乃只见其轻盈可爱，再不至对读者形成任何非难。

这首诗中用以承托的庆云，就是"晚钟鸣上苑，疏雨过春城"一联。试想不考虑声韵，若将"春城"改为"春庭"，把全诗困入自家门墙，后面"了自不相顾"的情绪就会骤然沉重数倍，正是王维轻巧地把视角调高，借钟声与春雨，让心的觉知超脱出眼前这方庭院，遍及整个长安，才令读者相信诗人是随时有能力消解掉此时的坐立不安的。虽然最终他选择了在这样的情绪里多沉浸一会儿（"临堂空复情"），但这沉浸足够健康，也早已能令人放心。这是内心充盈之人的诗，读起来令人放心且舒服，用以社交既显得亲厚，也不会给对方任何压力。

储光羲集中有一首《答王十三维》，应该就是回应这首诗的：

> 门生故来往，知欲命浮觞。
> 忽奉朝青阁，回车入上阳。
> 落花满春水，疏柳映新塘。
> 是日归来暮，劳君奏雅章。

他解释自己是突然被上级叫去官署办公（"忽奉朝青阁，回车入上阳"）才不得已失约，又因为下班时间已经太晚，就没办法赴约了（"是日归来暮"）。相较王维，储光羲的景语就很平实切近："落花满春水，疏柳映新塘。"他所采写的可能是上苑风光，但一联全囿于春水池塘之间，就显得空间相对逼仄，恰合临时被抓去加班的心情。"满"者见花落之多，知公务耗时之久；"柳""塘"则隐用谢灵运池塘园柳句，写时驰境迁、身不由己的惆怅——有这样一重对时间的焦虑在，歉意也就格外诚恳了。

两首诗相映而观，我们就看到了一组合宜的君子交情：前辈温润而不失弹性，后辈谦恭而直朴有方。在当时京城诗人圈中，王与储俨然形成了天与地、乾与坤般的两个存在，他们在各自性格的驱动下，呈现出不同的器质，一个高举要眇，一个厚重坚实，却在朝堂与田园的出入之间始终并肩而立，心怀同样的向往。后世顾况为储光羲文集作序时提到，其嗣子曾哭着对他说："我先人与王右丞，伯仲之欢也。"能在并不那么如意的人生中遇到对方这样的人，对王维或储光羲来说，都是幸事。

下面我们再聊聊孟浩然。

王孟并称，渊源已久。孟浩然的《春晓》也是唯一一首能出王维的《相思》一头地的童蒙诗。这么多代小朋友的选择绝非全出偶然，与王维相似，孟浩然比较有名的诗大多对读者也是不筛选、不拒绝的，自有其清浅而自得的吸引力。他们的诗都由自然涵养而成，经过精切的剪裁与娴熟的调驯，顺乎天理又超然脱俗，有种一步一景、柳暗花明的美感。

但若走近去看，王维和孟浩然又并不算一路诗人。相似的选题里，他们有各自与诗相处的模式，我们引王国维的说法概言之：王维无我，而孟浩然有我。

这有无当然不关乎格调的高下，只分判写作路径的不同。为了说明白这样的区别，我们还是先要介绍一下孟浩然这个人。

孟浩然与盛唐许多诗人关系都很好，但恐怕是其中唯一一个始终没有官身的。从身后称谓不难看到这一重尴尬：王维称王右丞，杜甫称杜工部，王昌龄称王龙标，李白也不妨称李翰林，只孟浩然被称为孟山人。我们当然可以用人各有志为孟浩然辩解，如李白还曾特地作诗赞美他一心求隐，高举不群："吾爱孟夫子，风流天下闻。红颜弃轩冕，白首卧松云。醉月频中圣，迷花不事君。高山安可仰，徒此揖清芬。"但事实上，孟浩然并非不愿意做官，也不是心甘情愿要在盛世活成一个隐士符号。杜甫很老实地看到了这一点，叹息说："吾怜孟浩然，裋褐即长夜。"话不好听，但恐怕更切合孟浩然的自况。

因为没做成官，孟浩然的生平在史书中的记载不很确实。据他同乡王士源的《孟浩然集序》看，他卒于开元二十八年（740），年五十二，那么算来应该是武周永昌元年（689）出生的，大王维十岁左右。

他有一首题为《书怀贻京邑同好》的诗介绍自己的身世："维先自邹鲁，家世重儒风。诗体袭遗训，趋庭绍末躬。昼夜常自强，词翰颇亦工。三十既成立，嗟吁命不通。慈亲向羸老，喜惧在深衷。甘脆朝不足，箪瓢夕屡空。"说自己出身书香门第，父亲早逝，母亲老弱，读书求进不得，只好在贫寒中蹉跎度日——贫寒是谦辞，更多是在借陶渊明之典自高志趣，但其门第不贵、缺乏援引的处境应该是实情。孟家在襄阳有一些声望，和曾发动神龙政变的宰相张柬之家也颇有来往，但实力毕竟和山东五姓差得太远，族中没有能把他引荐到中央的人脉。为了当官，他曾去洛阳投恳金仙公主求其荐举，也几次上长安乞张说、张九龄等贤相援引，但都没能如愿。开元二十五年（737），张九龄失势贬迁荆州长史，招孟浩然入幕，但或许是因为身体原因，他没干多久就请辞返归故居，不久生了背疽，不得不长期卧床治疗，本来养了两年已将好了，结果恰好王昌龄过襄阳来探望他，孟浩然见到老朋友一高兴，没忍住吃了些发物，引动背疽发作而死。

自终局不难看出孟浩然是个性情中人，王维就肯定不会为一次聚会逞这样的口腹之欲。性情中人的特点就是随遇透支，好处是张力十足，所欠则实在不能均衡：他们活泼却少分寸，更享受驱动而不是控制，向往变革而不是生长。

本质上，孟浩然气质和李白更相近。他们都是任情而好使气的人，只是李白的任性带着孩子气，很符合道教所尚的恒德不离、复归于婴儿的气质，孟浩然的任性背后却显然有其担负，诗中常见成年人的操持。在文人审美里，这种操持感是容易被奚落的：陈师道说苏轼觉得"孟浩然之诗韵高而才短，如造内法酒手而无材料尔"（南宋张戒《岁寒堂诗话》说"子瞻云浩然诗如内库法酒，却是上尊之规模，但欠酒才尔，此论尽之"，也是在给大苏这个观点站台），内法酒是宋代的宫廷名酒，显然苏轼充分肯定了孟浩然的文字调性，但后面这句"无材料"，则又是老饕最不可忍受的，苏轼觉得孟浩然作诗如用顶级手段操办俗劣食材，糟蹋了种种高明的经营——这里所谓的"无材料""欠酒才"，一方面是说孟浩然学力不足、不擅用典，另一方面也是嫌他作诗选题太单薄了。

孟诗通常局限于几种情境——行旅、不遇、田园、山水，每个分支中，孟浩然都拿得出第一流的作品。他笔力强、情气烈、体物细、韵致高，这都是大诗人才具备的特质，但与此同时，其创作欲的触发点相对单一，这也是不容讳言的。

性情中人作诗如饮酒上头，腹笥深、反应快的人本就妙语如珠，若再催动以几分酒性（创作激情），便容易生发出一种风流自盈的吸引力，但若真处成长期酒友你就会发现，再有趣的醉话听多了也总是类似的。被激情催动的表达欲便如洪水，如无利导经营便是溃堤漫流，只有诗人懂得依势开渠，能修一条水道供其奔流。其好处固是能在安全范围内保留其澎湃的冲击力，坏则在于这条水道一旦形成，以后洪水再崩发时，就不会向第二条路流了。

孟浩然的问题就在于此。他修渠的功夫绝世无二，治水的同时又能沿途造景，兼顾阴晴雨雪，步步生姿，但因其分流水道开在了太过上游的位置，又修得太宽太广，分流后的余量就已不能支持新的开凿路径了。于是终其一生，孟浩然的诗只有那几条极有限的表达通路，再高妙，看多了就也望得到边——而诗人又是最怕被人看到其边界所在的，内囊翻出，神秘感消失，文字中的精魅也便随之散逸了。

以李白、王维两位顶级诗人作比，我们更能看到孟浩然的局限所在。李白与孟浩然本是一路诗人，但一则太白才大如海，感受力更强，源脉终老未竭；二则他人生跌宕，阅历丰富，所擅体例也更多，乐府、宫词、近体、古体皆能，水道高低深浅俱有，呈现出来就不容易单调（孟浩然虽然也有绝好的七言，但最擅长的仍只在五古和五律二种）；三则因笃信道教之故，李白能在修炼的幻觉中不断找到新的观物法门，虚实切换就也较孟浩然更为自如，这条路就终没有走死。王维的写法则是与孟浩然全然相反的路数，他从不依赖失控去作诗，创作驱动力也并非情感，而是细密的生命体验，既不亟待解决，也便无中衰之虞。王诗的内核更近乎一条稳定的河流，如蚁穴侵堤般渗透出来，有的流作清溪，有的汇入黄泉，也有的只是润泽一方土地，蕴藉成了春天。正因如此，他不需要开凿水渠，反过来也就不会被路径限制——这是王维的诗作往往乍读不太过瘾的原因，却也是其更耐重读的底气。

王孟二人之诗的差别，不在其高，反在其广：若在各人集中拣好的选出十首争胜，二者未见得能分出高下，甚至是孟诗高处更见境界超脱（以情驱发，出其情时便能更见超拔），但若要选三十至五十首，孟浩然的类型局促感便初见端倪；再推至百首，则觉王诗之广仍难穷极，孟诗却不免有山重水复之憾，这便是苏轼所谓"韵高而才短"。

但当然，对于我们这样的普通读者来说，看诗的需求正是要畏叹其高处。那么今天，我们就结合王孟的几场交集，简单说说孟浩然诗的好处。

王维与孟浩然的交集没有人们想象中那么多，比较出名的算来只有三个场景，我们不妨一一来看。

第一个场景见于王士源所作《孟浩然集序》。王士源说孟浩然"闲游秘省，秋月新霁，诸英华赋诗作会，浩然句曰：'微云淡河汉，疏雨滴梧桐。'举坐嗟其清绝，咸阁笔不复为继。丞相范阳张九龄、侍御史京兆王维、尚书侍郎河东裴朏、范阳卢僎、大理评事河东裴总、华阴太守郑倩之、守河南独孤策率与浩然为忘形之交"。说"闲游秘省"，而张九龄、王维均在，那只能是开元十九年（731）前后孟浩然上长安求官时事，彼时王维三十出头，孟浩然则已四十有余。这年，张九龄还没做丞相，王维也不是殿中侍御史（他升到这个官职时孟浩然已经身故了），但毕竟故事出于补述，也不必以此去判断真伪。

从场景描述上看，这句诗是联句时所得，最终也没有敷衍成全诗，但句真是好句，非常能显示孟浩然诗"韵高"的"上尊之规模"。

最显眼的好处当然在诗眼的"淡"与"滴"：一个是色相，一个是声闻；一个是渐进，一个是恒定；一个是自不动中知其动，一个是于动中见不动。这等下字，是实打实的锤炼功夫，非作手莫办。而不显眼的好处则在意象的选取：河汉，是联翩一带的星光，疏雨，是绵密不居的水点，在色与声的两个维度中，它们同样嘈然闪动，旋生旋灭，上下句也就在通感互文间如琵琶高手的轮指般铮然响成了一片。明灭者易摇曳，最怕的是无依托，于是孟诗又在意象前后下了承接映带：一个个细碎的光点被微云联展成平面，一滴滴烁动的声痕由梧桐延续成时间。寥寥十字，自天入地，因空有常，让简简单单的景语平生出哲学意味，实在是著手成春。宋代的《五灯会元》里便有以此句讲禅的例子：

上堂："诸佛出世，广演三乘。达磨西来，密传大事。上根之者，言下顿超。中下之流，须当渐次发明心地。或一言唱道，或三句敷扬，或善巧应机，遂成多义。撮其枢要，总是空花。一句穷源，沉埋祖道。敢问诸人，作么生是依时及节底句？"良久曰："微云淡河汉，疏雨滴梧桐。参！"

前面谈禅语不懂无妨，只自这一句棒喝般的"参！"就知这句诗内蕴之深。

取象之外，孟浩然的句法也很谨严：河汉、梧桐，一双从水旁，一双从木旁；淡、滴，反切同用德字声头，而一用去声，极沉极远，一用入声，极轻极促（"去声分明哀远道，入声短促急收藏"，也与微云疏雨的气息各自相合），属对不可不谓极细。这本是宫体诗人所擅，而孟浩然不耐为处，却也能作得这样好，难怪包括王维在内的秘书省诗人们见此"阁笔不复为继"，恐怕就连孟浩然自己也已很难把它周全成一首完整的诗作 —— 这两句自身已臻浑成，不再需要一个合适的框子去画蛇添足了。

再说王孟间第二个相处场景，它来自宋祁所著《新唐书·文艺列传》：

维私邀入内署，俄而玄宗至，浩然匿床下，维以实对，帝喜曰："朕闻其人而未见也，何惧而匿？"诏浩然出。帝问其诗，浩然再拜，自诵所为，至"不才明主弃"之句，帝曰：

"卿不求仕，而朕未尝弃卿，奈何诬我？"因放还。

这是个挺有名的故事，说孟浩然在王维处被皇帝撞见，大好机会，却因误诵一句"不才明主弃，多病故人疏"反将之触怒，致使再次不官而归。此事大概率是编出来的，即使有，引孟浩然入内署的也不太可能是王维。但之所以有这样的故事传出，很明显是孟浩然这两句牢骚实在令人印象深刻，好事者认为合当有个场景转呈给该看到的人看看，其中明主自是玄宗，故人则安排给了王维。

诗题为《岁暮归南山》，全文是这样的：

> 北阙休上书，南山归敝庐。
> 不才明主弃，多病故人疏。
> 白发催年老，青阳逼岁除。
> 永怀愁不寐，松月夜窗虚。

王维在少年被贬、求告无门时曾有与这个开篇绝类的句子："北阙献书寝不报，南山种田时不登。"（创作时间应较孟为早）但即使处于最愤怒激昂的状态，王维释放出来的情绪也是没有针对性的，这首《不遇咏》写到后面也已近乎爆发，但最终落在了这样的角度："今人昨人多自私，我心不说君应知。济人然后拂衣去，肯作徒尔一男儿。"情绪释放如光芒四照，八方藏刀，自发自成，坦荡而安全。这是王维的世界观：世间只有我与非我两端，并无一个旁人。

可孟浩然不同。他这样写，显然是正憋着对某个特定对象的气愤：明主固然不必说，故人只怕也有实指，而非泛言。发这类怨语如握刀锋向人，欲伤人，先伤己，这固然是分寸感弱的体现，但孟浩然的真实和可爱也正在于此。

孟浩然这首诗是在用具有南朝宫廷诗血脉的京城诗歌范式自抒怀抱。在他之前，很少有人会用这种成熟的酬答体例去诠释自身的处境——这也是孟浩然始终没有真正融入这个圈子的证据。

孟气极畅，写规矩板正的五律也不羁而自由，自"北阙"至"故人"，积郁一气叶出，不盘桓而能流转，这是小肚鸡肠之人不能办的。但虽要发泄不满，孟浩然却不会去玩味乃至雕琢自己的情感，也就不至落入小诗人自怜的窠臼去，坦荡率直，这是他人格高处，也是李白、杜甫等大诗人对他钦佩向往的所在。

但当然，不玩味也不代表不处理。写到"多病故人疏"时，全诗的委屈其实已经表达完了，但这样一气直下到底单薄无力，后半就还要在厚度上下功夫。孟浩然的处理是在颈联叠了一组颔联的回响："白发催年老"是对"不才明主弃"的加重，"青阳逼岁除"是对"多病故人疏"的加重——明主再不起用我，我就要老了；故人再不来找我，今年就要过去了。"白发"是终难转黑的，可见其负气，"青阳"却意味着新的开始，又易见其期待。在新与旧、怨与待的杂糅中，诗笔离开心曲，回到了现实："永怀愁不寐，松月夜窗虚。"想着这些事，我睡不着觉，写下了这样的诗——只是凝聚在虚窗松月的目光，依然指向他的盼望与落空。

孟浩然用最严整的范式，完成了从单喉清唱到配器重奏，再归于泛音余响的一段乐章，用他不能名正言顺踏入的圈层最擅长的文风，写尽了自己的向往和错过，这种反差之下的完成度是这首诗难能的好处，也难怪故事中孟浩然要当得意之作念给皇帝了。

王孟间的第三个可关注的场景是送别。这该是二人唯一有文本依据的确切交集。长安谋仕受挫，孟浩然启程回乡前作了一首《留别王维》相赠：

寂寂竟何待，朝朝空自归。

欲寻芳草去，惜与故人违。

当路谁相假，知音世所稀。

只应守寂寞，还掩故园扉。

王维也回寄以一首《送孟六归襄阳》：

杜门不复出，久与世情疏。

以此为长策，劝君归旧庐。

醉歌田舍酒，笑读古人书。

好是一生事，无劳献子虚。

读过这两首诗，我们就可以理解为什么许多人要把"多病故人疏"的帽子栽给王维了。《留别王维》的前两联写等待与失意，写还乡和不舍，都是自然的情感流露，但后两联却生出一丝对寄诗者的嗔怪来，若有待而不见，用典更似是站在姜妇立场的："当路谁相假，知音世所稀"，隐有反用《古诗十九首》"良人惟古欢，枉驾惠前绥"之意，妇人梦中的丈夫驱车当路而来，亲自递过缓授，引她上车，但诗中的孟浩然却没有等到这样一个能在大道中拉他一把的人，只能独自叹息当世没有知音，而后文的"只应守寂寞，还掩故园扉"，又与古诗梦醒回到现实的"徙倚怀感伤，垂涕沾双扉"互成映照——梦还是梦，这个世道上，终究是没人能帮我的。

为什么孟浩然会幽怨成这样，王维的诗给出了答案。他说自己深居简出，久不为人情周旋，因此劝孟浩然不如也回乡隐居，不要再搅和到名利场中来了，显然，在孟浩然盼望的引荐一途，王维没能帮到他，且因觉官场不值得，以后可能也不会帮了。

此时的王维在秘书省做校书郎，品阶很低，恐怕确实无力援手，且方值妻子去世，形单影只，又正是仕途上最灰心的时候，说出这样的话也不奇怪，但站在年过四旬尚是白身的孟浩然之立场，他当然无法接受这个少年得志的青年这样一句轻飘飘的劝诫。于是很遗憾，盛唐最为出色的两位诗人就在心境的错位之下，草草相见而匆匆分手，没再有进一步的交情。

这一去，王孟二人再不曾相见。孟浩然在家乡浪迹山水，留下了大量绝佳的诗歌：他后期的山水诗于清旷中闪动着细小的觉察，性情间不掩精微的纹理，那正是在京城的诗思中淘染浸润过的痕迹。

而对王维来说，孟浩然虽未必算不可替代的知交，却毕竟是不能忘却的影子。开元二十八年（740），时任殿中侍御史的王维知南选经过襄阳，不意得知孟浩然的死讯，写下了一首《哭孟浩然》：

故人不可见，汉水日东流。
借问襄阳老，江山空蔡州。

钱穆赞美这首诗时用了很让人眩晕的一套表述："由文章进入作者，再由作者进入欣赏者，然后由欣赏者进入欣赏者自己的文章。"看这首诗，我以为倒不用绕这么多层，只拈一点提醒你注意：王维是很少写这样大的诗的。

我说的"大"不单在气象，也在感受的层级和发语的声气。在写给孟浩然的最后这首诗里，王维放弃了察我观物的习惯，也没有调用娴熟的酬答技巧，而反过来直接采拟了气宗诗人以势驱情的笔法 —— 那正是孟浩然最擅长的写作模式。

昔在长安，孟浩然曾十分认真地学习并曲就着京城诗人的范式。他亦步亦趋地参与着他们的聚会，等待着他们的接纳，却最终没有如愿。可在他身后，作为京城诗人之首的王维却亲来他的家乡，转以孟浩然的笔法为他写下了最后的挽诗，全了两人相识的一场因果，这也是很令人唏嘘的缘分。

孟曾有《九日怀襄阳》诗云："岘山不可见，风景令人愁。"王维的诗就正似这两句的隐括。"江山留胜迹，我辈复登临"，此刻，孟浩然托体成阿，就这样变成了王维的岘山——王孟的故事，我们也就此讲完了。

聊到这里，我们只怕不得不下个论断：王与孟，这两位古今齐名，似乎自来就焦不离孟的诗人事实上既说不上相似，也谈不上相亲。许多后人对此心怀不甘，为他们编出了许多投契相存的故事，但我倒觉得这样也很好。在不同的轨道中，他们以不同的速度有条不紊地各自运行，既能在相遇的瞬间互生辉照，也能在擦肩后迅速挣脱对方的引力，离开对方的阴影，继续自己的人生。较以储光羲式的相敬相即，这样的缘会也自有它的魅力。

说到这里，今天的漫谈就可收尾。我自知方才所说的一切未必都能合乎你心中的真实，但没关系，相较这些拉拉杂杂的闲话，我更希望与你达成的共识是，无论田园之于储王抑或山水之于王孟，都不该变成用以给他们归类的标签。

终其一生，他们在各自的际遇中不断发觉着自己的人格，并将之灌溉成诗。他们在同样的土壤中生长出了自己独特的样子，这正是我们这些心怀钦慕的后人所不应放弃的觉察。

明天见。

第
四
日

王维的情感依托

山中有桂花，
莫待花如霰。

———

正因为有这样层次各异、深浅不一的情感
依托，王维的创作才能达到一种从各个维
度看都恰到好处的平衡状态。

终世万物，无外自无而有，再归于无。要涵养生命、托举灵魂，在日常衣食住行外，情感的供应也同样紧要。情感充盈之人，方能早早走出索取和占有的初始需要，懂得给予与内求，自我轮廓也才会日益清晰。

诗象其人，王维的诗圆满温润，根本原因可能正在于他从亲密关系中得到过健康的滋养，也借此获得了一种精妙的生命平衡。今天，我们就从情感的视角看看王维人格的来处。

人的重要情感通常无外亲情、爱情、友情三类，对王维而言，这几种情感是不容易拆分的：他的妻子来自母族，兄弟亦是吟伴，要分类提炼恐怕反而会造成混乱。说这个话题，我想索性以王、崔两姓为脉络捋一捋他身边的人群，或许能看得更清晰些。

先说王氏。前面我们提到过，太原王氏是山东五姓中的大姓，但事实上，王维一族和正宗系出汉司徒王允的太原王氏还有点区别。从后来的考据看，他们应该是西晋给事中王卓的后人，这也是王维、王缙兄弟被时人称为河东王氏的原因 —— 王卓是西晋常山公主之子，因公主汤沐邑在河东，这一支为避永嘉之乱就定居到河东了。

河东王氏虽可以算太原王氏的分支，却远不如本家显要，只能算是地方上颇具声望的中等士族。北魏以来，这一系王姓为求"鼎盖河东诸姓"而重新与太原王氏合流。"后魏定氏族，金以太原王为天下首姓"，要获得更高的声望，回归"天下首姓"是一条捷径。在一代代河东王氏的努力下，他们被太原王氏认可，归于同宗，即所谓"河东王承太原显望久矣"。不过，两支王氏毕竟由来不同，迁居蒲州后王处廉重称河东王氏，应该就存着不忘先祖来处的意思。

王维的高祖王儒贤、曾祖王知节都是州府司马，品阶在五六品间，再往上就失考了。祖父王胄是他家第一位进入京中供职的子弟。王胄官至太常寺协律郎，品阶为正八品上，虽然看似不及父祖，但能从地方上佐进入太常寺，意味着顺应武周朝重用庶族、开科举之门的东风，这个家族已经具有了输送京官的实力——高武朝前，京官一直把持在世家大族手中，门第稍差都很难染指。协律郎"掌和六律、六吕，以辨四时之气、八风五音之节"，是个专业门槛很高的职位，地方州府司马子弟能够胜任这一职务，显然少不了家族在礼乐方面有针对性的培养。

士族的远见很快显现出来。到王胄这一代，这个家族在洛阳站稳了脚跟：他的儿子已经可以和博陵崔氏联姻了，这意味着他家的政治潜力已经得到了真正的世家大族的认可。若非后期一系列不可控的政变将政治中心推回长安，打乱了王家的方向性规划，王处廉大概率可以直接在洛阳得官，也不再需要通过外任司马往蒲州迁居了。

一些学者从官职判定王维的音乐是跟祖父学的，其实是否真有这样的传承关系并不重要，我们更该看出，王维学习音律本就是在复制王胄从州府进入中央的成功经验，毕竟这是家族曾经走通的一步棋。可以推想，倘若王维的乐官进阶之路如祖父般顺利，他的下一步便必然是广铺人脉，进而帮助几个弟弟行卷。这个家族对每个孩子的规划与定位都很清晰：次子王缙看起来就没有在音乐方面下过太多功夫，虽然和哥哥一样以博学多艺著称，但王缙所长在书法（草隶）与文章，那已是一条不必取巧的正路。

从现有文本材料中看不到王氏兄弟与祖父、父亲的相处印记，也不必凭推测空谈。王维最重手足之情，今天，我们还是主要谈一谈他和兄弟们的羁绊。小朋友们大多背过王维十七岁时所作的《九月九日忆山东兄弟》，我们就从这首诗谈起。

　　　　独在异乡为异客，每逢佳节倍思亲。
　　　　遥知兄弟登高处，遍插茱萸少一人。

这是王维早期的作品。既只说"少一人"，显然当时他正孤身飘零在外，换言之，王缙还没有追随哥哥来到长安。

诗写得很率真，王维开篇就坦然地把客居异乡的凄凉、佳节独处的寂寞和盘托出，不见丝毫矫揉。但同时，即使话已经说得这样明白，诗中还是可以清晰看出这位大诗人初现端倪的画面调度能力。

　　起句是全景，但画面自有重心：一片小小的拼图块带着一身棱角与缺口，被放置在了一幅与它格格不入的大图景正中。已是"异乡"中的"异客"了，偏还"独"——它孤零零地出现在一个与自己毫无关联的世界里，茫然失措，找不到一个能自我安放的地方。

　　第二句由面到点。镜头拉近，不调和的环境被彻底虚化，诗聚焦在了这块小拼图上。一个本来没有方向和重量的点就在聚焦中持续升温：温差意味着流动，诗句就因此有了势能。

　　获取这样的势能对任何诗人而言都不是容易的事，"每逢佳节倍思亲"的感受或许人人心中有，却绝非人人道得出，它能被如此精准地提取和呈现本是一种偶然。在这个阶段，成熟的诗人通常可以选择两种常见的手段去处理：一种是充分利用这种势能，顺势写孤灯、写泪枕，让思念尽情释放，引读者彻底随他哭一场；另一种则是尽力压制这种势能，转去写一树花、一朵云，顾左右而言他，让读者一口气叹不出，反而更加低回难去。

　　二者都是由点成线、绵延余绪的写法，前者流畅顺适，后者克制高级，但王维却都没有用。从面聚焦到点后，他选择展开一个新的面接住这个点，并将它的势能彻底吸收。

　　王维在尾句托出了一帧新的远景，一张独缺了这一块小拼图的全图。

　　有人说"遍插茱萸少一人"收煞凄凉，但事实上与"独在异乡为异客"合看，这个结句展现出了一种更高级的圆满：之所以拼不进"异乡"的图景，是因为这块小拼图自有它的位置，王维已亲自引着读者看到了它的来处 —— 兄弟登高、遍插茱萸时的那个空缺。他在这里是异乡中的异客，在那边却是兄弟心上的缺口，这种伤感也是自信的：他知道自己的思念自有承托，也始终可以安稳而准确地拼插回它生长的地方。

万毫齐力，逆起圆收。能把至情语收拾得这样干净，不泄一丝余绪出去，这固然是笔力的证明，也足以让我们从中旁推出王维的手足情感是多么自洽而充盈。他对自己长期担负的家族责任毫无怨念，也全不计较。在离别的日子里，王维真诚地思念着弟弟们，也坚定地相信他们会思念自己，发乎如此健康的情感，才有这样清爽而不非难读者的诗。

顺带说一句，中年后王维在辋川置业奉母时曾专辟一景名茱萸沜，题景有诗："结实红且绿，复如花更开。山中傥留客，置此芙蓉杯。"与少年时这句"遍插茱萸少一人"恰可相照始终。花实交加，同气连枝，少为惜别，老预留客，实在很有回环交响的意味。

王维一直深以友爱兄弟为荣。他认为手足相亲是顺应天地之事："孝悌之至，通于神明，天为之降和，地为之嘉植。"弟弟们亦未辜负他的爱与托举，他们终身与兄长亲睦，也都很有出息：王缙在代宗朝当了宰相，王繟官至江陵少尹，王紞官至太常少卿。同出王氏一系，他们身上存藏着祖辈共同的期许，也自然会在血脉的牵带下相互援望，相互懂得。

众兄弟中，与王维最亲厚的应数王缙。《旧唐书·王维传》中赞王维"与弟缙俱有俊才，博学多艺亦齐名，闺门友悌，多士推之"，窦臮在《述书赋》中也说"二公名望，首冠一时。时议论诗则曰王维、崔颢，论笔则曰王缙、李邕，祖咏、张说不得预焉。幼弟纮有两兄之风。闺门之内，友爱之极"，世人并称为"朝廷左相笔，天下右丞诗"，可见王缙的才学在时人眼中是足与兄长颉颃的：兄弟俩少年时联翩入京，各持盛名，很有几分后世苏轼、苏辙的影子。

因年龄相近，王缙身上同样背负着家族的期望，也是诸弟之中最能理解王维不易的。他与兄长始终同力同心，一起撑持家门——在王维贬官不遇的那些年中，王家就全靠王缙在朝中一力担待。

王缙中举在开元十五年（727），比王维晚了六年，很可能是受到了哥哥坐罪的波及。他最早所中制科是草泽科，全名"高才沉沦、草泽自举科"。从科名看得出，这本非针对士族子弟的制科，而是用以广求在野余贤的科目（类似的还有两年后的"才高未达、沉迹下寮科"等）。很显然，王维黜落，王缙也随即失去朝中援望。他不敢再走哥哥老路去依傍权贵，只好放低身段，通过这种不遇类制科上表自荐。王缙运气不错，经玄宗在洛城南门亲试顺利得第（孟浩然应该也来参加过这次考试，"不才明主弃"可能指的就是此番落选），但草泽科中试也不意味着即刻可以释褐，要"或再应皆中，或为人论荐"方可，于是他继续努力，又考了文辞清丽科，再次中试后才得顺利授官。

正值坐罪隐居的王维眼看着弟弟一步步艰难求进而无法援手，心中当然是难过的。在王缙中试草泽科这年，王维在《偶然作》中忧伤地反复衡量着自己的向往与责任，左右为难："日夕见太行，沈吟未能去。问君何以然，世网婴我故。小妹日成长，兄弟未有娶。家贫禄既薄，储蓄非有素。几回欲奋飞，踟蹰复相顾……"显然，他把弟弟妹妹的婚事与全家的生计前途都视为应尽的责任，并一直在为自己做得不够好而深深自责。

此时的王维虽已获赦，却要等待吏部再次授官，求进无路，蹉跎多年，渐渐在懊丧中找到禅寂之趣。王缙到登封做官时，王维跟去嵩山隐居，恰遇到一位在资圣寺削发出家的王氏宗兄，便常相约偕游山水。这位宗兄道号温古，长年潜心传译密教经典，已是位很有名望的高僧。王维曾满怀神往地回味这段生活："宿昔同游止，致身云霞末。开轩临颍阳，卧视飞鸟没。好依盘石饭，屡对瀑泉渴。理齐小狷隐，道胜宁外物。"显然是乐在其中的，但再喜欢，他也自知不能久耽。

接到张九龄的邀请后，王维叹息自己"岂惟山中人，兼负松上月"，毅然辞山而去。临别时他叮嘱温古上人"荆扉但洒扫，乘闲当过歇"，说自己闲了还会回来——所谓"乘闲"，当是要等到弟弟们不再需要他的时候，但即使真有这样一天，王维也知道自己只能"过歇"，而不会如宗兄般就此"削发"。虽然经常自称"爱染日已薄，禅寂日已固""缘合妄相有，性空无所亲"，但亲情与责任早已将他牢牢地钉在了红尘里。

相似的感受王缙也有。中年时他曾在王维的辋川别业小住，返回长安履任时作诗为别：

山月晓仍在，林风凉不绝。

殷勤如有情，惆怅令人别。

诗有高致，不让乃兄。博学多艺的世家子弟对自然都有敏锐的觉察，但他们终要含情背负着这样的觉察一步步远离，并坚定地走向自己的责任。这是王氏兄弟对出与入、仕与隐共同的答案。

因此，身在官场时的王维对弟弟们眷恋尤甚。他们是他舍弃山林与自我的理由，也是他从不顺遂的人事中获取给养的根系。带着这样的理解重看王维在生命末年所作《责躬荐弟表》，或者感触会更深：

臣又逼近悬车，朝暮入地，阒然孤独，迥无子孙。弟之与臣，更相为命，两人又俱白首，一别恐隔黄泉。傥得同居，相视而没，泯灭之际，魂魄有依。

经过人生数十年升沉，王维和王缙早已不只是兄弟，他们也是彼此最为亲近的朋友和伙伴。老病相仍，王维最期盼的是能与弟弟长久同住，并相伴而终。他们在灵魂上相互依靠，生活中也彼此照应，手足之间到老仍有这样深的羁绊，古往今来也是很少见的。

《唐语林》中有一则很可爱的记录，可借以窥见他们兄弟日常相处的气氛：

> 王缙多与人作碑志。有送润笔者误致王右丞院。右丞曰："大作家在那边。"

润笔会送错门，可见两人居住很近。王缙文名高，也确实给人写过不少碑志，诗人王之涣的夫人渤海李氏的墓志和铭文就出自他的手笔。

李氏的墓志铭看上去写得不很走心："佳城郁郁，春复其春，穷山苍苍，松柏愁人。泉局一闭兮开无辰，鸣呼哀哉兮思慕终身。"大半改自靳能所撰的王之涣铭文："苍苍穷山，尘复尘兮。郁郁佳城，春复春兮。有斐君子，闭兹辰兮。于嗟海内，涕哀辛兮。矧伊密戚，及古人兮。"感觉有些应付差事，但显然王缙仍借此赚到了不少资费。

王维在这个场合调侃弟弟为"大作家"，语气中是带着几分不认同的，看得出他并不以王缙写墓志的营生为然，但同时，也没有对此说教的试图。不对彼此的人生指手画脚，安然比居而互相尊重，这却是一种健康可久的亲密关系。

王维去世时，王缙虽已经获准回京，却还是没来得及见到哥哥最后一面。在时人记载中，王维"临终之际，以缙在凤翔，忽索笔作别缙书"，他把对人间最后的不舍与叮嘱留给了弟弟，而他的心血最终也是由弟弟亲手整理成集，最终流传千古。

终王维一生，他与弟弟都是彼此最亲密的朋友、最默契的搭档和最可靠的后盾，无论从亲缘、仕途抑或文学层面看，王氏兄弟的情分无不完满，这大概是王维持身以方、行事能圆的根本底气。

接下来我们再说说王维的母系家族，博陵崔氏。崔氏一脉，我想谈三个人物，第一位当然就是王维的母亲——因父亲早逝，王维少年时得到的家庭照拂几乎全部来自母亲崔氏。

博陵崔氏系出齐国姜姓，因封地在崔邑而易姓为崔，东汉时就是名门大族，唐初更居"崔、卢、李、郑、王"五姓七家之首。崔氏家学以儒家经学为主，于史、礼、武、文、医亦有兼综，内蕴深厚。世家大族重视女子教育，崔姓女出嫁后往往便有能力提领一个家族的教育，这也是唐代上流社会对于娶五姓女之执念的由来。

作为家中第一个孩子，王维与母亲非常亲密，后来他笃信佛教、工于绘事，都与母亲的影响有着直接而密切的关系。当时士人作诗的取材体例比较窄，诗歌的艺术交流属性大于书信属性，寄诗给母亲、妻子等家族中女性的范式还没有形成，我们也没办法找到王维直接写给母亲的诗歌，但从一些场景化创作中，读者仍能从侧面感受到他对母亲的眷恋。

比较明显的是一首创作于早年的《观别者》：

> 青青杨柳陌，陌上别离人。
>
> 爱子游燕赵，高堂有老亲。
>
> 不行无可养，行去百忧新。
>
> 切切委兄弟，依依向四邻。
>
> 都门帐饮毕，从此谢亲宾。
>
> 挥涕逐前侣，含凄动征轮。
>
> 车徒望不见，时见起行尘。
>
> 吾亦辞家久，看之泪满巾。

这首诗是王维偶然在城郊看到一家人送爱子远行时所作。看似笔笔白描，实则字字回忆。王维用旁观者的视角真切地复刻了自己第一次离家时的心境：他眷恋"高堂老亲"，担心别后母亲起居无靠，却又知道若不离家求取仕途，自己根本没有能力长久地奉养她。这种去留两难的矛盾心理已经超出了写别离的常规范式，足见发乎真实体会。

这类古体诗最忌拉杂不休，为了消解自己缠绵的倾诉欲，王维特地在创作时切换了多个机位："青青杨柳陌，陌上别离人"，是画家的远景视角；"爱子游燕赵，高堂有老亲"，是旁白的叙述视角；"不行无可养"到"含凄动征轮"，是行者的自陈；"车徒望不见，时见起行尘"，是母亲的别望；如此轮旋一周，方才还归到作者自身，"吾亦辞家久，看之泪满巾"，观者也才恍然，原来种种分镜辗转缠绵，都来自这个流泪观者的心事翻涌。这许多视角中，"车徒望不见，时见起行尘"一拍是最令我感动的：一个背井离乡的懵懂少年面对未知前路时当然会有许多不安，但即使如此，他却仍能分出心思站在母亲的角度去体会她的伤感，足见王维从小就是个多么贴心的孩子。

这种体代在他另一首题为《黄雀痴》的杂言乐府中展现得更为明显。这首诗说不上成熟，可能只是一首复古的试笔之作，但其中寄托的情感很令人动容：

> 黄雀痴，黄雀痴，谓言青鷇是我儿。一一口衔食，养得成毛衣。到大啁啾解游飏，各自东西南北飞。薄暮空巢上，羁雌独自归。凤凰九雏亦如此，慎莫愁思憔悴损容辉。

这首诗的创作时间应该晚于《观别者》，大概在几个弟弟也已辞家之后。"羁雌"指失去配偶的雌鸟，"青鷇"则指青色的待哺雏鸟（《尔雅疏》云"鸟子生，须母哺而食，名鷇，谓燕雀之属也"），本喻之间也就显而易见了：孩子是"青"，母亲是"黄"，二者毛羽相异，血脉不同，黄雀却只为一句"是我儿"，甘心把这些小家伙含辛茹苦喂养大，看它们一一长出绒毛，学会啼叫、飞行，再各自离家，自己落得独守空巢的晚景。

尾句"凤凰九雏"算是个意有所指的用典，它来自汉乐府

《陇西行》中的"凤凰鸣啾啾，一母将九雏"，这是一首筵席间感激主妇操持周全的游仙诗，结句"娶妇得如此，齐姜亦不如。健妇持门户，一胜一丈夫"，很适合用来对当家主母表达感激和赞许。将这只失去配偶的黄雀比作体面能干的凤凰后，王维寄上了祝愿："慎莫愁思憔悴损容辉。"

站在拟母的修辞视角看，这是一句令人意外的结语：渲染了母亲的那许多辛劳不易，依常例，寄语该落在身体康健、儿孙后福上，但王维却只说希望母亲容颜如旧，莫要憔悴。自下而上的隔代寄赠中，很少会出现这种基于异性凝视的叮嘱，而这种反差，倒让这首拟作的乐府更添了几分真实：在王维的心中，母亲不但亲慈，也美丽。虽然崔氏在丈夫去世后便皈依佛门，常年"褐衣蔬食，持戒安禅"，但一个娴于绘画的名门淑女当然有其洁净高明的审美坚持。王维能体会女子对容貌的珍爱，故而不忍见母亲在日益操持中老去——在惯将母亲塑造为慈祥白发老妪的文学范式里，这一重细腻的体会非常难得。在王维的心中，母亲并不是一个简单的情感图腾，而是一个真真切切的人。他愿意真挚地去体会她的实际感受，并尽力将它表达出来。

中年安定在长安后，王维知道母亲"乐住山林，志求寂静"，特"于蓝田县营山居一所，草堂精舍，竹林果园，并是亡亲宴坐之余，经行之所"——他购置了辋川的别业，长日奉母而居。这个小小年纪就一直漂泊在外的孩子较他人倍加珍惜能陪伴母亲的时光。

如后人所知，王维十分珍爱这个庄园。他沉醉于辋谷中的每一帧风景，也为之写下了大量诗歌，可以说，右丞诗中最具灵性而测近天机的作品几乎都诞生在这座庄园里。但崔氏去世后，王维却毫不顾惜地上表请求将辋川庄施为寺庙，为亡母祈福。

母亲的去世对王维打击极大，新旧唐书中都有记载："居母丧，柴毁骨立，殆不胜丧"，"母丧，毁几不生"。王维母丧后瘦到脱相，伤心得几乎也要跟着去了。事实上，正是从丧母开始，他的诗歌日渐失去了生命的元气，显出老态：母亲在时，辋川别业处处可爱，每一种宁静中都包蕴着生机，但母亲逝后，同样的风景在王维看来却是"雀噪荒村，鸡鸣空馆。还复幽独，重欷累叹"，起居其中，直是一点兴致都提不起来了。

母性是诗人的宇宙，对王维来说尤其是这样。一个敏锐善感的人尤其需要这样不问回报的亲密情感来滋养自己生命的元气，幸运的是，王维拥有了它很长一段时间。

我们要说的第二位博陵崔氏是王维的妻子。

王维婚姻、子息缘分都薄。依唐宰相世系表中记录，王维无嗣。他临老自称"阒然孤独，迥无子孙"，显然没有儿子，也并未从宗亲处过继。有学者从祖咏的《答王维留宿》中的"酌醴便呼儿"推断王维可能有一个女儿，但这个女孩也没有在父亲生命中留下太多痕迹，王维有诗说"岂厌尚平婚嫁早，却嫌陶令去官迟"，前半所指，应该就是女儿已早早依人而嫁。

王维的妻子在历史中留下的踪迹也很淡，通常我们认为她可能出身博陵崔氏，证据是王维称诗友崔兴宗为"内弟"，毕竟若只是母系表兄弟，则称舅氏即可。

能再次与博陵崔氏联姻，当然要展现出值得被看重的实力，自太乐丞坐罪出济州始，王维接连十年仕途不顺，成婚当然是在这之前的事——推算下来，开元八年（720）是最可能的。这时的王维新举京兆解头，青春得意，前程可望，年纪也在二十岁出头，从各个角度看，都算得可以适配高门女子的才俊。依记载，妻子去世时王维三十岁上下，再减去坐罪、隐居、壮游，推算下来二人实际的相处时间并不太长——但当然，这并不意味着他和妻子感情不深。

王维没有留下悼亡的诗歌，但自"心悲常欲绝，发乱不能整。青簟日何长，闲门昼方静。颓思茅檐下，弥伤好风景""一生几许伤心事，不向空门何处销"等诗句中，我们仍能略微窥见他鳏居以来的寡欢颓丧。

作为尚无子嗣的家门长男，妻丧后"不再娶，三十年孤居一室，屏绝尘累"，这是要顶住很大压力的，但王维坚持了。

与母亲一样，他心向空门与失去配偶有直接关联。从王维在开元二十七年（739）为大荐福寺道光禅师所撰塔铭中的"维十年座下"可以推知，他是在开元十七年（729）师事这位华严宗名师的——正是妻子崔氏去世那一年。王维说归于道光和尚门下以来，自己"俯伏受教，欲以毫末，度量虚空"，显然是在借禅思自我开解。他写给道光的《荐福寺光师房花药诗序》开篇即道："心舍于有无，眼界于色空，皆幻也，离亦幻也。至人者不舍幻，而过于色空有无之际。"妻子的盛年离世令他真正开始直面虚空，并一直在修行中思考如何"不舍幻，而过于色空有无之际"的法门。

母亲与妻子，一令知有，一令知无，一喻滋养，一发超脱，正是至情色空的两面。从一定程度上说，正是她们共同成就了王维绵密而空灵的气质与诗风。

说博陵崔氏，除刚刚提到的两位重要女性外，我还想再谈一位前面提到过的崔兴宗。

妻弟不同于手足，虽也算亲戚，但往来相处间是有选择余地的：他们不必为彼此家族负责，相交往来便轻松随性，是以从崔兴宗身上，我们更能看到卸下责任与包袱后王维真实的社交偏好。

因王崔两代联姻，二人相识很早，晚年王维为崔兴宗作写真图时有题诗："画君年少时，如今君已老。今时新识人，知君旧时好。"气味与长沙唐代铜官窑瓷器题诗中"君生我未生"相类，寥寥二十字中尽见岁月厚重。长沙诗镌于瓷壶，王维诗题于图画，也都是想从不永的时间中摄取一种确定来。

从出土的崔氏后人墓志中可见，崔兴宗是唐高祖女儿真定公主驸马崔恭礼之后。他在蓝田置有林亭别业，后称东庄草堂，也名崔氏庄。安史之乱后，崔氏族人多南下避难，留居山庄的后辈就将庄子辟为家族聚集之所，后来杜甫也去游玩过几次（杜甫母亲亦为博陵崔氏，与崔兴宗同辈，都属崔氏第二房），还曾在这里写下《九日蓝田崔氏庄》一诗。

崔氏庄地处蓝田县城以东，和辋川相去不远，可能是之前崔恭礼城郊别业的一部分。杜诗说在庄中能远眺到"蓝水远从千涧落，玉山高并两峰寒"的景致，可以推断庄子地处山麓谷口。

王维、王缙、卢象、裴迪等人都曾来崔氏庄拜访过崔兴宗，几人称他为"处士"，可见这时崔兴宗还没有当官。根据家族墓志的记载，崔兴宗终官饶州长史，算是州府刺史的佐官。与他交好的刘长卿曾劝慰他"西征开幕府，早晚用陈琳"，也多次在寄赠诗中感慨终老不遇的遗憾，如"朝无寒士达，家在旧山贫。相送天涯里，怜君更远人""怜君一见一悲歌，岁岁无如老去何。白屋渐看秋草没，青云莫道故人多"，可见崔兴宗仕途上是很不顺心的。

身为世家子弟，为官不得，为学不显，就只能为名士了。后辈戴叔伦曾有这样的诗句形容崔兴宗："偷归瓮间卧，逢个楚狂来。"可见颇有待老佯狂之态。这在王、卢、裴等几个好友诗中也有旁证。我们可以看看他们在崔兴宗别业所作的酬唱：

> 乔柯门里自成阴，散发窗中曾不簪。
>
> 逍遥且喜从吾事，荣宠从来非我心。
>
> ——裴迪

映竹时闻转辘轳，当窗只见网蜘蛛。

主人非病常高卧，环堵蒙笼一老儒。

——卢象

身名不问十年馀，老大谁能更读书。

林中独酌邻家酒，门外时闻长者车。

——王缙

绿树重阴盖四邻，青苔日厚自无尘。

科头箕踞长松下，白眼看君是甚人。

——王维

从几人诗中可以看出，崔兴宗没好好打理自家林亭：庭前树木已经长得太密实了，窗上挂着蜘蛛网，门前青苔也已积了很厚。走进林园，大家就看到崔兴宗披散着头发、叉着腿坐在庭中松树下，四围草木葱茏，不问天地万事。

这姿态被写入诗歌时，无疑是极具魏晋美学魅力的，千年后的陈维崧还曾在《满江红》中沿用王维为他固化下来的这个造型："任科头、箕踞受松风，新凉霎。"此处王维可能是在呼应裴迪诗中的"不簪"，与他同用了南梁何点的典故："遨游人间，不簪不带，以人地并高，无所与屈，大言箕踞，公卿敬下。"潇洒不羁，穿越今古，委实令人神往，但从几个朋友的诗中，可以看到他们对此解读并不相同。

作为几人的后辈，裴迪语恭敬而心向往，是标准的晚生姿态，他说崔兴宗闲居山林，逍遥自若，素不以从仕为望，很是令人羡慕。诗写得中规中矩，也显然没太走脑子——裴迪最年轻，雅集作诗也要先于众人，这样程式化渲染最易入题，也不至拘束了旁人的发挥，算是最安全的写法。裴迪应该是跟着王维来的，和崔兴宗可能不算很熟，也摸不太准这位老狂客的性格。因此，他的诗在措辞上不敢有丝毫造次，客客气气，以所见为所得，主人想表现什么，他便只看得到什么，绝不加任何想当然的生发，这种谨慎与他和王维唱和时的声气是完全不同的。

卢象是王、崔的同辈人。他出身范阳卢氏，门第很高，是王维、王缙兄弟客居嵩岳时的朋友，当时崔兴宗也在洛阳，几人可算得青年旧交。此时他们都是五十多岁年纪了，说话也就不再顾忌。卢象的诗比裴迪要直白得多："映竹"，指的是映着竹影的外墙，"时闻转辘轳"，意思是说高官的车马常在庄外经过。显然，此地官宦络绎不绝，并非远隔尘世的隐居地，可崔兴宗住的地方却是"当窗只见网蜘蛛"，无人问津。卢象说，你这样自高姿态，一味学谢安不出，如今已拖成一把年纪的老儒了，所居之处却还是"环堵蒙笼"、草木横生，谁又能记得你的才学与为人呢？虽似都在写景，字里行间却隐有劝诫之意：时不待人，既有思进之志，姿态就该积极一些，不要自误终生。这是实在话，但当然卢象的表达也很体面，不至于给主人太多难堪。

更体面的是王缙，他既没渲染，也不劝诫，只大赞崔兴宗终老犹能勤学不倦，令人敬佩——意思其实和卢象那句"老儒"没什么分别，但王缙的措辞和立意显然更加积极。他说无欲之学仍有其用，随即以西汉陈平"长者辙"的典故（"负随平至其家，家乃负郭穷巷，以弊席为门，然门外多有长者车辙"）鼓励崔兴宗，说他满腹诗书，虽居于席门穷巷，但自有高士往来，前途无量。王家兄弟情商都很高，但王缙于官场人际的周旋较王维积极许多，谈吐间也就更加八面玲珑，他知道怎样把话说得可信而得体，作诗也是这样一点错缝都找不出来。

王维年龄最长，作诗便排在众人之后压轴。他起笔周到地——照应了前面几人的诗句："绿树重阴盖四邻"呼应裴迪的"乔柯门里自成阴"和王缙的"林中独酌邻家酒"，"科头箕踞长松下"则承用裴迪的"散发窗中曾不簪"和卢象的"主人非病常高卧"。王维不愿意摆高人一等的架子，特要面面俱到表示谦卑：你们点到的我都赞同，也觉得写得都很好。但相较前面几人，王维的语气又轻快很多。他并不打算评判崔兴宗的造型与志向，只有一句调侃："白眼看君是甚人。"说崔九郎这个人把阮籍的架子端得很足呀，不论谁来先给一记白眼。来看看我是谁，值不值得你把眼珠转回来呢？

既不因来日规劝，也不就既往赞美，言辞间只见情感亲厚，别无其他。见到这样的诗，崔兴宗也就不再摆"科头箕踞"的姿态了："穷巷空林常闭关，悠然独卧对前山。今朝忽枉稽生驾，倒屉开门遥解颜。"(《酬王维卢象见过林亭》)他说，见到你们高兴坏了，我倒履相迎都来不及呢。

在王维的世界观里，"此时"是最重要的。他珍惜的是一个个"现在"，并不看重它投射在其他时间点上的因果，这也是王维的诗读起来比较轻松的原因：不执着，意味着放下背负，无所非难，无论是对自己，还是对他人。

在这样的认知底色下，能串联起漫长人生中许多个"此时"，让它们相偎相辉、光华映带的感情，当然更值得珍惜。而因为亲缘的绑定，王维与崔兴宗就形成了这样一种感情。

他们互相写过许多送别诗，两人都不刻意造境，情语景语也就真实可亲：离别久长，就写得沉郁；若只是短别，措辞就活泼些。其中我最喜欢的是王维的一首短诗：《崔九弟欲往南山马上口号与别》。

城隅一分手，几日还相见。
山中有桂花，莫待花如霰。

所谓"口号"，是说这首诗是随口吟成的，只为抒写心情，没有创作野心。诗意很简单：城隅一别后，不知要过多少天我们才能再见。终南山中桂花开得很好，愿你早早归来，别等到花落如霰时才动身。

语言非常清浅，没用什么高妙的修辞，却得到了很多人的喜爱。评论家们纷纷赞美它"此兴自高，人道不得"，"亦极有味，耐人领略。言外意不尽，冲淡自然"，"右丞五绝全用天机，故尝独步一时"，夸得高，用词却云里雾里。好在哪里呢？我认为，最要紧处在于它达到了寄赠者和受赠者之浑然不分、你即是我的境界，读来心中就有一种照镜分身、表里一片的叠响。

"城隅一分手，几日还相见。"交代背景时王维卸了几分力：要分开了，但以后还是要相见的。虽不知这分别会有多久，但既用"几日"，而非"积载""何世"这样的长刻度去构造疑问，我们就知道作者对再见有着乐观的预期。

写细小的情绪若硬往深处走，反会荡漾不开，王维在作诗前能准确地判断自己情绪的分量，托起它时，也就不会多用一分力道。这种自知，要比中唐诗人处处往重里去的习惯更令人觉得不可测。

后两句，王维为"几日"约定了期限："山中有桂花，莫待花如霰。"这约定很见温存，桂花开谢自有时令，大概的归期是可以推算的，但山中阴晴不知，多留几日、少留几日也不需要那么准确，不妨乘兴而去，兴尽而归。我们不知道崔兴宗为什么要去南山，但王维用桂花为约，则很有诗意地用自己所爱的事物为对方构建了一个不得不去的理由：山中的桂花都开了，我又怎么能阻拦你呢？在身代的基础上，联想与忧伤随之滋生：桂花开不多久就要落了，我见过花落时的样子，细小明亮，如满地霰雪，令人忧愁，想来你见到也会惆怅。那不如不要等到那时了，早些回来吧。

叮咛中藏着向往，向往里隐见遗憾，遗憾中又包蕴着对美凋落的哀愁。一重重细密的体情往复交叠，总建立在二人一体同心的信念上：王维知道他们会彼此挂念，也终将各自消解这种挂念；会被同样的事物摇动心旌，也能够珍重自己，避免被激烈的情感伤害。

全诗一字一句都是温和的嘱咐，而这嘱咐的底色，正在于他会同样如此善待自己。与王维这样一个情感健全的人做朋友，体验应该是很愉快的：他自己人格完满，就也懂得尊重朋友的完整，不作分外的期待。各人有各人的缘法，王维珍惜的永远是两心相交的那一霎——他也自有合宜的妙趣，足以把那一霎经营得让每个人都舒适安心。

完整的人自会吸引到同类：无论温润长者还是狂放名士，他们同样自足自洽，在引力场中安静地闪烁，仿佛天上的星河，既无始，也不绝，我们就把谈王维情感的话题停留在这里，也真是再合宜不过的事了。

拉拉杂杂说到此，还是简单总结一下今天的内容吧。王维的情感依托来自他血脉的两端：太原王氏与博陵崔氏。

王维与弟弟们的相处亲厚和睦，他们彼此关心，也互为援望——拥有同样的血缘与姓氏，担负着同一代际的家族使命，这群手足也注定荣辱相系、福祸相依。幸运的是，王氏兄弟之间有足够的爱去承担这样的关系，并将这份爱从儿时一直延续到了最后。

这份手足之爱的根系是母亲崔氏精心养护而成的。王维的母亲用尽全力给了这些早早失去父亲的孩子一个健康而有凝聚力的原生家庭。作为家中最长的孩子，王维将母亲的操持辛苦都看在了眼里，他真诚地感激她、依赖她，也始终能体代这份不易。母爱是不计回报的，对一个要早早担负家族希望的孩子来说，他格外需要这样一份不问定价的爱。母亲用自己的存在支持着王维的生命力与创作的元气，她象征着王维生命中的"有"。而反过来，另一位博陵崔氏，王维的妻子则在无形中用自己的逝去让他意识到了世界的"无"。她的盛年凋零，让王维早早认识到生命的不永，也不得不寻找与无常共处的法门。最终，他走向了佛教，跟从华严宗法师勤心思考"过于色空有无之际"的出路，这或许是王维质实之外空灵高蹈气质的由来。

母族也给王维带来了有亲缘加持的朋友：他们没有共同的家族利益，也便不必被同一个目标绑缚；他们的交集因血脉而长久，这又恰好可以对冲缘化的空无。

正因为有这样层次各异、深浅不一的情感依托，王维的创作才能达到一种从各个维度看都恰到好处的平衡状态。任何一种宁静中，都蕴含着无穷的力与势，珍惜并辨认宁静中的力量，是我们走向高维时应该具备的洞察。

明天见。

第五日

王维的辋川

上下华子冈，
惆怅情何极。

——

当辋川被冠以王维的名字，它便高于我们
前面谈到的那座山谷本身了。王维的画与
诗护持它蜕出时间，走入了历史。

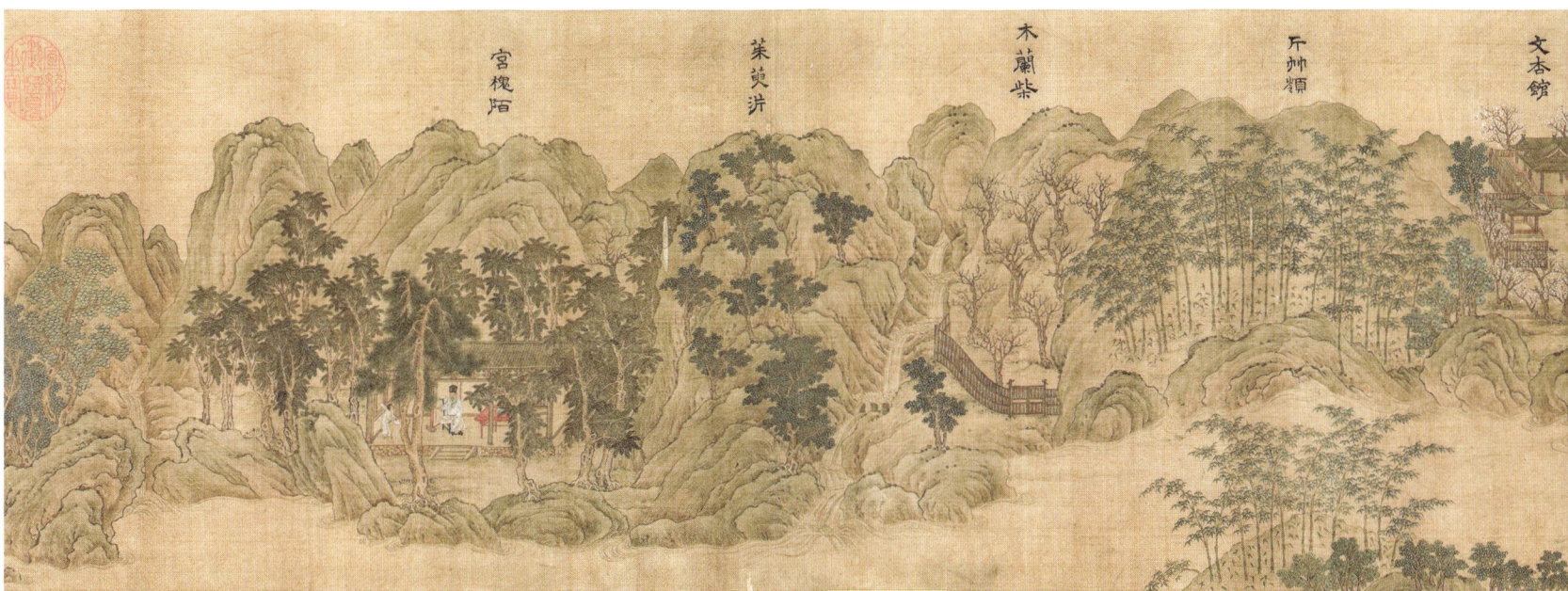

宮槐陌　　茱萸沜　　木蘭柴　　斤竹嶺　　文杏館

桝園　　漆園　　辛夷塢

唐　王维（传）《江干雪意图》

翔口莊　　　　　　　　　　　　　　　　　　孟城坳

帥里館　　　　北垞　　　　　　　　　　　　欒家瀨

　　　　　　　　　　　　　　　　　金屑泉

白石灘

王摩詰輞川圖

華子岡

臨湖亭

欹湖

南垞

鹿柴

欹湖

郊湲

北宋　郭忠恕《临王维辋川图》

陶渊明的《读山海经》中有一句"众鸟欣有托，吾亦爱吾庐"，这是无可反驳的实在话。

万物世间生长，所求皆不过"有托"二字。但较之鸟兽巢穴，人的居所托寓更多：一方遮蔽风雨的屋檐外，它往往还意味着主人内求乐性之后的精神外化，是一场自我构筑的旅程。通常来讲，每个人的生活环境都凝结着他有意识或无意识的创作，因此诗人的居所，大多本身也是诗，王维的辋川正是这样一个范例。

说王维是不能回避辋川的。这地名本身已经构成了一种独特的文学定义。它成于天然，名于来者，传于诗，志于画，最终在一代代引注、摹写、考索和传说中成为一个美学的图腾。

要周全地谈辋川实在不容易，毕竟我于地理迁变、水文勘考一道是绝对的外行（恐怕王维也是），但若只着眼于王维，这重陌生则可能又是种优势。要摄取平湖间那一点鹭影，心头足下倒是莫要先存着个此岸为好。

限于篇幅，今天我们只说辋川与居人的相生，待后面聊诗聊画，或者还要再走回头路。与游赏风景相类，有来有去才能真正与这段山水结下交情：探幽时不妨全心沉浸，待见过全豹，才知道该在哪里停留，借以超脱乃至回照。

辋川在蓝田县内，处终南山东麓，得名于谷内水系。"辋"字由来于"网"，所谓"网罗周轮之外"，指的是车轮周围的框子。辋谷之名，正以比喻诸水汇合，如车辋环辏。这名字非常形象，不曾去过的人知道了这重意思，心中也能生出一个想象来：辋谷周围山上多有流泉，泉水汇聚成溪，溪入谷聚为欹湖，湖下渐为辋水，最终聚为支流汇入灞河 —— 溪泉、河流是轮框，辋谷中的欹湖便是轴心。

我觉得这个辋字和王维的气质很相符：华严宗以因陀罗网喻"交错反映，重重影现，互显互隐，重重无尽"，而辅以车字旁，周绕不绝，又自生出了圆融互摄、圆转归一的意思。周流元气于生灭有无之间，与王维诗境很有相通之处。但当然，于辋谷而言，得名固是巧合，与王维的相遇就更是巧合了。

许多喜爱王维的人都曾带着朝圣般的虔诚实地去过辋川。如今从西安出发走高速公路，一小时左右即到 —— 即使在王维的时代，它与长安的距离也算得上合适：辋谷地据商山驿路冲要，来去有官道，骑马行往不过半天的行程。这对于要在长安做官，只休沐假日能短暂入山的王维来说当然是很好的选择。

事实上，当时许多官贵选择别业都需考虑交通问题。在这重默契之下，骊山至蓝田沿商山大道一线的山林便俨然成了长安官员群聚的第二住所。随着官员的出入晋黜，这一带的田产换手频繁，换言之，选择也就很多。

要了解王维为何最终要购置这间别业，我们还需再凑近看看。

先看位置。王维自称"贫居依谷口,乔木带荒村",又说"新家孟城口",可见辋川庄位于辋谷南口的孟城坳附近。后来他又为母亲在飞云山麓下购置了精舍,与原辋川庄相距四五公里,也去南谷口不远。辋谷是一条二十余里的狭长峡谷,两侧山峰对峙,高可二三十丈。蓝田地处长安之南,京中人来要从辋谷北口进,也就是说,王维别业所在的谷口其实是山谷的出口,他每来一趟,都要比别人多走近乎整条辋谷的距离。

为何要舍近求远呢?我们不如跟着王维实地走一次这条路。

设逢休沐,我们晨起驰马出城,一路都是官道,二三小时可达辋谷北口。入谷后,绵延四五里阒无人居,只有险狭的扁路石滩与幽谷的淙淙水声。驰马行过这段石滩,便见辋谷忽然开阔,宽可三五百米,如舟入桃源,豁然开朗,很有气象。渐渐地,一条辋水因地势多生姿态,高者成泉,洼者成湖,浅者成濑,曲者成溪,沿途便可散见谷中人家。他们或耕,或渔,或采莲,或浣纱,或候人于渡头,或驱牛于林间,各有所安,怡然自适,这时便可以舍马换船了。随着村户渐多,两侧山岩便转高幽,僧侣隐士据筑其中,遥不可见,只依稀可闻钟声,可见烟火。

如此一路溯溪曲行,最快也总要在谷中花费半小时工夫才能到达辋川庄,若要看景,时间就还要更长些。倘不在庄中停留更向南行,再走五公里出孟城坳便上了南下官道,辋谷即告结束。

较之其他位置,处于辋谷尾声的辋川庄更象征着一段风物的完满。每次自长安官路北来,王维都需策马、独行、换舟,经历

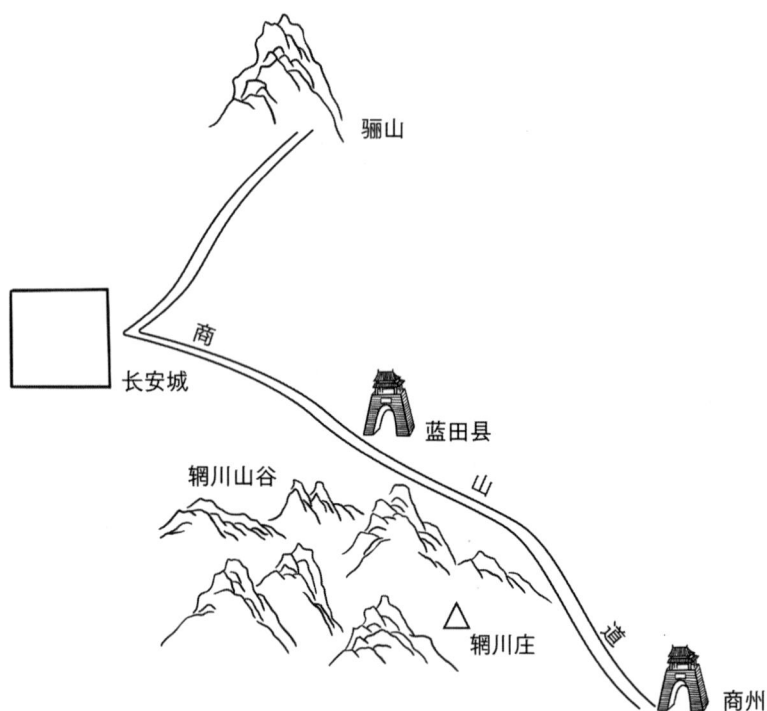

辋川庄位置示意图

骊山

长安城

商

蓝田县

山

辋川山谷

辋川庄

商州

好山水一番细细淘洗 ——《辋川集》中二十景，大半就散落在辋谷中的这条路上。它们并不属于谁，却终在无数次经过间，与王维结下了交情，并被他赋予了名字。这半个小时的时间，已足够他荡涤所有浮世尘想，用最洁净的状态回到这所别业来，无论要独处还是再走四五公里路去陪伴母亲，打开户扉之前这一段入境的过程都极可贵。

需要别业的同时，他也同样需要这样一段路程，这可能正是王维特地将居所选到辋谷最远端的理由。

地况之外再说人事。这所别业获得青睐的另一个原因，可能也与它的前主人有关。要站在王维的视角说辋川庄，我们得先谈宋之问。

《旧唐书》本传有记载说，王维"得宋之问蓝田别墅，在辋口，辋水周于舍下"，可见辋川庄原本是初唐诗人宋之问的别业。购置时间不好确认，但也能大略推算：王维《终南别业》诗中有"晚家南山陲"句，说自己新近搬到了终南山麓，这首诗曾收入时人芮挺章所编《国秀集》，而此集收诗下迄天宝三载（744），因此购居辋川至晚应不超过这个年份，也即王维四十六岁之前，这时，距宋之问离世已有三十余年了。

自中宗定都长安，宋之问累官户部员外郎、修文馆学士、考功员外郎，知贡举，固曾有倡引景龙文馆诗坛之盛，但朝中权柄频移，饶是八方示好，还是不免很快落得获罪外贬的下场。他或许曾抱着长期居住的期待去打理辋川庄，但事实上满打满算，宋之问在长安一共待了不到两年即告出贬，然后再也没能回来。

他是出于何样心思购置辋川庄后人已经不得而知，但从其诗作中还是可以稍作推想。现存宋之问写辋川庄的诗有三首，其中《蓝田山庄》是这样写的：

宦游非吏隐，心事好幽偏。
考室先依地，为农且用天。
辋川朝伐木，蓝水暮浇田。
独与秦山老，相欢春酒前。

伐木浇田，相欢春酒，诗显然作于春耕时节，大概率是景龙二年（708）的春天。既说为农，可见他来到山庄这一路间在辋谷中也遇到了许多田户 —— 这也正可见山庄与林亭的区别：后者多属王公，近山水，取天机；前者则多属名士，近田园，得地气。

"宦游非吏隐"，可见宋之问这回只是公务闲暇的出行，而并没在长期隐居，特提一句"考室"，说明他可能就是专门来相看地势、购置田产的。与山中老者饮酒言欢，也就跟我们如今买房子要先与同小区的人聊聊天并无二致。

买下山庄后，宋之问也依自己所好多有布置：从另一首蓝田诗中的"药栏听蝉噪"可知，他在庄子旁边开垦药圃，种了许多草药，而圃侧又多高树，故夏日能藏鸣蝉。草药既可服食，亦能观赏，较之种粮食隔了一重生计必需，故能于躬耕时见轻盈，是唐代文人圈很推崇的乐趣。辋谷水土极好，草木自生，直到王维入住，这药田也没有荒废，常来辋川看望王维的晚辈钱起歌咏蓝田溪时曾特地提到药圃之景："春畦生百药，花叶香初霁。好容似风光，偏来入丛蕙。"王维赠裴迪的诗中亦有"春风动百草，兰蕙生我篱"句，可见这些药草自己依然长得很好，这便是宋之问的遗泽了。

此外，宋之问应该也保持着在洛阳时炼丹的习惯。大历时诗人李端经过辋川时有"紫葛藏仙井，黄花出野田"之句，这里说的仙井就是丹井——所谓"辋川朝伐木"固然隐伏着渔樵之趣，但其实大概率也是为丹炉烧炭所备。

早年宋之问隐居陆浑山时便常以采药自娱，亦多炼丹服食之事（"忻当苦口喻，不畏入肠偏""丹成如可待，鸡犬自闻天"），而自《春日山家》的"今日游何处，春泉洗药归"，也不难看到他在辋川过的仍是一样的生活。宋之问对生命的眷恋与求长生的虔诚是毋庸讳言的，这种态度大概延续自他的父亲。

宋家出身西河宋氏，其父宋令文是高宗朝左骁卫郎将、东台详正学士，职责是校理旧籍，学识很好。他在嵩洛一带有几处别业，一在嵩山（"弊庐接箕颍，北望嵩山隅"），一在陆浑山（"好仙宅二室，受药居陆浑"），都是中年修道后购置的；宋之问自己又有首阳山别业，也和洛阳不远，多年后杜甫经过时还颇发了一番感慨。

据记载，宋令文是个文武兼修的奇才，"富文辞，且工书，有力绝人"，膝下三子各得一艺，长子宋之问所承即为文辞。

宋之问二十岁登进士第，诗名早传，是当时出名的才子。他少年时就深得前辈骆宾王赏识，与陈子昂、卢藏用等诗人也诗交甚笃。进士登第后，宋之问先任县尉，两年期满后开始待选，直到三十五岁才又做了习艺馆学士，一个禁中教习宫人文学的九品小官。虽然因为职务原因，宋之问多了些在高层面前展露文采的机会，但他的仕途并未因此有太大起色，外任参军再辗转回朝做到七品的司礼主簿时，宋之问四十五岁 ——已是王维几经升沉，准备购置辋川庄安心退到朝局边缘的年纪。

才高不遇，在最应进取的年龄被长期虚置，这境遇与后来的王维如出一辙。二人一进一退，最终选择不同，但闲中的排遣方式却是类似的。

守选期间，宋之问习静伊洛，学父亲修道炼丹，这段山林生活虽未必磨平了他的志向，但确然涵养了他的文字：他在朝时固能将应制诗调弄得繁花缀锦，但回到自己的别业中时，山林高逸之气便立时挣脱出种种规则，勃勃而生，如"野人相问姓，山鸟自呼名""寒露衰北阜，夕阳破东山""夕阳黯晴碧，山翠互明灭"，很见四顾无人、风物相亲的气象。

因为中年后阿谀武后、依附二张，姿态比较下作，宋之问在历史上口碑不好，但他常为后世所诟病的盗诗杀甥、思进荐枕、卖友求赦几件人品硬伤经考证倒似多出杜撰。事实上，在王维的时代，宋之问的形象没有今日这样恶劣，神龙政变以来，朝中权帜频易，谁依附过谁、谁又开罪过谁早已是一本糊涂账，局中人的委屈原不重要。幸运撑过来了，也未必意味着真的干净。

站在重归平静的盛世回望，宋之问固可谓一个身段柔软的倒霉蛋，但在真正具有文字敏感性的诗人眼中，他又是毋庸置疑的执炬探路者：沈宋在宫廷应制时对诗律的一次次打磨与探讨最终开启了盛唐格律诗的先声，其贡献不独当时，站在如今的文学史角度看也是不容磨灭的。

事实上，倘若不戴有色眼镜踏实下心细看宋之问的诗稿，你或许会觉得这是个幽适随和的趣人，他敏于辨察，也乐于营建，能随时看到美，也愿意努力使之留驻。

宋之问爱自己在洛阳的陆浑山庄，与后来王维之爱辋川很可一比。"洛阳城里花如雪，陆浑山中今始发。旦别河桥杨柳风，夕卧伊川桃李月"，洛阳到陆浑庄朝发夕可至，与辋川之于长安相似。朝局多谲，人便更需要一角山水自生。或者也正是因为适应了这样的节奏，朝廷迁回长安后，宋之问才要及时去辋川物色一间新的别业。

辋川之前，两个诗人在语言的时空上也曾有过短暂的交错，《新唐书》说王维"九岁知属辞"，童年王维开始学习写诗时，就正值宋之问诗名最彰的人生末期。这个要依家族规划去走上层路线的士族少年显然曾很系统地研究过宋之问的诗 —— 要在诸王面前迅速得脸，一手得体而漂亮的应制诗本就较试帖诗更为重要，而要学应制，沈宋是最好的教材。

或因性情有微妙相通之处，近体、应制外，王维应该也没少读宋之问一些相对私人的诗作，如中年的田园诗，又如晚年的山水诗。虽以索理声律之功名世，但宋之问寄情自然的五古写得也很好，晚年贬居越州时的诸作尤精。他的越州诗"流布京师，人人传讽"时，王维恰好刚刚开始建立自己的审美与语感，也正在寻找一个合适的、用以定向的路标。

王维成熟期的诗是无欲而自如的，仿佛一个清越的音源叠生出一轮轮声波，周照万殊。但当我们同时摊开两个人的诗集，你可能会察觉到在宋之问这一方向上，仍能听到较他者更为沉实的回响，如王维的"白云回望合，青霭入看无"脱于宋句"白云遥入怀，青霭近可掬"，"渭城朝雨浥轻尘"脱于宋句"江雨朝飞浥细尘"，又如前面提过的"中岁颇好道，晚家南山陲"，也与宋之问写陆浑水亭的"更以沈痾日，归卧南山陲"很见一体同工之意。较为明显的还数少年时的《息夫人[1]》：

莫以今时宠，能忘旧日恩。

看花满眼泪，不共楚王言。

1　息夫人，妫姓，为春秋时期陈国君主陈庄公之女，生于陈国宛丘，嫁息国国君，故称息妫。后楚文王征息国，息夫人不得已嫁入楚宫，生二子，而终不肯与楚王言。问之则答："吾一妇人而事二夫，纵弗能死，其又奚言？"

经晚唐小说家的渲染，这首诗成了为宁王强抢卖饼人妻子一事打抱不平的即席之作，但事实上，它大概率只是王维针对宋之问同题作品的仿写。

有唐一代写息夫人的作品不少，但多是过桃花夫人庙时的应景之作，真以"息夫人"为题的，传世诗歌中王维之前只宋之问一人。宋之问咏《息夫人》作中有"仍为泉下骨，不作楚王嫔。楚王宠莫盛，息君情更亲"等句，以宠证恩，对照亲疏，与王维诗的骨架非常相似，只是宋作的立意落在"情亲怨生别，一朝俱杀身"上，感叹旧情不断，反累故人；王维则反其道而行之，赞她辱而难屈，不忘旧恩。处理方式固见各人心性，却也可以证明两首诗内里的关联。王诗在宋之问的基础上盘桓垫步后加叠了一重腾跃，这是同题仿作时常见的手法。

宋之问集中又有一首《冬夜寓直麟阁》曾被《唐诗品汇》误收为王维的诗，然而"麟阁"即秘书省，神龙后即不复此称，应是宋作无疑。这首诗转掉自如，体物很细，气味也确实与王维有些相近：

直事披三省，重关秘七门。
广庭怜雪净，深屋喜炉温。
月幌花虚馥，风窗竹暗喧。
东山白云意，兹夕寄琴樽。

起句在朝，末句思归，中二联虚实出入，收拾得从容停当，是高手手段。颔联一内一外，一冷一热，一旷一仄，处处反差而折转平和，很见容量。颈联则更能体现出宋之问自齐梁宫体诗中继承的虚实交感，声情摇曳。

雪夜未必有花，故是"虚馥"，有香觉，自是由月光思及月中桂树的缘故，感受如有还无，因月色也不真切：它隔着窗幌，缥缈如幻。为何不索性看清楚些呢？风实在太冷了，既抱炉未出，自也不敢开窗。那他又是如何知道窗外起了风呢？因为竹叶塞塞窣窣的声音早已传了进来。诗人想着竹风声想必很劲，但坐在深屋里，却又只能听到"暗喧"，也是似有还无的。仿佛有许多事在目力之外剧烈地发生，宋之问敏锐地察觉辨别着，但最终决定先缩在一个温暖的地方不出门，任种种事态在猜测中翻涌——这与他人生中的许多选择也很是相近。

"广庭怜雪净""风窗竹暗喧"二句很容易令人想到王维《冬晚对雪忆胡居士家》的"积素广庭闲"与"隔牖风惊竹"，不过从这两句诗我们更该看到的是两个人的不同：隔窗听到风竹声后，宋之问在心中短暂地向往了一下"东山白云意"，随即打定主意"兹夕寄琴樽"，而王维却接以"开门雪满山"，毫不犹豫地打开了门。

两个诗人具有同样细微高明的体物能力，区别只在宋之问惜身，王维却不。

宋之问在桂州贬所有"归欤卧沧海，何物贵吾身"的叹息，自问世间还有什么能比自己的生命更加贵重——当然，这叹息无济于事，不久，他就接到了玄宗赐死的诏书。临死前，宋之问的惶惧之态令人看来很觉戚戚："之问得诏震汗，东西步，不引决。祖雍请使者曰：'之问有妻子，幸听决。'使者许之，而之问慌悸不能处家事。"他能看到世间如此多的美，也便格外贪图它们，不舍得死。以这种留恋与王维"长斋禅诵，一日忽索笔作书数纸，别弟缙及平生亲故，舍笔而卒"的从容平淡对比，就往往被后人认为有失体面了。

但怕死并不可鄙，"诸法因缘"或"仙道贵生"在人格层面也没什么高下分别，它只体现两个具有绝对天赋和思力的诗人最终如何把"我"安置在他们辨识到的物象之中。他们都能很快学会与世界相处的技巧与法门，但宋之问重联系，则处处要结缘、要依附，王维重平等，便处处在揖让、在撤步。佛与道的态度差别构筑了他们不同的历史形象，也最终决定了他们与辋川的关系。

说到这里，现在我们可以回到辋川了——换言之，进入王维的辋川。

当辋川被冠以王维的名字，它便高于我们前面谈到的那座山谷本身了。王维的画与诗护持它蜕出时间，走入了历史。诗后面我们会专门找一天说，今天且只从辋川图谈去。

王维居辋川时心境安闲，正宜作画。他在山庄中留下的图卷也绝不止我们熟悉的一本：《宣和画谱》中记载宋御府收藏有《山居图》《山庄图》各一，黄庭坚说王维曾用矮纸、高纸各作一本辋川图卷，大概指的就是这两件；另如《雪景山居图》《山谷行旅图》，应该也是在辋川时所绘制的写意小景，只可惜这些真迹如今都已不复存在，只能从一些摹本和笔记中去想象了。《历代名画记》中记载王维在"清源寺壁上画辋川，笔力雄壮"，又可见施庄为寺后，他还曾亲手在寺中绘同题壁画以为纪念。然武宗会昌灭佛，清源寺毁，壁画的原貌也自此消湮，只留下寺畔一株银杏树，倒至今枝叶繁茂。

受佛教思想影响，王维眼中的世界是因缘变幻的产物，笔下的辋川自然也有多重形态，但造化弄人，偏偏他却成了最终将辋川浇固定型、交付给历史的人 —— 如今世人心中的辋川多已不再是蓝田一带的真山水，而更近于王维那幅被无数代画师临摹过的《辋川图卷》了。

台北故宫博物院藏有一幅五代郭忠恕的《临王维辋川图》，与中国国家博物馆所藏宋人绘《辋川图卷》参照相看，构图与设景都出一源，王维搭建起的架子也仍大致可见 —— 事实上，因原画已失，肌理难觅，这幅图在历史中的意义更多地也就在这具骨架上。而说骨架前，我们可索性先从血脉源流辨起。

大家通常认为王维的《辋川图卷》的画面建构方式脱于唐代卢鸿一的《草堂十志图》，两幅图都是将大山水分拆成若干小景，又为每个小景题名、赋诗，画作也便从而走入游赏品题的节奏，徐徐闲闲，格外从容。画法中可能有佛教世界观的影响：《华严经》谓香水海中生大莲华，包藏微尘数的世界，这种许多小世界堆积成一个大世界的认识，很直接地反映在了这两幅最早的文人山水构图里。

《草堂十志图》共分十景，每个小景以诗文隔开，有些像晚明园林图册；《辋川图卷》则分二十景（加辋川庄实际是二十一景），每个小景用山峰或水系隔开，俨然一个个自成系统的小世界。它们有的高峻，有的平推，缓急相生而不以诗文间离（诗文是在画外单独成集的），只把两三字景名依次点到，更近乎南宋后的多景长卷。

卢鸿一是卢象的叔叔，长王维数十岁。他出身范阳卢氏，是当时极负盛名的隐士，曾得玄宗三召仍固辞不出，只最后一次去了趟洛阳，见帝"谒而不拜"，受赐隐居服还山，那是开元六年（718）的事。这一年王维二十岁，正值周旋于诸王之间谋仕求进，当然在官贵闲谈间听到过这位隐士的故事，但到真正与卢鸿一相识，应已到十几年后隐居嵩山时了。

卢鸿一博学高逸，又工诗画，"画山水树石，得平远之趣"，无论性情还是审美都与王维很投契。《草堂十志图》中如草堂、倒景台、樾馆、枕烟庭、云锦淙、期仙磴、涤烦矶、罩翠庭、洞元室、金碧潭等诸景，王维大概也都曾去过。《辋川图卷》拆山为景，诗画相借，应该就是自卢鸿一这幅图中得来的灵感。

不过，虽然渊源有自，两幅图仍呈现出了截然不同的气质。《草堂十志图》中，每个小景都有一位提领画面的主导者，即卢鸿一自己，他坐卧行游，或策杖，或炼丹，是一个个小世界中的绝对核心。这些小景的题画诗多为杂言，飘展用骚体，很有山中神仙矜矜之态，句子也是绝尘自高："皎皎之子自独立""中有人兮信宜常""幽人构馆兮在其中""有幽人兮张素琴""有幽人兮好冥绝""山中人兮好神仙"……之于卢鸿一而言，画中山水更因人物姿态而成，与其说是记景，倒更近一幅幅高士的起居记录。

而王维的画中，人物则已让渡出小景中的核心位置，或者说，《辋川图卷》里的小世界们本便无意于找到一个内核，抑或主题。画中有渔樵，有僧侣，有童仆，也有时索性无人，只麋鹿恬然来去。他们以一种王维理想中的轻盈和闲适在画图中安逸地生活着——无物无我，则万物即我。

王维的隐居是拒绝被凝视的，也就不需要姿态，这与大部分隐士孤高自赏的精神底色有绝对的区别。但王维并不厌烦他人这种自赏，相反，他对将山水分区雅化并赋予其人格意义的视角充分接纳，且最终用以观照众生。

说到这里，我们就可展开《辋川图卷》了。

自右打开画卷，由华子冈始，移步换景，《辋川图卷》从南向北联翩串起了《辋川集》中的二十处景致。而作为第二十一个个体，辋口庄也被置入画中，排在华子冈和孟城坳之后，位列第三。

绘画技法我们以后单聊，今日只拈一点：图卷中景物出现的顺序。

《辋川图卷》本是从辋谷南口向北的一条出谷之路，王维曾往来无数次，重要景点的顺序当然绝不至记错，但事实上，图中景物的顺序却和真实的辋川并不完全相同，与《辋川集》中排序也有细微出入。排除南北垞间一组水景的拆分组合不谈，画中关乎地貌的顺序变动主要有两处：一是鹿柴被后置，一是华子冈被前移。这直接导致后人对辋川地形的节奏想象发生了误差。

论画理，鹿柴的调整好理解：鹿柴与木兰柴是山腰小崖间前后相邻的两片栅栏，一个用以养鹿，一个用以种植木兰树，图中便均表现为高山环抱之下的一圈围栏。在平展的长卷中，雷同的景点前后并叠不免呆板，于是穿插以宫槐陌和茱萸沜，就仿佛后来杜甫格律诗中类似"香稻啄馀鹦鹉粒"的语素倒置一般。这调整是为调节感受焦点而做出的美学修正，解人自知，无多可言；相较来看，倒是把华子冈移到卷首要更可玩味些。我们就索性以这个疑惑来结束今天的闲谈。

华子冈是一段稍见秀出的山峰，位置应该在辋谷中段，距北垞不远，图中看山峰下有屋舍，可能就是《山中与裴秀才迪书》中提到的感配寺。华子冈之名是王维自谢灵运诗中移来辋川的，它本在江西麻姑山，相似地名还有取自越州筋竹涧的斤竹岭。因王维的取用，辋谷山水如道家洞天般与各地风物生出了传接。

我们今天且只说华子冈。

谢灵运有一首诗，题为《入华子冈是麻源第三谷》。诗中写华子冈"铜陵映碧涧，石磴泻红泉"，鲜明险峻，有"紫杉千仞，被在崖侧"，传闻是仙人华子期翔集之处。辋川的华子冈应该也是这样一处高峭多树的崖壁（裴迪《华子冈》诗云"落日松风起"，应为松树），方令王维想到了这首诗。

但若只是风景殊异，还不足以构成将华子冈挪到卷首的理由。如早时我们所说，辋川图中位列华子冈之后的孟城坳才是这条山谷南端的收束——也本应是图中第一景。入境宜缓，从构图节奏看，较相对平旷的孟城坳而言，华子冈并不具视觉优势。而要细看两处景致，话头就又得兜回宋之问了。

采药炼丹之外，若将时间再前推些，我们便又能看到宋之问营建别业时对地势风水的看重：洛阳的陆浑山庄地凭伊阙，辋川庄后也有一座用以靠背的古城关——孟城，就是图卷中的孟城坳。

辋谷是行军要道，谷口本宜修造关隘，这座孟城据考证就是宋武帝刘裕征关中时所筑的关城，因征人至此思家，故名思乡城。《类编长安志》中说"思乡城一名柳城，……以城傍多柳，故曰柳城"，王维写此地时便有"古木馀衰柳"之句，正见这重映照。唐时辋谷已成商道，城关虽在，却早无驻兵，孟城便成了一座三向开豁的古城垣遗迹，供后人登眺远望。孟城坳的"坳"字，就专以形容城墙上的三个缺口。宇文所安认为这个"坳"字是王维特地采用的"本地人的土用法"，以形成与长安士大夫圈层的语体间隔——语言上的间隔是否出于有意尚可存疑，但城关本身就意味着间离与格挡，在前如入宅影壁，在后则如后罩楼，总是辋川庄与谷外风道间的一重门户。

考室先依地，真气不外泄，这是道教看重的风水。宋之问造辋川如此，宋令文造陆浑也是如此。

日夕往来，王维见惯了此间丹井、药栏，也时常在城关上徜祥。这些遗迹无时无刻不在提醒他前人对生命曾有的执着，而在清晰地知晓他的结局后，这执着也就更易令人叹息。老年时，王维曾有《秋夜独坐》诗，后半说"白发终难变，黄金不可成。欲知除老病，唯有学无生"，叹息寻仙长生俱是虚妄。发出这样感慨的时候，我猜他或许有一霎想到了宋之问。

王维读过宋之问那样多的诗歌，又继承了他匆促的选择和建构，在同一片山水中，或者偶然能找到一些心灵感契。他能明白宋之问的软弱，也看得到其对生的眷恋中有些与自己同出一途的东西，只是王维将自己化入了自然，而宋之问将眷恋转化成了占据的欲望。

道教的心灵出路多穿行于肉身之中，于是宋之问只能拼命自全，也日益畏惧失去。对这种畏惧，王维是心怀怜悯的："来者复为谁，空悲昔人有。"（《孟城坳》）他清楚地看到昔人是"无"，来者也是"无"，在永恒的"无"面前，自己与无数曾徘徊古关的前人并无区别，已而才觉人们对"有"的执着很可悲哀。

长生不可求，寻仙终自误，这是前面说过的谢灵运华子冈诗题旨——或许也正是王维爱这首诗爱到要把华子冈的名字借来辋川的原因。数百年前，登上华子冈后"邈若升云烟"的谢灵运最终看到了求仙的幻灭："羽人绝仿佛，丹丘徒空筌。图牒复磨灭，碑版谁闻传。莫辩百代后，安知千载前。"经过一番思量，大谢最终决定珍重此时此刻，安身于眼前的山水。

"且申独往意，乘月弄潺湲。恒充俄顷用，岂为古今然。"追寻、茫然，然后自安、自适，让象征着"俄顷"的华子冈代替象征着"昔有"的孟城口作为画卷开端，其中寄寓便不言而喻了。

并立在幻象中的华子冈和孟城坳，是王维用以安放自己的办法。他或也想用通透的大谢去劝慰那个惜身的宋之问，请他把蜗壳放还给天地。山水难迁，而心曲可平，既无法占有无限的时间，就索性让时间的概念彻底消失 ——极限打开之后的折叠，终会将世界降维到问题不复存在的那一刻。

这种折叠不独王维，向往着辋川的今人或者更为需要。如今的辋口庄已成了一片篮球场，清源寺旧址则在 20 世纪 50 年代为军工企业向阳工厂所据。孟城坳曾为辋川乡政府，乡人往来，常有大集，而作为辋谷轴心的欹湖则在几回地震后"山裂水出"，消失无踪。辋水也因上游修建了水库而日益枯竭。

真实的辋川或许从未存在，它只是无数个"俄顷"的堆叠。它可居、可蜕、可死、可生，可使人于无托之处知有托，或许这方是走出那片山水后，王维留下的辋川真正的意义。

第
六
日

王维的艺术世界：音乐

独坐幽篁里，
弹琴复长啸。

———

历经盛世千万种声音后，王维选择了最简单，也最不合时宜的一件，也最终在山月下、松林中，将自己彻底交给了它。

一切艺术表达本质上都是人对经验的美学处置。诗是如此，书法、音乐、绘画等其他门类也是一样。以此，诗人的创作一定程度上可以被理解为他对自我经验的态度，或用，或藏，或珍视，或逃避，或被动裹挟，或主动加工……诗人的性格与能力，也多能在这个过程中清晰地涌现出来。

古人崇拜文字，继而尊崇语言，诗歌创作也就随之拥有了较其他门类更高的地位。但语言并不与感官天然相接，诗歌也便无法直接根植于人的五识，它要设法与那些通往眼耳鼻舌身的艺术门类相连，才能保证自己的持续生长。因此，多才总会与多艺联系在一起，毕竟看似只可意会的才，本就滋生于艺的摇动。

接触的艺术门类多，诗人的语言元气会更为丰沛，虽然这未必会直接与诗的好坏相关，但究竟相较于只能借语言一条通路去汲取生命感受，才艺越多元，则意味着诗人能拥有越多的感观组织方式，它们交撞或纠缠，互相汲取也互为映照，用更绵密的觉察带来了更多的创作可能。

而王维，就是这一路诗人中的翘楚。

王维是诗、书、乐、画俱可称为"大家"的天才。《旧唐书·王维传》中称他"与弟缙俱有俊才，博学多艺亦齐名"，《新唐书》也说他"工草隶，善画，名盛于开元、天宝间"，两唐书均举《按乐图》[1]为逸事，于是到元代辛文房《唐才子传》中，"娴音律"便又提到了"善画"之前。

王维的书法作品今已无传，清代赵殿成在《王右丞集笺注》中感慨："右丞书画之妙，新旧两史俱兼称之。宋朱长文《续书断》所推能品六十六人，右丞与焉。《艺苑卮言》称兄弟善书者，亦数王维、王缙。乃世徒美其画，而不及其书，湮没无传，惜哉！"很为王维书名不传感到遗憾。宋人是能见到王维真迹的，既然《续书断》《艺苑卮言》中都很称道，显见王维的书法纵不能开宗，也算得上一时名家。

唐代书家窦臮在《述书赋》中称王维"诗兴入神，画笔雄精。李将军世称高绝，渊微已过；薛少保时许美润，合极不如"，其兄窦蒙为《述书赋》作注时又适度做了调整，将李思训与薛稷分比维、缙兄弟二人："右丞王维字摩诘，琅琊人。诗通大雅之作，山水之妙胜于李思训。弟太原少尹缙，文笔泉薮，善草隶书，功超薛稷。"这或者更接近时人的评价，兄弟二人都是才艺高卓，但从个人成就来看，王维更擅画，王缙更擅书。如今我们要想象王维书法的笔意神采，恐怕只能援从王缙的存作。身为"大作家"，王

1　宋沈括《梦溪笔谈》："客有以《按乐图》示王维，维曰：'此《霓裳》第三叠第一拍也。'客未然，引工按曲，乃信。"

缙所作墓志书丹尚有留存，如今仍有《王忠嗣碑》[1]《桓臣范墓志》[2]《李宝臣残碑》[3]等作传世。从拓本看，其楷法中蕴行书笔势，森然不失飘脱，确有大家气象。但无论如何，弟弟的艺术成就，终不能直接拿来为哥哥背书，既已无作品可供依推，我们这两天的谈论也就不得不放弃这一门类。

今明两日，我打算主要从音、画两方面，和你聊聊艺术与王维诗歌的关系。

今天我们先聊音乐。这是个不好谈的主题，毕竟文字并不适合用来呈现声音，但既然王维能做到，我们就也不得不亦步亦趋地跟来看看。

谈艺文通感前我想试图先辨明一点：王维的音乐天分究竟体现在哪一方面。

后世的传奇大多包蕴着后人对天才的想当然，《按乐图》故事之外，流传最广的或数我们第二天谈到过的《郁轮袍》，在岐王的安排下，王维化装为伶人，以一手琵琶获得玉真公主青睐，终被荐为解头。

---

1 全名《唐故朔方河东河西陇右节度使御史大夫赠兵部尚书太子太师清源公王府君神道碑铭》，新中国成立后碑毁，有拓本藏于中国国家图书馆。
2 全名《大唐故左武卫大将军桓公墓志铭》。
3 全名《大唐清河郡王纪功载政之颂碑》。

惊才绝艳、技惊四座，这符合大部分人对传奇的想象，一个天才就应该在一个合理的舞台上尽情展露天分。而音乐天分，往往会在传说中被简单地概述为演奏的感染力——但事实恐怕远没有这样戏剧性。

王维自小在官学中所受的种种音乐训练当然不是针对岐王府的舞台所预设，再急功近利的士族，求取功名也不会取道胡乐，何况王维家族本就有一条走通过的路：太常寺。

在唐代，宫廷音乐主要分属太常寺、梨园和教坊三个机构掌管。太常寺属礼部，掌管国家礼乐、郊庙、祭祀等事，设太常寺卿一人、少卿两人、协律郎两人，其中卿与少卿是管理人员，协律郎则负责定律吕、充指挥，算是技术骨干，尤要精通音乐。王维的祖父王胄当年便任协律郎，虽然品阶只在正八品上，却是太常寺不可或缺的高级专家。

太常寺下辖八署，各署均设一令、二至三丞，其中的太乐署、鼓吹署都掌管音乐：太乐署主管祭祀等礼仪用乐舞，如郊祀、庙祭；鼓吹署则司军乐，更偏重仪仗与各类仪式中的黄门鼓吹、短箫铙歌、骑吹等。王维初任的太乐丞就是太乐署的丞官，品阶在从八品下。原本太乐丞不算很受重视的官职，但自王绩[1]担任过后便成了清职官，他年叙阶时可以得到比较好的"官资"，算是一条

1　王绩，唐初诗人、名士，隋大儒王通之弟，因喜爱太乐署下僚焦革所制之酒而自请担任太乐丞。

仕途正道（唐人授官讲究清资的考量，王维后来获罪被贬的司仓参军就"不清"），也是清通音律的士族子弟的一条捷径——王维前期于音乐一道下了很大的功夫，其志恐怕正在于此。

梨园和教坊原本都是太常寺的一部分，开元二年（714）方才独立更张，目的主要是雅俗分流，更好地迎合玄宗的娱乐需要，毕竟让太常寺这种礼乐机构长期配合皇帝研习法曲、编排歌舞总是不太便利。梨园与教坊都归皇帝亲管，因此主事乐官常由宦官或禁卫担任，其中梨园主要演奏法曲，教坊则更侧重歌舞。两个部门的乐工多由原太常寺相关坐部伎子弟和一些宫女所充，教坊后来亦有乐户和胡人乐工（白居易《琵琶行》中那位自称"名属教坊第一部"的琵琶女，就曾在教坊司中跟着穆、曹二善才学琴。穆与曹都属昭武九姓，乃乌兹别克斯坦的古民族粟特），身份都不太高，甚至还有坐罪籍没者，与士族子弟的仕途路径完全是两条不交叉的线。《集异记》中的琵琶独奏明显是教坊乐工的长项，与王维未来的规划可谓风马牛不相及，他也当然不会自低身价，为之付出太多心力。

盛唐的声音如今已全部湮没在历史中了，但王维之所长倒也并非无据可猜：首先，他若把目标定在太常寺，那么自太乐丞到协律郎的看家职能，如调和钟律、考评乐工、礼乐司仪、依词制曲、依曲制词、选词入乐等是必学的；其次，太常寺有献乐、采诗之职，这也意味着在发掘民间歌诗之外，他还应具有裁诗编曲的再加工能力；最后，即便纯为士人自娱，演奏仍是必要的心灵出口，王维的琵琶是否技惊四座或可存疑，但他能弹古琴却有诗可证。

接下来，我们就探讨一下这些音乐技能最终会如何作用于诗歌。

当先要说的是音感。

如今的人对"调和钟律"多已没有概念了，小朋友背《千字文》时若问起"律吕调阳"具体是什么意思，只怕大部分父母都答不上来。但在儒家乐治的思想里，乐律的准确是关系到道德人伦乃至政治文化的大事。阮籍在《乐论》中说："律吕协则阴阳和，音声适而万物类，男女不易其所，君臣不犯其位，四海同其观，九州一其节，奏之圜丘而天神下，奏之方岳而地祇上；天地合其德则万物合其生，刑赏不用而民自安。"可见"律吕协"已经可以被视为整个儒家伦常的运转基础了。

律吕往往又被称为十二律，是古代音乐的定音方法。王绩有首诗叫《古意》，说"宁知轩辕后，更有伶伦出……裁为十二管，吹作雄雌律"，写的就是伶伦定音的故事：黄帝的乐官伶伦择竹管制成十二律，按照凤凰鸣叫的音高，定"雄鸣为六"，称黄钟、太簇、姑洗、蕤宾、夷则、无射，为六个阳律；"雌鸣亦六"，称大吕、夹钟、仲吕、林钟、南吕、应钟，为六个阴吕。名字复杂，也不需要记，我们可以简单把它们理解为十二个绝对音高，以半音为阶，始于黄钟——按隋唐太常律来说，就是 C1 调。

和西洋乐类似，演奏者可以"旋相为宫"：选定一个音高作为"宫"音定阶，再自此向上按全音、全音、一个全音加一个半音、全音的方式去排演五律，即 12356，就成了我们所谓"宫商角徵羽"。五声可根据调式移阶，绝对音高却是必须固定的，这就很考验太常寺乐官的耳朵了。

北宋钱易的笔记小说《南部新书》中有这样一个故事，说武周时有位名叫宋沇的太常丞，总感慨太常寺的悬钟悬磬多有亡失，后来虽勉强补上，音高却多不太准。一日他客居某寺，夜间听到塔铎作响，便问僧人："塔上这些铎的由来都能确定吗？听来似乎有一枚是新制的，我想上去逐个敲击一下，依声辨认。"僧人同意了，说确有一枚经常"无风自摇，洋洋有声"。宋沇找出了这只声音不同的铎，将它摘取下来，判断应该是一枚律在姑洗的编钟。为了确认，他与僧人约好了时辰，回到太常寺后命人击打乐悬，果然寺中这枚编钟遥遥感应，发出了声音。于是宋沇将之买回，重新安放在太常寺中。

编钟间是否真能达到千里共振的效果且在其次，但从这个故事中更该看出的是，在太常寺做技术乐官的人，往往要具备这种在没有基准音的情况下仍能精准辨别音高的能力，也就是如今音乐人常说的"绝对音感"。

太乐丞的重要职责之一就是配合太乐令去校定乐器、设置乐悬，从石磬到编钟，"合而击拊之"，件件要做到"八音克谐"。王维能得到这一职位，必然也有极高明的耳力。

有绝对音感的人对世界的感知维度与普通人是不一样的，常人耳中的扰扰纷繁可以被他们用独特的才能组织成一种新的秩序。他们能听出不同声源间微妙的差异：在宋沇耳中，每个铎铃都有其独特的音高，当一片错落交杂的声响中出现一个恰好切中某标准音的高度时，他便立刻能够发觉。可以想见，拥有这种能力的诗人夜宿听铎时情绪的丰富度与常人绝不会在一个维度上——说到这里，或许你会对唐玄宗"夜雨闻铃肠断声"的痛苦有更深的理解。

通过声音被认识到的世界总是更切近于人的体感的，它不能被遮挡，无法调用视觉想象，也就更容易唤起身体的律动。譬如同在写大雨，与苏轼的"白雨跳珠乱入船"相较，王维的"高柳早莺啼，长廊春雨响"就因得来于听觉，不暇思索而更直接有生机。这不是笔力的差别，而是对世界认知方式的差异。

二维的格子已无法框住三维的空间。通过感应与世界相逢的人，情感很难被意象归纳进某种范式，通常也就不会迷恋自我蹈袭的套路化写作，无论用以欺人还是自欺。这正是王维的诗不能成"体"，也终不可学的原因之一。

当人和世界间有足够多的连接点时，就很难被逼入情绪的犄角了：无论命运际遇如何，其人生总不至太过萧条。他们通常更为温柔，因为"仁"就往往建立在不排他的辨识能力上，孔子要儿子学诗以"多识草木鸟兽之名"，正是出于这个底层逻辑。

王维喜欢用事物独特的名谓去辨认乃至称呼它们，继而与之生出情分。同写节序变化，他的"绕篱生野蕨，空馆发山樱"就比大谢的"池塘生春草，园柳变鸣禽"要来得亲切温存；同写饮馔之美，"香饭青菰米，嘉蔬绿笋茎"也较李白的"跪进雕胡饭，月光明素盘"更见咀嚼玩味。他是真的在用身心去细密地感受这个世界。

请注意，我并不是在说王维的诗好于二者，但对比来看，他们的不同显而易见。谢、李这样的大诗人操办意象如调配三军，往往捭阖从容、指挥若定，他们会按照情感需要去组织自己眼中的世界，自我之庞大也是一定优先于物的。读者很容易追随这些物象被他们的气质裹挟，也正因此，他们笔下的事物必然有其工具性。它们或诱，或阻，或演阵，或追击……正如将帅眼中的士兵只该是一个个血肉单元，没有五官，也不必有心事。

王维的写法却反其道而行之。他充盈但绝不雄武，因为观物细，笔下便不再有真正意义上的意象单元。王维很少用文本意义去替代物象本身：当一个将帅喊得出每个士兵的名字，知晓每个人的性情，便注定无法将他们组织成战争。

诗人若不以实用性去权衡物象，读者也就无从量度他的手段。大多数诗评家在面对王维时找不到解说的角度，只能空来空去地说他"发乎天然""不可学"，正是出于这个原因：他创作时没有打仗的自觉，也就没有战术可供人评量。

我们再说说太常寺的曲词训练在王维创作习惯中的体现。

代宗皇帝问王缙要王维诗集时曾说："卿之伯氏，天宝中诗名冠代，朕尝于诸王座闻其乐章。"这里提到的乐章，就是太常寺重要的工作产物。

王维祖父王胄所任协律郎对音乐与文学的要求都很高，担任过同样职务的，我们熟悉的诗人中前有沈佺期，后有李贺。他们除了要有一双好耳朵，更要懂得选词入乐、倚声成词之道，而太宗、高宗朝的要求更高，在循词入乐之外，又要多一重调和多种乐器的作曲能力，因为当时礼乐未备，协律郎在日常工作之外不得不大力研究古乐，并且在其基础上加以厘改或整合，协配管弦，形成大唐的燕乐，如贞观时协律郎张文收就曾以古《朱雁》《天马》之义制为《景云河清歌》。

演奏所用配器、乐工，就都归王维所在的太乐署来管理。太乐署管理的乐器是真的很多：以天子宫县之乐为例，需陈设镈钟十二、编钟十二、编磬十二、建鼓四，编钟之下有笙、竽、笛、箫、篪、埙，编磬之下有琴、瑟、筝、筑，建鼓之外有鼓吹十二，上置羽葆之鼓、大鼓、金钲、歌箫、笳……若再考虑大燕会时的十部乐，还要加入各种西域乐器，如箜篌、琵琶、五弦、觱篥、长笛、尺八等，体量就更为惊人。在此做令为丞，不但有制曲之职，亦有教乐之务，这就意味着他们需熟悉每一件乐器习性，知道不同的曲依礼依用各自宜配什么样的乐器，每一件乐器该如何安排乐工练习，又要怎样对其进行考核。

这种职业习惯会带来一种置身事外的视野和截然不同的思维方式。通常乐工对音乐的理解是线性的，音乐思维有点近似摩斯码：对缓急、强弱极为敏感，但于疏密、穿插、编织、击应等二维层面的渲染则顾及不多（以管乐尤甚）。可对于太乐署的管理者来说，要入乐、编曲，则需在理解每一种乐器的脾性之上运用这张多种线性感受交织形成的大网——这种交响思维，是高级乐官和演奏者最根本的区别。

王维应该是有几门料理娴熟的乐器的，也能随时切换出演奏者的思维——调用这种思维作诗，则以歌行或从歌行中脱出的绝句为佳，梨园、教坊的乐工们多喜爱他这类作品，常自发拿来配曲歌唱：李龟年晚年流落湘中时历历难忘的曲调正是王维的《相思》和《伊州歌》："红豆生南国，春来发几枝。愿君多采撷，此物最相思。""清风明月苦相思，荡子从戎十载馀。征人去日殷勤嘱，归雁来时数附书。"这难忘，正缘于他以演奏为认识途径的线性偏好。

但反过来，若创作长宽确定、要运用平面构图思维的律句，演奏者的逻辑就失之单调了。这种带有建筑感的文体，更需要具备交响思维的人来推动。

事实上，律诗的定型本就很大程度依赖于太常寺的参与：玄宗初年，王公卿士依《龙池乐》调献上一百三十篇诗歌后，是太常寺"考其词合音律者，为《龙池篇乐章》……诏置坛及祠堂，每仲春将祭则奏之"，将它发展成文、乐调和，又能以雅乐形式演奏的范式，这种范式，正是后来七律的雏形。启发王维的好友崔颢写出很长一段时间占据"七律第一"之位的《黄鹤楼》的，正是太常寺协律郎沈佺期交上的《龙池篇》：

> 龙池跃龙龙已飞，龙德先天天不违。
> 池开天汉分黄道，龙向天门入紫微。
> 邸第楼台多气色，君王凫雁有光辉。
> 为报寰中百川水，来朝此地莫东归。

沈佺期的入题虽仍是线性的，但中二联已有了渲衬交加的自觉，且颔联用流水对（两联间存在连贯的逻辑关系），直承一气，颈联用合璧对（两联间无逻辑关联，但意象互为补充），曲合回旋，在后来许多代诗人的选择下，这种作法最终成了律诗的标准骨架。这种变化看似无意，却正出于协律郎的音乐自觉。从龙池献诗到春祭礼乐，太常寺用了十四年去打磨一种新的诗歌范式，而这段时间也正是律诗规则日渐成型，初步过渡为京师主流文体的阶段。

就存作而言，王维是安史之乱前盛唐诸诗人中创作七律最多的一位（也是合律之作最多的一位），甚至出乎大多数人意料，他可以被视为巩固这种文体长处的奠基者之一。这恐怕就与他自小为进入太常寺而进行的职业训练不无关系。

仅从入题方式看，与一脉相承的沈佺期《龙池篇》、崔颢《黄鹤楼》、李白《登金陵凤凰台》这样仍带着歌行气的起手相比，王维同期的"积雨空林烟火迟，蒸藜炊黍饷东菑""居延城外猎天骄，白草连天野火烧"虽然一静一动，却都已摆脱了一气直贯的叙事习惯，初步呈现出观物视角的切转与情绪节奏的错落，这正是心中有多重音部之人的写法。

王维早期应该实际承担过因曲制词的工作，毕竟他入太常寺时，梨园、教坊刚刚拆分独立不久，积淀未厚，制作新曲多需太常寺从旁指导。通常来说，乐府用以演唱的新歌分四种情形：旧乐旧辞、旧声新辞、新声新辞、无声新辞。除旧乐旧辞外，其他三种都是新歌，也就都需要有审辞入乐能力的文人参与创作。

《扶南曲》五首大概率就是王维前期的工作产物。《扶南曲》本是隋代时边地扶南（今柬埔寨一带）上献的乐舞，但从乐器到曲调都比较粗陋，无法列入十部乐，只好从乐器层面进行了优化：保留了曲调，而转以天竺乐进行演奏。初唐时，这种没有选入十部乐的外来音乐通常作为礼仪表演之用，但到玄宗朝，这些旧曲经过整理，渐渐转作宫廷娱乐之用，而这个过程，就需要优秀得体的曲辞和合拍依律的改编。《扶南曲》就是王维在这个基础上倚曲制作的。单从内容看，这组歌辞已经完全摆脱了曲调的异域血脉，近似是用齐梁宫体诗的写法复现宫廷生活，可以被看作后期宫词的先声了。后来李白作《清平调》也是类似，只是即席创作对曲式要求比较宽泛，可以在清调、平调（包括平调、清徵调、清商调、清羽调、清角调）中任意选择一种去写作，既图即兴，倚曲方面要求就没有那么高。

因为承担过这样的工作，王维在辨赏音乐时总会多加一层入辞的思考，行走各地时，也常怀有采风献乐的音乐自觉：贬谪或出官时，王维往往对当地的歌曲格外关注，也常会好奇地按乐律进行一些配辞的尝试。《鱼山神女祠歌》就是他被贬为司仓参军后某次出访东阿时，为在神女智琼祠中听到的祠歌试配的骚体歌辞，而这种基于好奇与察辨的尝试，也阴错阳差地成了他在困境中独特的心灵缓冲垫——创作理性的加入会适时切换大脑的工作区，从而将人从情绪旋涡中解救出来。相较而言，李商隐被贬至广西时同样看到了行巫，写下的诗句却是平铺直叙的"户尽悬秦网，家多事越巫"，他停留在对陌生的恐惧中无法自拔，只是深深地怨艾着自己是如何落到这步田地。李商隐于音乐一道不大清通，无从走向对乐律的审视、欣赏，更遑论创作，便始终没办法把自己从这种坏情绪里提起来。

王维在曲辞方面的尝试是有效的。明代彭大翼《山堂肆考》中"王维笑"一条记录了这样的故事："开元中李龟年制《胡渭州》曲云：'杨柳千寻色，桃花一苑春[1]。风吹入帘里，唯有惹衣香。'王维笑其不工，自是龟年制曲，必请维为之。"常琢磨字、调相依之法，制出的曲辞也就通常不会为难歌者，害他们"依调则非其字，依字则非其调，势必改读字音，迁就其声以合调"，以此，王维的诗作常被梨园子弟青睐选唱——《乐府诗集》"近代曲辞"中收

---

1 "春"字误，郭茂倩《乐府诗集》中作"芳"。

录了八首王维的乐府，如《伊州》《陆州》《簇拍相府莲》《想夫怜》《昔昔盐》《渭城曲》《昆仑子》《一片子》，里面除了《渭城曲》注明是王维所作，其他都不曾标注作者，说明这些诗作并非王维受命创作，而是被乐工主动选录入乐的。王维在收采民间的歌诗，而乐人们也在收采他的创作，音乐就这样在笔墨与歌喉间流动了起来。

合乐意味着字与腔的调和，是人的基础感官对文字最原始的接纳。身体永远比头脑更坦诚，感受通路也更为顺畅，一个能用声腔调驯文字，借以唤醒身体知觉的诗人，与只攻文字一门者相比，当然具有天然的先手。

如今我们看到的诗歌早已彻底被从音乐中沥干，但因其曾在浸泡与舒展中与人的唇齿喉舌形成过更熨帖的关系，即使空口读来，也仍比单纯在文字层面经营的诗更为上口。这或许是王维的诗即使不究文义，读来也能令人身心愉悦的原因。

最后再说说演奏吧，虽然我想强调的角度或许和人们通常理解的演奏又不一样。

中年后，王维好弹古琴。《旧唐书》中说他"与道友裴迪浮舟往来，弹琴赋诗，啸咏终日"，可见琴与诗一样，已成为他重要的精神日常。

古琴当然是有演奏属性的。唐时，琴家就已分化成了吴声、蜀声、秦声、楚声多种流派，李白诗中那位"为我一挥手，如听万壑松"的蜀僧便属蜀派。隋唐琴家赵耶利说"蜀声躁急，若激浪奔雷，亦一时俊快"，唐人又有诗写蜀道士弹琴"忽挥素爪画七弦，苍崖劈裂迸碎泉"，可见蜀派的演奏峻急刚烈，是很具有表演张力的，现场震撼程度，应该不亚于薛用弱在《郁轮袍》故事中为王维想象出来的那段琵琶。

但中年王维的弹奏应该不属这一路，而更近于以陇西董庭兰为代表的"秦声"，是一种更为雅正的京城琴乐。董庭兰就是高适诗中说"天下谁人不识君"的董大，他初以吹觱篥知名，但一直对古琴抱有很深的兴趣，后来兼求百家之长，整理存写了许多古调，成了一代古琴大师。从李颀写听他弹琴曲《胡笳弄》的诗中，我们可以感受到董氏的演奏风格："幽音变调忽飘洒，长风吹林雨堕瓦。迸泉飒飒飞木末，野鹿呦呦走堂下。"相较蜀声的"躁急"，秦声是比较轻灵潇洒的，这也和董庭兰"不事王侯，散发林壑……貌古心远，意闲体和，抚弦韵声可以感鬼神"的形象比较吻合。

入唐以来，在各地胡乐、燕乐的冲击下，古琴名家也日遭冷遇。董庭兰的恩主房琯坐罪后，诗人崔珏有诗感慨："七条弦上五音寒，此艺知音自古难。唯有河南房次律，始终怜得董庭兰。"之所以告别高适时，董大会自愁"前路无知己"，正是因为古琴已经和时下的音乐审美格格不入了。京洛官贵无数，却很难找到一个像房琯这样愿意蓄养琴人的恩主，人们的耐心已被繁复热闹的胡乐消解 —— 蜀声最终成为当时的古琴主流，除蜀桐的材料优势外，也正是因它迎合了时人对俊快的偏好。刘长卿诗中所谓"泠泠七丝上，静听松风寒。古调虽自爱，今人多不弹"，感慨的正是这重事实。

相较于用以娱人偕乐的"新声"，古琴已渐渐蜕变成了一种面向自己、感应天机的乐器，也便更接近所谓的天籁。也因此，在王维的诗中，他的琴声往往是没有听众的。他常在入夜的月下去松竹间独自弹琴："自顾无长策，空知返旧林。松风吹解带，山月照弹琴"，"旧简拂尘看，鸣琴候月弹。桃源迷汉姓，松树有秦官"，"独坐幽篁里，弹琴复长啸。深林人不知，明月来相照"……王维似乎并不期冀借弹琴进入与俗世安然两忘的状态，相反，他一直诚实地在诗中承认，自己总在循琴声回想前期不成功的入世——这重联想，与古琴时下的处境不无关系。

古琴从来不是个出世的乐器，它有着最纯正的士大夫血脉。作为汉魏六朝的传统清商乐，古琴是乐府旧曲的留存，是最正统的雅乐，但同时如前所说，它在时下面临着存续的困境：人们仍以为它好，却不再乐于亲近它。在王维的时代，弹琴是一种对正声的复古，这种姿态本就可以视为日渐失去轴心位置的旧门阀一种自高的倔强，和对旧时代的一种缅怀——在这样的定位下，它和太常寺下大力气去排练的十部乐就产生了微妙的身份间离：练就仕途所需的种种繁复技能后，宣示灵魂在这个时代中的落落寡合，或许是怀才不遇的士族子弟一种无用而重要的坚持。

事实上，因其出身高贵，古琴并非完全没有利用价值。《唐会要》记载"自周隋以来多用西凉乐……唯琴家犹传楚汉旧声"，这里所谓琴家的楚汉旧声，指的正是汉代乐府歌诗留下来的许多旧题。这些旧题中收藏着汉代以来士大夫"观风俗，知薄厚"的血脉记忆，倘假此写作，本身便具有天然的身份正义，也不难用以支撑许多抱负，李白就用乐府旧题进行了大量的琴歌写作，这一方面寄寓着他对借此获取中原士人身份认同的盼望，另一方面也出自他对礼乐复古的呼吁。

但王维似乎从没有这样的野心。

他也写过一些乐府古题，但多出于乐辞相合的探索与借题抒情的需要（如前文提过的《黄雀痴》），而没想过用它去博得什么、主张什么。王维所作的乐府古题多是"吟""行"之类的带有较强音乐性的类型，而不涉及"五曲、九引、十二操、二十一杂歌"这种更适宜被作为身份抓手的琴歌（后来韩愈要"歌风雅之古辞，斥夷狄之新声"，选的就是琴操），也几乎没有李白《惜樽空》《蜀道难》这样的巨制。

早期的古琴曲"声多韵少"，演奏以右手勾挑摘剔为主，左手吟猱绰注则不多，乐曲表现力说不上高，也因此才需托诸歌词，但王维弹琴，却偏偏是奏而不歌的。他并不想借此去表达，也不需要"请君为我倾耳听"。他只是选择顺应这种中正的乐器去完成一场自我安放。

历经盛世千万种声音后，王维选择了最简单，也最不合时宜的一件，也最终在山月下、松林中，将自己彻底交给了它。他的诗醇正丰盈，自知而能自安，不使气道怨，不恃技欺人，其中就折射着古琴的气质。

说到此，我们可以简单做个总结了。

作为一个少年时就接受过系统礼乐训练的诗人，王维在音乐层面的过人之处远不止于演奏。精准的耳朵赋予了他高明的辨识力，以此，在王维的诗歌创作观里，对事物的体察与分辨从来都是极重要的维度：它们高于文字，也就不受意义绑缚。王维很少利用外物服务自我，诗中的物象也因此通常是具体而反意象化的。他能倚声为词、选词入乐，对诗与歌腔的调和非常敏感，这是王维的诗能大量入乐的原因，也是他在感官层面取得的先手，被音乐驯化过的文字习惯天然更易被人的身体接受，也就因此得以高于语言。

中年的王维是一位古琴演奏者，但他的弹奏不求表达，只为安放。见过无数乐器的王维，最终选择了高贵却没落、"声多韵少"的古琴作为自己的精神依存，并选择顺应它的处境，从而接受自己的不合时宜。他平和自盈的诗风，与他最终选择的这件乐器就很有暗合。

今人已经没有机缘再去经历这样完整的乐府调训了，大多数人只能站在博物馆中望着玻璃罩里大大小小的编钟，通过一个个拗口的乐律称谓想象盛世的声音。但事实上，它们的美感并没有完全灭失在时空中，读王维的诗歌，我们就仍能领受盛唐的律动——那些音声嚆然闪动在另一层维度里，它们无法被提炼，但永远折叠在诗歌中，那是我国音乐血脉的造影。

希望通过今天的梳理，能让你在读诗的时候感受到自己的潜意识层面正在发生着什么。当处境足够清明，我们便可以回到思考的表层，接纳视觉对我们的塑造了。

接下来，我们说绘画，明天见。

第七日

王维的艺术世界：绘画

人闲桂花落，
夜静春山空。

———

王维在金碧山水的绘制中感受色与质的匹配，在雪景中寻找水墨的廓形优势，随即借由绘画完成了"侧"与"俯"的切换，悟到了"有"与"无"的不居，并最终将它们融入自我，再流淌到诗中。

自苏轼"诗中有画，画中有诗"的定评一出，要摆脱绘画的语境谈王维的诗便很难了，即使王维自称"当代谬词客，前身应画师"，似乎一直在微妙地暗示这两重身份的对立。元代辛文房在《唐才子传·王维传》中写道："维诗入妙品上上，画思亦然。至山水平远，云势石色，皆天机所到，非学而能。"将其诗法画工成就均归天然，固然是塑造传奇的好样板，却无疑将王维推得距我们常人愈加遥远。而要想更细致地体会到他的好，这样空来空去的赞美是立不定脚的，还是要下些笨功夫，想办法从不可学里琢磨出些可解之处来。

经过战乱，王维的存画在唐代就已存留不多，中晚唐的诗人张祜曾感慨"右丞今已殁，遗画世间稀"，反倒是入宋后书画造假手法日益娴熟，为他添了不少挂名的疑作。如今，我们已经很难找到拥有一条完整学术证据链的王维真迹，只能自一些存世的早期摹本中，寻找原作折射出的虚影。

现存与王维有关的画作有藏于台北故宫博物院的《雪溪图》与《江干雪意图》、藏于日本藏家手中的《江干雪霁图》、藏于日本圣福寺中的《辋川图》和藏于大阪市立美术馆的《伏生授经图》等几件。学界多认为《雪溪图》是五代摹本，《江干雪意图》《江干雪霁图》《辋川图》为宋代摹本，只缺乏自款的《伏生授经图》因宋高宗"王维写济南伏生"一行题字背书，尚若有若无地接续着王维笔意的一丝真实。

我没有能力从书画鉴定层面给出真伪判断，好在《伏生授经图》本也不适宜作为我们带着对诗的好奇走向王维画作的入口——虽然日本的大村西崖称它"画法高雅，真令人仿佛有与辋川山水相接之感"，但事实上这幅画勾线细劲，构型准确，写人著物一笔不苟，定制意味相对浓厚，与王维"得心应手，意到便成""造理入神，迥得天意"的创作风格不甚相类。唐代著名画家均能画人物，而历史人物画又不同于佛道神像或文人写真，它注重表达与教化，发挥空间反而不多，更接近诗歌的用典，相较创作，倒是取材写志的意义更为浓厚——秦火之余的伏生或者很易令王维联想到自己在安史之乱后的抱辱幸存，图中那个瘦骨嶙峋而静穆含忧的老者，可能包蕴着他在晚年一次次反思中对自己愧悔的投射。

谈王维的画作，我更愿意去寻找它能与诗相生的特质，也即不拘束于功能框架，更能承托自我情性的部分。而要找它们，就不得不站得尽量离他近些，才好察觉他绘画时那些可以与诗相联通的感官倾向。

面对天才，人们总愿将其凌空托举以事膜拜，也不免会有意无意地切断他们与地面间的联系——于王维亦然。在各类笔记中，王维总以"绝迹天机，非绘者之所及"的形象渺然高举，而学画、习画的过程却不见记载。多有人说王维的画是跟从母亲学的：魏晋南北朝以来，一流士族很重视对孩子的艺术教育，其中又以文学、书法与绘画为最。书圣王羲之便曾向叔叔王廙习画，王廙为此也特地绘制了《孔子十弟子图》去鼓励他。出身博陵崔氏的女性以绘画为媒建构教化是正常事，若以天分能研技法而窥门径，成其能手，自也在情理之中。然这毕竟都是推断，如今我们很难找到王维从母学画的直接史料，摸不到脉络端倪，于此节也就不必多加敷衍。

在不多的记录中，有一点倒是应格外拈出：虽然王维后来转学吴道子，又因开水墨之法被目为南宗鼻祖，"始用渲淡，一变勾斫"，但事实上，他早年是学二李的金碧山水起步并恃以立名的，张彦远在《历代名画记》中说王维"工画山水，体涉今古"，其中的"古"，说的就是他画金碧山水的本事。金碧山水本是唐代的主流审美，王维于此道浸淫甚深在唐代也是自然共识，毕竟能入方能精极成变，但自文人画出现后，这重认识却被后世日渐忽视，导致今人说起王维的画，想象便往往直入董其昌式水墨山水册页，彻底抹杀了王维笔下心头的色彩与光痕。

今天，我们便索性先从金碧山水入手，说说王维诗画相成的路径。

所谓金碧山水，是李思训自六朝的小青绿发展而来的，青为石青，绿为石绿，兼用赭石、朱砂、珍珠白等矿物颜料，工笔重彩，色调明艳而持久，无论作壁画、作屏障，都很具装饰性。金碧山水惯用金、青二色以表现明暗（"阳面施金，阴面施青"），极擅诠释光感，故而宜晴不宜雨。王维有句很出名的诗"分野中峰变，阴晴众壑殊"，上联廓形，下联辨光，用的便正是画金碧山水的眼睛——要施金粉，必要先找峰脊、察明暗，这是勾斫作手下意识的观察视角，而后来拜他为祖师的南宗水墨画家们则不再需要这样的视觉锐度。

矿石颜料脾性各异，并不都那么容易渲染，故而金碧山水上色多用平涂，要确保光感可信，处理色彩变化时便需极细致的功夫。螺青、合绿、石青绿、石绿，每种颜料经过反复淘洗都能再分离出多种深浅变化。除色调差异外，它们的透衬亦各具性格：哪种可以直接作底，哪种必须提前留白，山树色差怎样搭配，表达晨光或暮光、晴日或阴景各该施用多大比例的金泥……样样要自画家一步步尝试、一点点微调中寻，丝毫急不得。

有记载说玄宗曾命吴道子和李思训各绘蜀地山水，吴道子在一日之内完成，李思训则耗时几个月之久，对此玄宗有"李思训数月之功，吴道子一日之迹，皆尽其妙"之赞。这个故事里，李思训显然是用以反衬吴道子"挥霍入神"的工具，但它也侧面反映了金碧山水的特点：这种画法力图处处写实，故而耗时甚巨，也对画工的观察力和表现力都有非常高的要求。

先说廓形。人们常以为王维的画是得意而忘形的，但其实他写实能力极强。苏轼青年时曾在凤翔见到王维所绘壁画，诗称："今观此壁画，亦若其诗清且敦。祇园弟子尽鹤骨，心如死灰不复温。门前两丛竹，雪节贯霜根。交柯乱叶动无数，一一皆可寻其源。"从其描述看，壁画上有心如死灰的祇园弟子，可见应是一幅世尊讲经图。按佛家经典记录，祇园竹林精舍内有浮屠十二、讲堂七十二、房屋三千六百、楼阁五百，恢宏可见，佛祖坐其中与众弟子说法，神情各各，必有迷有悟，有觉有得，是一组相照相成的群像。然而，就在处理这样宏大的主题之余，王维却仍连门前两丛作为点缀的竹子都画得一笔不苟：竹叶纷繁一团，但每片追本溯源都能找到是从哪段竹节长出、如何长出，这需要何其平实的耐心，和对世界何等细致的观察。

我的感慨不难从王维诗中取证。他写竹时，往往会拈出许多常人难见的细节，如"绿竹含新粉""嫩节留馀箨"，王维能看到新竹长出后竹节周围白色的茸粉，也知道嫩竹拔节时，竹上会存留一层剥离的外皮。正是要对世界有这样长久而含情的观察，才能在绘竹时做到"交柯乱叶动无数，一一皆可寻其源"。王维不是个格竹的人，却的确爱竹，且有能力从视觉层面去爱。

说到视觉，我今天更想围绕金碧山水去谈的，是色感。

擅作金碧山水的人对色彩的分辨力当然极佳，而应特地强调的是，他们对颜色的认识是与其质感相适应的。不同的颜色有不同的质地，这质地与其身世息息相关，每种颜色都来自不同的矿石，它们经过高温炼制、反复熬煮、过筛研磨，然后被制作成粉末来到画家手边，而最终又会在入水加胶后再次在绢面上回归它们各自的性格，有的适合流动，有的适合堆积，有的宜用匀染，有的更宜勾勒……对画家来说，颜色不是平面世界里能被大脑编码的一个个色号，而更近乎一种万物对其与生俱来之性状的各自追寻。

在王维的诗句中，我们就很能看到这一重用色的讲究。

在王维笔下，绿色分翠、青、苍、碧，亦有明、暗、虚、实，绝不会为求文本美观去乱用一气。我们以《华岳》中的"西岳出浮云，积翠在太清。连天凝黛色，百里遥青冥"几句为例。

翠、黛、青，均属同类色调，翠与黛被用来写山，青则用以写天。而虽同写山峰，翠、黛两种颜色又有分别。

翠的颜色来自孔雀石，称石绿，经研磨后反复加水、静置、萃取，每步烧存风干，色阶可从头绿、二绿、三绿丰富至十数种之多。翠色与水调和得好，可作大面积平涂，是以通常用以遥染山树之色，又能做皴笔勾勒阴面，描写天边隐现的山峰便很合适——王维在诗中用"翠"字时，就通常是在写不受光的远景山树。它们或经雾变，或入水影，这种带点空灵的冷调可以一重一重叠积，十分幽秀，如"积翠蔼沉沉""积雪凝苍翠""白云移翠岭""遥爱云木翠""积翠纱窗暗""寒山转苍翠""青翠漾涟漪""空翠湿人衣"等，都是如此。

黛则是青黑色，因材料珍贵，通常不用来作画：黛块加牛骨胶碾熬研磨，最终会变为女子画眉所用的黛粉。黛粉颜色重，故常用"散黛"（王维《扶南曲》云"散黛恨犹轻"），画眉时淡淡一掠，颜色便已很沉，当然便不能更加积叠。王维用"黛"写山通常便是以眉作喻，如诗中的"连天凝黛色"，或"千里横黛色，数峰出云间"，一凝眉，一横眉，带着女子或沉婉或冷冽的神气。

知晓这两种颜色的分别，我们才能看到虽是在写同一座山，但从"积翠"到"凝黛"，王维笔头的色调渐转暗沉——这座山在云光中轮廓渐见清晰，随即在翠色反复匀涂下随天影转深，杳入青冥，在层层沉黯的光感惯性里，直入下句"白日为之寒，森沉华阴城"，一黑到底，后面再用"天地忽开拆"去破它，方见作手奇功。

元代的饶自然在《绘宗十二忌》中论及金碧山水时有一段很具象的描述：

> 设色金碧，各有重轻。轻者，山用螺青，树石用合绿染，为人物不用粉衬。重者，山用石青绿，并缀树石，为人物用粉衬。金碧则下笔之时，其石便带皴法，当留白面，却以螺青、合绿染之，后再加以石青绿，逐折染之。间有用石青绿皴者，树叶多夹笔，则以合绿染，再以石青绿缀。金泥则当于石脚、沙嘴、霞彩用之。此一家只宜朝暮及晴景，乃照耀陆离而明艳如此也。人物楼阁，虽用粉衬，亦须轻淡，除红叶外，不可妄用朱金丹青之属。

我们不学画，不必完全辨别种种颜色的细微差别，但从这段话也大致能知道螺青、石青可以用来画山骨，石绿、合绿则更适合用来画树石，金泥可明朝暮晴景，而朱、丹这种浓烈的色彩只宜小点一段红叶……这些特点，别的诗人用色时未必很讲究，但王维却格外注意：他如用绿，便几乎都是在写近而可触的树木，若远成一片叠入山景则必会改为翠，更远或匀入天光，才可深为青——石青出自蓝铜矿，随淘洗可分天青、大青、扁青、层青种种，去绿而近蓝，含蓄却莫测，最见包蕴万物的天机，"潮来天地青""青霭入看无""山青卷白云"，便均是极具神采的点染之法，这重赋能，正出自画家调色观物的法门。

苏轼赞王维诗中有画、画中有诗时举了《阙题二首》其一为例（又叫《山中》）：

蓝溪白石出，玉川红叶稀。
山路元无雨，空翠湿人衣。

不知是否苏轼背错，我们常见的版本前二句是"荆溪白石出，天寒红叶稀"，其中"荆溪"又或作"溪清"（这版强求对仗反见呆板，格律成熟后为人调整的可能性更大）。大苏这版看似更鲜明地突出了金碧山水的用色风格，但我还是以为"蓝"字不出才更近王维的笔墨。

王维几乎从未用过"蓝"字为山水设色。蓝草作为植物染料，提取出的靛青色牢度不高，通常用来染制布料，而很少应用于绘制山水。以此，对王维和大部分同时代诗人来说，蓝是草药，是茸茸摇曳在山谷中的生灵，是女郎身上冷蒙蒙的裙摆，却不是可加诸山水的修饰。白居易写江南水色时有"春来江水绿如蓝"之句，此处的蓝指的正是蓝田一带的蓝草，色感也许是贴切的，但水与草木质地完全不同，这样的通感并不符合王维色质匹配的视觉习惯。

这首诗中的用色是典型而高级的金碧山水风格：大面积的翠色平涂之外，以朱砂点染了少量枫叶（"红叶稀"，多了便俗），溪水留空处偶用珍珠白浮出一些白石，破一破水道的单调。山路既用了翠，溪水便不能再加蓝，最多淡淡染一层合绿 —— 金碧山水中的水是"涟漪涵白沙，素鲔如游空"式的淡涂，虚实相照，画面才不会太满。

诗评家往往会对诗的尾句大加赞美，指出"空翠"之所以能"湿"人衣，是作者用幻觉与错觉的交织，将色彩赋予了雾气，遂使不可触的颜色增置出切肤体感，很见诗人手段。效果一层的分析是很对的，但从绘画角度理解，我以为诗句中清凉的湿度更可能出自研钵中水与颜料的调和 —— 在王维的潜意识里，"空翠"本就该是"湿"的，设若有人物立于石青山色中，"虽用粉衬，亦须轻淡"，衣摆就也当然会在平涂中湿润。这种感受层面的赋能与其说是诗人在用手段，倒不如说是出自画家的下意识。

王维很少去在技术层面操办诗歌语言，是以称他为作手并不合适，虽然这已是大多数诗人求之不得的高评价。王维在语言层面没有很强的研发意愿，他只是通过身体力行，在感知层面日渐丰盈自己的生命，然后任其周流各种艺术门类间，形成一条活水，诗歌不过是其中的一脉支流而已。

走出颜色，我们再转向去色的水墨。王维在美术史的声名不在金碧山水这类体式成熟的院体画作一道，而出于董其昌以"南北宗"论为他树立的文人画宗师地位：墨取代了颜料，说玄些叫"与物传神"，从技术流讲，便是用水墨取代青色来造影，即前面提到过"始用渲淡，一变勾斫"的"破墨"之法。所谓破墨，指突破墨线：在勾线条之外，墨在王维手中突破了笔的约束，通过渲染生出制造体积的功用，也便在造型上初步有了取代丹青颜料的资格。

这种趋势在金碧山水之后是必然会出现的：水墨最初并不是对色彩的改革与宣战，而更接近简化。

在唐宋记载中，王维所绘壁画极多。一面墙壁高可数米，而一寺一堂动辄数面，工作量可想而知，当然不可能全部由他一人承担：通常来讲，墨线勾勒完成定型后，王维会试定色彩，随即在每个区域做好标记，留教工人涂绘足成。《历代名画记》中对此不无抱怨："人家所蓄，多是右丞指挥工人布色，原野簇成远树，过于朴拙，复务细巧，翻更失真。"吴道子也是如此，通常"落笔便去，多使琰（翟琰）与张藏布色"，勾了墨线就走，连指挥都免了。是以行家看壁画，眼睛多往线条上找，只因色彩虽珍贵且调制难得，但往往并不都是画家自己涂绘上去的。

因这样的分工不可避免，人们自然日渐形成重画轻绘的观念，加之矿石颜料贵重难得，非二李（李思训与其子李昭道，并为金碧山水大家）这样的贵族，常人家资是难以支撑日常习练之用的，以此，色彩于画家是奢侈事，其闲暇时往往更重视墨法线条的习练，创新也便多从此道中来，吴道子著名的"莼菜条"，便正是在这样的背景下创生而来。可以想见，画家勾过线稿后，若手边一时找不到合适的颜料，以墨色敷阴就成了自然而然的事，在一次次的将就之下，后世皴法的先声反而日益迫近，水墨便带着其独特的变化与神采叩响了画家的蓬门。这是王维看到水墨一脉艺术发展空间的时势必然。

　　但我们更应好奇的或者还在于水墨为何选择了王维。前面所说是当时所有画家共同面临的情况，而王维纵非大贵，也当然绝非其中最穷的一个。之所以是他执着地选择了水墨，并将之发展成了一门画法，其中必然有个性化的原因。

　　我猜这或许由来于他对雪景的偏爱。

　　世人多道王维能画山水，但细究起来，在山水这个大题材中王维有他更细分的偏好：冬景山水。这在宋代便已成了时人的普遍共识。米芾说世俗"多以江南人所画雪图命为王维，但见笔清秀者即命之"，造假者已经将笔致清秀的雪图作为王维的文化标签批量生产，可见王维雪景作品之多之佳早已深入人心。

　　从《宣和画谱》记载看，宋代御府共藏王维画作一百二十六件："太上像二、山庄图一、山居图一、栈阁图七、剑阁图三、雪山图一、唤渡图一、运粮图一、雪冈图四、捕鱼图二、雪渡图三、渔市图一、骡纲图一、异域图一、早行图二、村墟图二、度关图一、蜀道图四、四皓图一、维摩诘图二、高僧图九、渡水僧图三、山谷行旅图一、山居农作图二、雪江胜赏图二、雪江诗意图一、雪冈渡关图一、雪川羁旅图一、雪景饯别图一、雪景山居图二、雪景待渡图三、群峰雪霁图一、江皋会遇图二、黄梅出山图一、净名居士像三、渡水罗汉图一、写须菩提像一、写孟浩然真一、写济南伏生像一、十六罗汉图四十八。"

目录中人物画占了七十二件，以佛像为主，余者五十四件山水画中题名带雪的便有二十件，王维最广为人知的题材画《辋川图卷》亦有雪景版本，应也是水墨所绘。

王维的水墨画与我们熟悉的晚明文人画绝不类同：他虽用墨替代了青绿矿石颜料，但仍会点染珍珠粉，并在沙脚受光处施金粉——宋代王诜的《渔村小雪图》就继承了这种画法。安岐在《墨缘汇观录》中说《唐王维雪溪图》"以焦墨作画，傅粉为雪，渍墨成阴。笔法高古，树石奇异。其溪桥、篱舍、野店、村居、坡陀、远岸皆具天真……"显然虽去除了色态，却没有舍弃光感。

很多人对金碧山水和水墨山水心有定见，说前者写形，是画工画；后者写意，才是文人画。但事实上，这种分界要晚至南宋才得形成，唐时并没有一个所谓"写意"的执着影在前头，王维取焦墨金粉，同样意在写形。廓形之道，水墨较之金碧山水本是天然的后手，而雪景却是它唯一能占先的领域。

雪景与晴景的分别并不简单在于去色，而更多体现在创作时的视角差异：绘制金碧山水时要着重去寻觅的明暗交界线在雪相中已不再紧要，画家要走出侧见的、平视的视觉习惯，找到横切的、俯视的观察视角，才能准确地让雪铺在它该铺的地方。

这种视角用在诗中，就会借由超拔的视野外化为悲悯的平等心。王维的诗写富贵繁华往往不落俗，就是因他能脱离常人左顾右盼的视觉习惯，自上而下观其平面，借此消泯高与低的阶层分别。如"九门寒漏彻，万井曙钟多"，"苑树浮宫阙，天池照冕旒"，取象极堂皇，却只成气象，不生尊卑——这是雪景视角带来的寥廓与平淡。

用横截法写小景则更可爱。万物的形态与隐现都成了与时间共生的偶然：雪下久些画面便白得满，而设若初落或将化，便又有许多新的物象呈现出来，所以画雪景时，作者可以通过留白大小确定这幅画卷能够"占有"多少时间。无雪时用这种思维观物亦然。用在诗中，如写鸬鹚的"乍向红莲没，复出清蒲飏"，写寺景的"灞陵才出树，渭水欲连天"，写北垞的"逶迤南川水，明灭青林端"，又如刚刚才说过的"荆溪白石出"，都是如此。俯瞰视角中随机隐现的物象让人们清晰地感受到时间的累积，它取代了平视坚固的永恒感，让世界呈现出神秘而无常的显相——而当时间被拉至足够漫长，万有便归于无。这与佛教理解世界的理念暗合，或者也是王维晚年偏爱雪景的原因。

只从作画技法层面看，雪景图亦有独特处。它与普通山水最大不同在于体感与笔触间的思维反转：质地最坚实的物体往往负雪最满，绘画时便要通过留虚作空，才能承其坚白；反倒是流水、草木等虚不受雪的物象能拥有画家肯定而切实的笔墨。以虚笔写实，以实笔写虚，这样空与色、阴和阳的消长交错是绘制雪景图的迷人之处，它会自然激发人对有无、真幻的思索——而这一重思索，是剔除五色的水墨画法最长于诠释的。

认识到有无的不永后，创作者当然便要思索如何去表现这种无常。事实上，从王维的诗句里，我们常能看到虚实被表述有意地打散。如"空山不见人，但闻人语响""古木无人径，深山何处钟"，这种幻里存真、无中生有的写法因关键语素的缺失令许多翻译家极为头疼：有人语，有钟声，那么虽"不见人"却必然是有人的，既然如此，"空山""无人"的判断是谁下的呢？是作者？是人语者、敲钟人？抑或是山自己？声与色两端究竟哪一种是真实，哪一种是幻觉？这种效果，便是写虚却下实力、写实不落确笔的雪画风格带来的。

王维有句诗说"碍有固为主，趣空宁舍宾"：以有为主，却不舍其空，反以为趣。这是水墨的妙处，是他认为"夫画道之中水墨最为上"的底色，也是他的画被认为"天机所到，学者不及"的原因。

说到此，便终于可谈到"雪里芭蕉"的公案了。

人们多是从沈括的《梦溪笔谈》中认识这幅画的："予家所藏

摩诘画《袁安卧雪图》有雪中芭蕉，此乃得心应手，意到便成，故造理入神，迥得天意，此难可与俗人论也。"

这幅画藏在沈括家中，似乎再没他人见过，后传倪云林清闷阁收藏过一幅《雪蕉图》，不知是否同一件。对此后人也并不关心，毕竟雪与芭蕉这一组合的话题度已经远远超过了人们对笔墨本身的兴趣。

有人认为这是出于不事园冶者想当然的误画，亦有人坚称岭南确有经雪不凋的芭蕉。有人说王维是特地如此取材，意在阐释禅理：《维摩诘经》谓"是身如芭蕉，中无有坚"，芭蕉易于解剥，如人解肉身之蜕，外强中虚，佛家惯用以推喻有无不常、五蕴皆空。王维在写给净觉禅师的碑铭中有"雪山童子，不顾芭蕉之身"之说，雪与芭蕉的碰撞便已近直出。

这些说法都有道理，也并不排他：王维当然可能因这段禅喻而偏爱芭蕉的题材，又恰好在知南选时去岭南认真观察过芭蕉的形态与质地，而选择用雪景去画芭蕉，很可能不过出于王维转向雪景视角的一种类型切换——芭蕉在佛经中本便是有无不居的，而以雪作平等观，坚实大叶转为虚白，中空蕉心则以实笔勾勒，便见实而虚之、虚而实之的变化。有无倒转，以证无有亦无无，加一重雪景，实是进行禅学思考的最佳踏板。

王维从不追求对齐时间的写实。除雪里芭蕉外，晚唐的张彦远说过他"画景物多不问四时，如画花，往往以桃、杏、芙蓉、莲花同一景"，可见相较于经验事实，王维本来也更看重作用于自己记忆的感官真实。

他不喜欢用时序收编自己的记忆，无论作画还是写诗。《皇甫岳云溪杂题五首》中《鸟鸣涧》有"人闲桂花落，夜静春山空"之句，事实上便是诗中的一例"雪里芭蕉"：桂花落时已近中秋，何来春山春涧？但那轮春夜中寂静的月亮、春涧上啼鸣的山鸟（"月出惊山鸟，时鸣春涧中"）和落了满山的桂花，却又都在王维的记忆中真实存在过。

王维极爱桂花，自他写给崔兴宗的"山中有桂花，莫待花如霰"不难见，他能清晰地想见桂花的样子，也绝不会与其他花混淆。而同样，"秋山空"与"春山空"带来的记忆色感在画家眼里也当迥然不同，更遑论只有"春涧"中才能存容无数种让人安悦的鸟啼，灰雀、山雀、野鸽、云雀、黄莺……若至入秋，涧水生寒，鸟喉转涩，不日将避冬飞走，哪里还能啼叫，即使勉强啼了，又焉能有此闲适自安？

而当我们用雪景的思维去看这首诗，一切便清明了起来。细小而静谧的白色桂花与王维画中的雪意义相似。桂花一点点从上方落下，仿佛于山无碍，却终会将之覆满，只在月光下留下一片带着香气的虚无，如有如无的涧水声与鸟鸣在虚无中隐现，提醒着"无"中"有"的在场，这便是"夜静春山空"的本相。

如以时点为剖面，我们很难在王维的表达里看到绝对的写实，但当时间不再以线性的维度去规训判断，无数种真实便可脱出这条定轨而交叠生姿，观者也随即能借此拥有一段更宽远的时空——我猜《皇甫岳云溪杂题五首》是一组题画诗。这座如今已不知所在的云溪别墅，或许曾被王维画入一幅辋川图般的长轴绢卷，山中四季便藏于画中小景，也旋即在诗中随缘闪现，既如皆在，也如皆不在。

这是王维对观物经验的重现法门，明日我们谈到佛教，就可以聊得更深些了。

说到这里，不妨简单收束一下今日的谈兴。我们总爱依苏轼说王维诗中有画、画中有诗，但诗与画的关联若全出故意，反落了下乘。印象派画家乔治·修拉说："人们在我的作品里看到了诗意，事实上我只关心我的方法。"对王维来说或者也是一样。每种艺术都需要高度沉浸和反复打磨，才能被心灵托付，诗与画，抑或与乐、与书的交融，本质上都是在与技艺的亲近中对自我日益清晰的觉知。

王维在金碧山水的绘制中感受色与质的匹配，在雪景中寻找水墨的廓形优势，随即借由绘画完成了"侧"与"俯"的切换，悟到了"有"与"无"的不居，并最终将它们融入自我，再流淌到诗中。至于数百年后水墨在一代代文人的加固下引出了南北宗写意写实之争，却是王维所不期，也或不在意之事了。

说到这里，我们便将王维所擅长的音与画简单打了个轮廓。我尽力在技法层面为你搭建了个简陋的现场，但希望你不要凝滞在其中。王维有一首诗说"色声非彼妄，浮幻即吾真。四达竟何遗，万殊安可尘"，色与声，真与妄，都要在轻盈的流动中才能召唤心魂层面的意义。

　　下面我们就借由这首诗为话因，去看看王维眼中的佛教。

第
八
日

王维与佛教：禅宗与华严

身逐因缘法，
心过次第禅。

———

佛教没能安放好他的心灵，却慷慨地给了
他一双佛的眼睛。

说到雪里芭蕉时我们心里就当有自知，终要避无可避地面对佛教这个大命题了。好在命题虽大，却是有无须臾，不至多么压人——聚焦到王维身上，我们就更可以谈得轻盈自在些，不辜负他清净本觉中那一点灵见。

　　不独王维，佛教与唐代诗人之间一直缔结着广泛而不可拆分的联系，它组织着他们的语言，规范着他们的用词，同时也建构着他们的思维。"进则儒，退则道，逃则禅"，它凭空周转于诸有，填补了儒道在现实外种种缺位的解释，也为慧者的思力提供着流动的载体。

　　经过经义分流，佛教渐渐拆出大小乘的分别，在与中国文化的长久交织下又衍生出了多种宗门。[1] 作为在家居士，王维与各宗禅师都有过密切的来往。于禅宗，他既终身沿袭着北宗的坐禅习惯，也与南宗高僧多有论会，王维取字摩诘，《维摩诘经》中"净名杜口""文殊绝言"的不二法门就缘出禅宗一脉。这之外，他隐居嵩山时交好的宗兄温古是密宗的和尚；在长安常去听法的香

1　佛教十宗包括八个大乘宗派，禅宗、天台宗、华严宗、密宗、法相宗、律宗、三论宗、净土宗，以及两个小乘宗派，俱舍宗和成实宗。

积寺是净土宗的寺院；而真正投拜座下、相与学佛的道光禅师又是华严宗的高僧。在宗门分流中，王维并不排他，也没有门户定见，他始终谦卑而好奇，广求博纳，接受着各宗门的雕琢，也始终没有把自己完全交付给其中某一门。

如果你对佛学没有太全面深入的研究，对这些宗门或许很难形成具象的概念——其实对唐代大部分人来说也一样。大部分宗门强调注疏经义，无论是华严宗的"四法界"还是法相宗的"八识"，于理于行，对普通信众来讲门槛都不低，更不必提深奥艰难的唯识宗、咒语隐秘难解的密宗了。只禅宗方法直截而义理简明，稍能被大众接受，遂以种种俗白如话的机锋与公案，为似懂非懂的后人撑持出了一角对佛教义理的想象空间。

有这些简单的了解，我们就可说回王维。时间关系，今天我们只从禅宗和华严宗两个方向切入说说王维与佛教间的关联。落脚既在诗人，便不得不作些枝蔓上的删述，但愿能如佛教追求的"一摄一切"，能让你通过简陋的表述约略感受到王维的见证。

从禅宗说起吧。

禅宗是十宗里最重修心的一个。"禅"这个字是从古印度的梵文 Dhyāna（禅那）音译而来，佛学词典说也曾译为"弃恶""功德丛林""思维修"等，新译又叫"静虑"，总之是一种安静专注的思索状态——是一种状态，而不是一个名谓，或一段时间。

禅是隽永超脱的，是明净穿透的，更是超越因果、离绝逻辑的。参禅的过程可以被理解为努力握住一个个此刻的尝试，正是因为解脱出了一时一地的束缚，无限空间才得以卓然延生。

自弘忍东山传法称五祖，禅宗门下众弟子中有神秀与慧能秀出侪辈，分立北宗与南宗，"菩提树、明镜台"之辩也随即出名。两脉心法各传，最终是惠能的南宗胜出，以心印心、见性成佛的观念也渐渐将信众从繁复的义理和烦琐的仪规中解脱出来，把宗教修持变成见性工夫，希望让人们能更简易直接地找到"真如佛性"。

在大多数人的理解中，南北宗的分别是一个讲顿悟，一个讲渐悟。其实，神秀禅法渐中有顿，自有"悟在须臾，何烦皓首"一面；慧能禅法则是顿中有渐，讲先见道再修道，如婴儿初生，肢体虽具，却也要在护持中慢慢发身长大，顿悟渐修，也并非世俗理解的一锤子买卖。

二者实际的差别主要在于慧能与神秀对人性与佛性关系的认识不同：北宗的神秀认为要通过禅法修行，使人性渐渐靠近佛性，即"定后发慧"；而南宗的慧能则强调二者差别只在觉、迷之间，迷者没办法靠近佛性，而于觉者，人性就是佛性，也即所谓"定慧"等。有个形象的比喻说，神秀的修行观是一条笔直的通路，从自心缘起，到渐悟修持，再到净心成佛，一步步次第井然，没有取巧捷径可走；而慧能的修行观则是一个无始无终的圆环，自性觉时，立足于任一点都可以明心见性，迷者就只能周而复始地在环中空转了。

无论身在南宗还是北宗，悟道快慢都要看个人根器。对于所谓的上根之人，也就是专注力更高、自我察觉能力更强的人来讲，慧能的禅法自然是简洁直接；但对普罗大众来说，倒是遵循北宗的坐禅法要更容易进入状态，二者并没有必然的高下之分。南宗的怀让禅师曾嘲笑北宗说："磨砖既不成镜，坐禅岂得作佛？"但毕竟能不能成镜，本质还是要看它是砖还是铜，而并不在于如何去磨。

王维就恰好生活在南北宗分流的时代，与两宗高僧都曾有过深入的交流。虽然许多人认为聪颖如王维自然会更偏重南宗，但事实上从日常生活与处世方式看，他虔诚本分，步步力行，与北宗的禅法更为亲近，至少他少年时侍母奉佛时，追随的是北宗。

我们之前提过，将辋川庄施为寺院时，王维曾上表称母亲崔氏"师事大照禅师三十余岁，褐衣蔬食，持戒安禅，乐住山林，志求寂静"，这里的大照禅师，指的就是北宗神秀的弟子普寂，北宗法统认定的七祖。

北宗的佛教生活洁净自律，推崇"拂尘看净"，从王维对母亲"褐衣蔬食，持戒安禅"的描述也能窥见一二。《五灯会元》中记载，唐中宗内侍薛简邀请南宗慧能来京时曾有这样一段表述："京城禅德皆云，欲得会道，必须坐禅习定。若不因禅定而得解脱者，未之有也。"显然在王维童年时代，北宗的坐禅法就已经在两京被广为接受了。

在母亲影响下，王维兄弟终身延续着北宗的生活方式：《新唐书》记载王维与王缙"皆笃志奉佛，食不荤，衣不文采"，至晚年安史之乱后，王维更是"斋中无所有，唯茶铛、药臼、经案、绳床而已。退朝之后焚香独坐，以禅诵为事"。独坐、禅诵都是北宗所看重的息妄修心之道，这是王维自青年时起就坚持下来的习惯。仕途失意隐居嵩山时，王维曾有《山中寄诸弟妹》一诗："山中多法侣，禅诵自为群。城郭遥相望，惟应见白云。"有人责这诗写得太过淡漠，丝毫不见亲缘情分，但事实上，通过禅诵入定，破除距离与爱染的迷障，找到心灵空间的贯通，这本是他与弟妹们继承自母亲的禅修方式，也是手足间不需言说的心灵默契。

对王维来讲，坐禅不仅意味着童蒙时期的声形记忆，也是长久以来留存于肌骨的行为习惯。童年记忆可以安抚心灵，行为习惯可以安顿妄相，今天，我们就从直观的坐禅切入，感受一下他身体力行的宗教实践是什么样的。

什么是禅定呢？从外观来看，禅定有点像近年流行的冥想，区别只在冥想需要一个全神凝注的观想对象，禅定则不需要。禅宗不讲察照万物，因为在佛教缘起性空的认知底色里，本来就既没有我，也没有物。若说冥想是二元的，要通过集中意念去强化我与物之间的关联，那么理想的禅定境界就是一元的，物我都是偶然，世界湛然常寂。

葛兆光教授在《禅宗与中国文化》中有这样的描述："在禅定状态中，它要求人们切断感觉器官与外界的联系，排除一切外在的干扰，中止大脑中的其他意念，排除一切内在情欲的干扰，使意识集中一点，进入一种单纯、空明的状态。禅宗认为，只有这样，才能够达到一种理解人生、宇宙终极真理的意识。"

大和尚讲"坚住不移"，要"兀兀如愚如聋"，北宗之所以一定要求面壁坐禅，正是因为这样才能更好地制住逸念。佛教讲梵我如一，追求去妄存真、明心见性，要达到这种状态是需要极大定力和勇毅的，和如今许多人以为的安然怡悦、小资禅风完全不是一回事。

也因此，禅定的习惯并不会给王维带来敏觉声色的观察或温存物我的联系。在北宗的理解里，王维所有借艺术的灵敏产生的细密体察，都是要被破除的幻象。《心经》说要"无眼耳鼻舌身意，无色声香味触法"，而这些被认为该归无的种种，分明都是他的最长处。要把一颗最善感而具灵性的心变回石头，是终一整部《红楼梦》的空间都不能好好完成的一个交代 —— 这不独极艰难，也实在是人间顶残忍的事。

"安禅制毒龙"，想通过坐禅去制住心中的种种贪恋与欲望，借此远离所谓的"颠倒梦想"，这本也证明他正承受着绝大的痛苦，且为求摆脱，甚至愿意一无所有地离开。这是我们要从诗佛安寂的表象之下看到的。

王维的生活一直很简净，他乐于欣赏，但并不热衷于占有，即使没有佛教的规训，也不至沉沦声色享乐。不过，在这样简净的人生中，我们仍能找到一些刻意自苦、不得不借由坐禅忘情的生命刻度：无辜贬出、隐居不遇时（"爱染日已薄，禅寂日已固"，"山中多法侣，禅诵自为群"），恩主张九龄被贬、贤相时代结束时（"软草承趺坐，长松响梵声。空居法云外，观世得无生"），安史之乱事敌被释、惶惶不知所事时（"灭想成无记，生心坐有求。降吴复归蜀，不到莫相尤"）……他的坐禅，往往是在人生绝境中施行的精神自救，从佛教修行视角看，也并不是每次都能成功，在华严宗的影响下，眷爱山水的王维把北宗的"背境观心"改为了"对境观心"，力求在自然中实现自我放空，凝神观照，但因感受力实在太强，便常在独坐时被外界一点虫声鸟鸣、几丛露葵朝槿拖回尘世。

多情敏感的诗人其实并不是适宜禅宗修行的上根之人，即使虔诚如王维也不行。所谓"世网婴我故"，他们被太密集的觉知绑缚，要求挣脱，也当然比常人更难百倍。但也幸好王维在华严宗的影响下，最终没有非此即彼地如贾宝玉般走进那片白茫茫的大地，也不曾因为坐禅的习惯放弃对美的感知，陷入生脏脓血式的"不净观"中——若是那样，也实在是天下诗人共同的不幸了。

前面我曾说王维的创作是他为自己开具的药方（秦观甚至曾声称看王维的《辋川图》治好了自己的肠胃病），坐禅也是同样：病始终没好，他也便不得不持续调服。种种洁净的自持、勤谨的修习，无不是为了最终的自度。其实，这种对症而行的坚守是儒家的思想底色，而非佛家。南宗的和尚便曾很辛辣地指出这一点，《南阳和尚问答杂征义》中记录了一段王维与慧能的弟子神会和尚的问答：

> 门人刘相倩于南阳郡见侍御史王维，在临湍驿中屈神会
> 和上及寺僧惠澄禅师，语经数日。于时王侍御问和上言："若
> 为修道得解脱？"答曰："众生本自心净。若更欲起心有修，
> 即是妄心，不可得解脱。"王侍御惊愕云："大奇，曾闻大德
> 皆未有作如此说。"

王维问神会要如何修行才能得到解脱，神会却说："为求解
脱而修行就是生了妄心，反而是永远不可能得到解脱的。"对这
个回答，笔记接连给出了王维的两个反应："惊愕""大奇"。"大
奇"是他对这个说法的评价，奇特而新鲜；"惊愕"则是他听到这
个说法时的情绪：他的修行正是以求解脱为目的，而如我们前面
说过的，南宗认为破不了求解脱的这重迷障，种种忍性坐修，只
能是圆环内的鬼打墙，永远没办法走到明心见性的一步——这
或者也是王维心底更愿意亲近北宗的原因。

王维并不是后人所以为那个万事不萦于怀的"诗佛"。正因
他温情、敏锐，有其万般关切难舍，有其人生八苦无可超拔，方
成其自我简化的冲动、断想离绝的奢求，艰苦的坐禅，也只是他
诸多选择里看似最有效的一条路而已。"欲知除老病，惟有学无
生"，之于王维，佛教更多是术的选择，从终极层面讲，也未必真
能达到了道的相契。但即便如此，这种虔诚的坚持于他、于我们

156

也绝非没有意义。

在这个过程中，跋涉于长路的王维或者最终不曾得见如来，但进一寸亦有进一寸的便宜。通过"习静"去寻觅空寂，继而在空寂里得到广泛而深远的禅悦，这种境界，也是经历了大决心的坚持才得以获取的。

王维的坐禅不似诸多禅宗大和尚那样，拼着十分的勇毅在击破种种幻象，他在潜意识中并不厌弃这些所谓的幻象，也正因如此，他在坐禅过程中对美的种种解构，也就最终没有像许多禅宗高僧那般指向美的反面 —— 设想王维若为证道而满口"担粪汉""干屎橛""老臊胡"，实在不能不令我辈眼前为之一黑。他始终没有放弃对美的向往，在华严宗的加持下，也更较旁人多走出了一步：领受了比旁人丰富百倍的美后，通过对感官的不断删减与重构，最终将种种察觉全部打散，化入空无。

一入一出之际，人间万物在王维身上完成了远较常人宏大的一场吞吐，继而生成了一种脱离经验束缚，却更普适也更广阔的美学境界。这种打散后的复现，通常呈现为一种超越时空却令人心生愉悦的空寂。

人们往往会将之归于他精深的佛教修为，但其实，反而正由于他与真正修行之人存在着初心上的偏差，有着千般的不能放下，这种空寂中的美才得以为诗所存见，而不是再度消散于虚空之中。

王维最具美学意义的诗，就往往是对这种空寂的留存。

我们以《辛夷坞》为例简单看一看：

木末芙蓉花，山中发红萼。

涧户寂无人，纷纷开且落。

这首诗是《辋川集》中的第十八首，我们后面会专找一天从组诗视角细说，今日只从佛教角度谈。

从语感上看，这首诗气息非常连贯，即使以最无趣的拆字法审视，也堪称一组完美自然的顺周期长镜头。

时间关系我们只说首句。且不提"木末"两个入声连绵字形成了剥啄的声响，如闻春日竹笋抽节、枝条萌蘖，单循字形视之，当前五字也很见自简而繁、次第开放的舒展："末，木之穷也"，《说文解字》说"木上曰末"，自"木"至"末"，本有一重刚极不复、端头思破的意味；而后面"芙蓉"二字自木部转为草头，则如空枝蘧然生叶、发蕾，直似庄周化蝶，绝处逢生。荂（草木之花）曰"芙蓉"，畅茂曰"華"（花），句尾落于花字，蓓蕾便已开到了盛时。无论从字形、字义，短短五个字，都完成了一场经冬复历春的圆满流转。

这句诗用了屈原《九歌·湘君》的典："采薜荔兮水中，搴芙蓉兮木末；心不同兮媒劳，恩不甚兮轻绝。"原相并不圆满：芙蓉水生，本不可能见于木末，一如水中也永远无法采得薜荔，"搴芙蓉兮木末"原是对缘木求鱼的自嘲，是于知其不可为中走向绝望的过程。歌辞语序是先见空花后归立足之所，也合乎这种有所望而不可得的情感底色，但王维的写法却正相反。他是始于穷境，再振生发的：枝极而见叶，叶出而见花，顺理成章且极为平和，令人依势随喜，几乎想不到去质疑，树枝的尽端能见到盛开的芙蓉吗？

此诗题为"辛夷坞"（辛夷即玉兰），王维当然是在用芙蓉花去拟代玉兰的形貌，比喻也不可谓不贴切，但字字特用《九歌》，却是有意在提示读者，如此真切而自然的过程，其实都是幻觉。芙蓉盛放的圆满，本是自不可能中结出的妄相。

妄相缘何而生呢？"山中发红萼。"王维写短章很少用对句，但这句调回韵尾倒装看，其实是著了宽对的：依句意本为"木末芙蓉花，山中红萼发"（"花"即"華"，开花之意，是动词），在一个似真似假、似对未对的连接中，幻象与真实实现了交融——枝头幻化出来的芙蓉已经宛然盛放，而它的实体辛夷花刚刚在山中吐萼。花与萼一后一先，一盛一含，本是一组因依：先花后萼，时序颠倒，则别有种"结空为色"的意味。而为了托出这个转瞬的色相，王维更特地标染了"红"字，这便是出于画师的自觉了。

因花见萼，自幻入真，后句"涧户寂无人"便将真与幻交接到了一处——涧户是山涧旁的陋居，有居所，自然该有隐士，但说到"寂无人"，令人疑惑的反转再次出现：万籁俱寂，这个幻望木末芙蓉、证见山中红萼的人，又真的存在吗？这座处于一片空寂中的涧户，是否也是偶然出现的一个妄相呢？

伴随着这样的疑问，因缘聚散的不居被彻底察觉，观者也最终由定发慧，走向了"纷纷开且落"的见性：一片空寂中，王维最终悟入法界，看到偶然生灭、成住坏空，察觉到了世界本来的样子。

四句诗由假入真，又在真假纠缠之际走入了中道佛性。这种由感受逐步回收，最终境识俱泯、定而发慧的过程，其实便是一场成功的坐禅。

而写辛夷坞，裴迪也有同题诗作：

> 绿堤春草合，王孙自留玩。
> 况有辛夷花，色与芙蓉乱。

吟来亦步亦趋，一样将辛夷比作芙蓉花，一样用了《九歌》的典故，却丝毫不见佛性，这差别便在于诗人的宗教经验。无论最终王维是否"修道得解脱"，但他确实曾无数次庄严地全心全力行过一场场修习。这是"坚住不移"的佛教徒在常年坐禅过程中培养出的认真与沉浸，亦是大多重姿态而惯于恃技欺人的文人所无法复现的。

下面我们再展开说说华严。

若说禅宗更多是从身体习惯方面实现构筑，那么华严宗则更偏重从理论层面丰富智识，王维在诗、画等方面的美学实践，很大程度便得来于华严宗宇宙观的加持。

华严宗成立远早于禅宗，但真正流行也要追溯到高宗武后时代，至八十卷《华严经》译毕，其影响力方开始走向高峰。

高智识者往往很难拒绝华严的吸引。明末四大高僧之一的憨山大师曾说"不读《华严》，不知佛家之富贵"，华严宗虽然义理繁难，成体系、讲思辨，但同时也是最具智性魅力、宇宙视野的一个宗门：无量无边的维度层层展开，无数个世界对应着无数的佛刹土、无量的诸佛菩萨、不能穷尽的法性法相，说不出的雍容庄严，处处散发着智慧的光华。与禅宗一个至简，一个至繁，实虚一揆，相照相成。

为了更直观地解释"佛家之富贵"，我想以《华严经》中的《华藏世界品》为缘，引你看看华严宗的宇宙观。

在《华严经》中，我们所居的世界叫作华藏世界，全名"莲华藏庄严世界海"。它并不是独立的中心，相反，在东、南、西、北、东南、东北、西南、西北、上、下十方，都有世界海相邻而生，海海相连，如高维魔方，至于无边无量。这些世界海形状不同，"或方，或圆，或非方圆，或如水漩洑，或复如华形，或种种众生形者"；体亦互异，有如"一切宝庄严体，或一宝体，或金刚坚固地体，或众香体，或日珠轮体"等。每个世界的运行各有依持，我们的华藏世界就是由风轮持住的。风轮是什么呢？《华严经》中的解释有些像现代科学中的地心引力：近地群星绕地球旋转不坠，大海之水盘四陆周流不飞，都有赖于风轮摄持的力量。

华藏世界有十重风轮，它们各不可分而互为关联，摄持万物于虚空之中，如宇宙诸星能各依轨道运转，不交撞、不紊乱，也不更变。

不知听下来你有没有和我一样的感觉：在归纳这种知其不可知的规律时，华严宗的解释有种现代物理学般森严的建筑美感。即使不习信佛教，人们也很难不被这种一多互摄、重重无尽的境界吸引——推至千年之后的戊戌变法时，接触过多种西洋教育的谭嗣同也依然深深为《华严经》的思想着迷，并在自己的专著《仁学》中试图将它与儒学、科学贯通，用以找到世界的出路。这也可作为华严思想深远而广承的一个旁证。

《华严经》将无量的智慧比喻为帝释天宫中的因陀罗网（indrajala）：那是一张缀满无数珍珠的大网，珠影相互交映，森然万象，互为显发而无穷无尽，如法界缘起，重重包藏而绵延无绝。有意思的是，自20世纪末互联网在我国兴起后，复旦大学的王雷泉教授也提出因特网正可以视为因陀罗网的譬喻，直至今天仍在广为延引——网络让华严宗在千余年前所想象的"一摄一切"变成了现实，而二者甚至连名字都包蕴着相似的词根。

华严宗高僧法藏在为武则天讲法时，曾用十面镜子进行华严世界观的推演：

> 取鉴十面，八方安排，上下各一，相去一丈余，面面相对，中安一佛像，燃一炬以照之，互影交光，学者因晓刹海涉入无尽之义。

镜与灯，形与影，本相的一霎真实与分形的无限可能，这本就是最令诗人着迷的意象，不独武则天大受震撼，恐怕古今东西的慧人都概莫能外。王维会被这样复杂森严的体系吸引，也是自然且必然之事。他不但终生孜孜勤学，也常寻找各种机会与高僧谈法，至晚年仍是"在京师日饭十数名僧，以元谈为乐"。不同于壁坐自苦的坐禅，他在佛理方面的兴致大概已出离了求解脱的执念，而更近乎是在这种极具美感的理论体系中无法自拔了。

王维开始接触华严宗大概在三十岁左右：妻子崔氏去世，为求排遣自度，他拜在大荐福寺道光禅师座下，开始对佛经义理进行系统化学习。

大荐福寺与并州五台山、关中终南山并为《华严经》三大传法中心，携梵本《华严经》来华并主持译经的高僧实叉难陀最终就圆寂在这里，而前面说到的那位以镜示喻的法藏禅师，也正是这座寺院的寺主。

道光禅师早年受业于五台，后来才进入长安，作为外来和尚，他能在法藏之后立足大荐福寺，死后更得门人建塔志铭，可见也是华严宗很具影响力的一位高僧。一斑窥豹，从他身上，我们正可以看一看王维与僧侣是怎样交往的。

道光禅师与王维情谊甚笃，不独为他课经讲法，也常一起赏花吟诗。据其圆寂后王维撰写的塔铭可知，他俗家姓李，是绵州巴西人，有位叔叔李荣是个道士，很具文名，曾数度在长安、洛阳与僧人论辩，也和卢照邻、骆宾王都颇有交往，足见是出身于一个书香有承的宗教家庭，无论诗赋文采还是理辩辞锋，都有门第渊源 —— 华严宗义理繁复，本就是受过高级教育的上流士大夫才有能力修习传承的宗门。

王维性情随和，但眼光品位俱高，倾心结交的朋友少有俗人，这位道光禅师也是位很有理趣的诗僧。王维有一篇《荐福寺光师房花药诗序》，便是为他题咏花卉药草的一帙组诗所作的诗序，可见多有文墨交情。序中描述他的禅房"琼蕤滋蔓，侵回阶而欲上；宝庭尽芜，当露井而不合。群艳耀日，众香同风。开敷次第，连九冬之月；种类若干，多四天所雨"，显然温经之余，道光禅师牵萝植香，"顺阴阳之动，与劳侣而作"，将自己的居所打理得颇具生趣。

王维也是爱花之人，不独爱赏，也会侍弄：后唐冯贽的《云仙散录》说他"以黄磁斗贮兰蕙，养以绮石，累年弥盛"。做盆景是北宗普寂禅师所首创，他爱养菖蒲，"房中以菖蒲种成狮子、鸾凤、仙人之状"，引来许多人叹赏，但论在盆景中养石供花，王维却是史上第一位。循着道光禅师的生活雅趣，王维也为自己的爱好找到了合理的解释："道无不在，物何足忘？故歌之咏之者，吾愈见其嘿（默）也。"循物见道，心喜则歌咏，以无忘得忘，这是种更高级的"觉"。

与禅宗觉迷两端的视角相比，华严宗的宇宙堂皇繁复，对修行者是更为包容的。它超然透视，而不单纯通过非此即彼的切转去追寻见性。华严宗并不否定现象界的存在，也不似禅宗要求

"如愚如聋"，它允许信众从感官入手，完成"一境之中具足万有"的证悟。然而，"空不绝有"的境界比"非空即色"更难达到，也需要更为丰富高超的智慧。

王维诗序当先一句便说："心舍于有无，眼界于色空，皆幻也，离亦幻也。至人者，不舍幻，而过于色空有无之际。"这正是对《华严经》中"一切有无法，了达非有无，如是正观察，能见真实佛"的诠释，也已与南宗和尚劝他的"欲起心有修，即是妄心，不可得解脱"意味相近了。

华严宗的眼睛看到的世界是静谧的，但绝不是死寂一片。它能在生灭之际观照永恒，也能从空无之中感应生机。叶嘉莹教授说王维"写没有生命的山水，却要把山水的生命写出来"，也正是基于这样的观物体验。世界虽是幻影，但仍生动美丽——证若华藏世界的香水海与大莲花，虽然都是般若空观照之下的"幻有"，得之时却仍不妨怡悦欢喜，而不必苦求离绝。对慧有余而勇不足的王维来说，思入华严无疑是比北宗的坐禅法更合宜的入境法门。

在对无数变灭瞬间的察觉中，王维提取到了永恒的色、声、香、味、触法，也渐能将这些不同时同所的美熔归一炉。他仍能见树、见花、见云、见山，但他所看到的一切都已不再是原本的树、花、云、山，而是它们经点化后至高至美的样子——它们好于任何人能拥有的每一瞬间，也便最终脱离了人间的束缚，自而走向了无限。

我们用辋川诗中的《木兰柴》结束今天的谈论吧。它宝光流转而变灭不居，写极简淡的风景，却下了极富贵的笔墨，是我认为极具华严气质的一首诗。

秋山敛馀照，飞鸟逐前侣。
彩翠时分明，夕岚无处所。

木兰柴是辋谷中用来种植木兰的一片山地，位处山腰，很宜远望，故而王维与裴迪写到此处时都没有着笔于木兰，而是不约而同地将目光投向了夕照中的远山。

可以看到，诗中所有意象都处于转瞬即逝的变化之中：秋山是枯与荣的交错，馀照是日与夜的交错，彩翠和夕岚，则是实与虚、色与空的交错。种种交错中，那只追逐前侣划过天空的飞鸟是画面的唯一焦点，但这焦点也是稍纵即逝的：它在追逐前面的鸟，后面的鸟也当会追逐着它，鸟飞的痕迹永远在天空上，而飞鸟本身又仿佛从未存在 ——《华严经》中有一句"了知诸法寂灭，如鸟飞空无有迹"，森严流转而难以名状，便颇有"随其次第，入诸禅定"的意味。

王维在一首坐禅诗中有"身逐因缘法，心过次第禅"之况：非乖非违，念念相随而永无穷尽，在无限个瞬间的交错中空源本觉，这种一刹与永恒的共有，便投射在了这只秋山夕照中追逐前侣的飞鸟上。

王维仍以画家之敏锐留住了瞬间的自性：飞鸟羽色因光而变，随岚而隐，矿石颜料般极坚实的一点彩翠与水墨渲染般极虚晕的一带夕岚互成交映，一分明，一迷散，而就在质地的变换中，色彩悄然而坚决地把美留了下来。

这也是又一种"道无不在，物何足忘"了。

说到这里，佛教的话题便差可告一段落了。这话题包蕴无穷，过分求全反不如随喜漫谈更得真意：看佛光在诗人身上的投射，也比高来高去地睥视虚空要来得可亲。因为目力集中在诗，我们今天聊到的佛教知识只限于非常浅显的一点皮毛，但我相信即使如此，此刻你若回头再去看辋川图、右丞诗，一定仍会有不同的感受。

王维始终坚持着洁净而虔诚的修习，虽然或许没能获得一个终极的解脱，但仍在途中证得了更适合他的美学境界。佛教没能安放好他的心灵，却慷慨地给了他一双佛的眼睛。这双眼睛曾接引他无数次触碰到一个出时空、离红尘的高维宇宙，而王维最终选择用尽自己所有才华，将他在彼岸的种种觉察忠实地复现，再无保留地交还给这个人间。

空山不见人，但闻人语响。每个在王维诗中听到过彼岸这声人语的人，都该为此感谢佛教的赐予 —— 无论对他，还是对我们。

到此，我们终于可以开始谈王维的诗了。明天见。

王维的歌行

洛阳女儿对门居，
才可容颜十五馀。

——

命运打头而来，一个个无力承担其重的人都被随意抛掷在无常之中，那样渺小，那样懵懂，那样局促不安，又曾是那样满怀希望，可最终，他们又都不过是不可知世界中一粒小小的微尘。

前面我们已经从社交、情感、居所、艺术、宗教等种种角度切入过王维的人生，深浅错综，潦草地雕琢出了一个诗歌史上完成态的神影。但任他如何平静地用思力解构时空，其肉身与灵魂也总要一步步蹚着时流走来。在这个过程中，每一步脚印，每种状态，也都自有其意义。

今天，我们就先暂时告别佛教世界里那个静穆的完成式王维，回到他诗歌的起点，看一看这个天才少年曾恃以立足两京的乐府诗。

王维诗名早显，十四五岁笔下便已极为工稳，无论酬答或自娱，都能拿出漂亮的成作。不过，在游陪随扈之外，他的主要目标还是在才华助推下尽早入仕，借此援望家族。要以神童的身份为朝中公贵接受，投门诗中当然就要有更足分量、见施展的作品压卷。大部分人会选择质直端严的五言古诗，而少年王维用的是歌行。

这是个高明的决定。一来得益于前期针对太常寺的礼乐训练，王维在声辞相合方面要较常人多一层乐律上的敏感，这重禀赋最宜通过乐府诗展现出来；二来作为带有娱乐属性的叙事诗，歌行的传播场景也较普通诗歌更为多元：常规的行卷渠道外，它同样可能在饮宴行乐时自然地吸引诸王及名臣注意 —— 李白出蜀后，行卷之作也多以乐府集为主，贺知章赞谓"可以泣鬼神"的，就正是他的乐府古题《乌栖曲》。

五言古诗继承自北齐，歌行则发扬于陈隋。二者代表着南北不同政权的气质，继而为不同族群所偏重。经过初唐一代文人的整合，文体间取长补短，各自生发，并力长出时代的眉目，士族子弟也很快掌握了它们的写作技巧。随着时日推进，不同文体的族群标识已渐渐消湮，但其创作立场乃至读者预设依然存在着微妙的分别。

五言古诗血脉上承汉魏，朴直刚拙，代表士人心声，故而不尚技巧，也少见律句。它的创作内核是诚，诗的声气是真诚的，场景也是真实的，这既是作者的承诺，也为读者所默认。

歌行却不同。相较言志，乐府更强调叙事，因此天然就有虚构性。采诗观风本非纪实报道，当然不能强求绝对真实，能从中见民情、明政失即可。乐府的真实是内核中的真实，它弥漫在虚幻的音声和虚构的铺排里，更近乎用造梦的手法拟合一种更深层面的诚 —— 作者可以把自己的心声妥妥帖帖地安放进去，却不必为歌行中任何人物的言论与立场负责。正是因为这重特性被读者广泛接受，诗人才能获得自由的发挥空间，催养它生长出寓言或戏剧的枝蔓来。

受过系统艺术教育的人很难拒绝这种文体的邀请。它已经不再具有不得不言的紧迫性，但也正因这种非必需的从容，人们才获得更具美学张力的表达空间。每个人心中都有表演的冲动：在虚假的场景中挣脱所有现实拘束，痛痛快快地将真实自我唱作出来。"假作真时真亦假"，歌行就恰为唐代的诗人们提供了这样一个舞台。

元稹曾在《乐府古题序》中列举"诗、行、咏、吟、题、怨、叹、章、篇、操、引、谣、讴、歌、曲、词、调"等十七类乐府诗，从王维自注过年龄的十余首少作看，无论是十六岁所作《洛阳女儿行》、十九岁所作《桃源行》还是二十一岁所作《燕支行》都属其中的"行"。

什么是行呢？你可能对汉魏时的《长歌行》《相逢行》《步出夏门行》《东门行》等诗歌有些印象。在宋代郭茂倩编写的《乐府诗集》中，"行"属"杂曲歌辞"一门，多是乐府采诗收来的民间歌曲。它们经过文人再创作而成体，多为琴歌，也偶有横吹、鼓吹、清商等类，总之是有器乐伴奏的歌诗。后世学者给出了各种各样的解释：张表臣说"步骤驰骋，斐然成章谓之'行'"，胡震亨说"衍其事而歌之曰'行'"，徐师曾说"步骤驰骋，疏而不滞者曰'行'"，等等。说法固不尽同，综其大要却可以看出，在后人共识里，行是在叙事基础上展开的一种音乐生发：它发乎胸臆，无拘无束，流畅自如也极具文学性，有种年轻而昂扬的韵律。

这类发乎民间的曲辞远较传统礼乐有生命力，也顺理成章地吸引了文人的注意。汉人魏晋以来，士人常托拟乐府之名进行各种各样的再创作，至南北朝更为多见（如鲍照的《北风行》《苦热行》, 沈约的《君子有所思行》等)。在士族手中, 民歌逐渐雅化, 延绵成体后再入乐配器, 回归乐府, 自此周流不息。

入唐后, 这些前代收采于民间或加工自文人的乐府便都被归拢称为古乐府了。唐人多爱沿用古题进行再创作, 这种同题翻新可以迅速将诗歌代入一种即成的旧式氛围, 如与古人隔空对语, 既成传承, 又见较量。

李白就是一位写乐府旧题的高手, 比如他的《公无渡河》就是针对古乐府《箜篌引》中同题诗 "公无渡河, 公竟渡河! 堕河而死, 其奈公何" 的再创作:

> 黄河西来决昆仑, 咆哮万里触龙门。波滔天, 尧咨嗟。大禹理百川, 儿啼不窥家。杀湍湮洪水, 九州始蚕麻。其害乃去, 茫然风沙。被发之叟狂而痴, 清晨临流欲奚为。旁人不惜妻止之, 公无渡河苦渡之。虎可搏, 河难凭, 公果溺死流海湄。有长鲸白齿若雪山, 公乎公乎挂罥于其间。箜篌所悲竟不还。

李白保留了古题中白发狂夫不顾妻子劝阻, 执意渡河而死的本事, 又增设出帝尧遣禹治水的上古场景, 让情感和人物都进一步走向具象。全诗笔触壮烈而情志悲悯, 目前多认为创作于李白暮年, 是在写安史之乱后的永王东巡。全诗句法飘展跳荡, 形式上与四言的原作已毫无关联, 但沿用这个母题本身就意味着创作进入了一场巨大的文学惯性：依附其上，有调度能力的作者自能骑鲸捉月，尽情引动这头时间堆叠起的巨兽撞向自己的新目标。

但王维用以投卷的歌行走的不是这一条路。无论是《洛阳女儿行》还是《桃源行》，都无法在古乐府中找到前身的投射，它们都是王维新制的题目。这个才华高绝的少年没有引附一个沉重而即成的诗媒，相较于环绕巨大的母星运转，这时的王维更想做一艘自由的飞船。

今天，我们就借《洛阳女儿行》这首新题乐府走近这个天才少年，一起看看一位不世出的才子经过十年精心准备，在时人面前的第一次亮相。

王维创作《洛阳女儿行》时当在开元二、三年（714—715）间，新皇与太上皇、太平公主拉锯方将结束，朝中尘埃甫定。此前近十年来，大唐顶层在一场接一场的政变中翻覆更替，血腥气弥漫不绝。

祸不单行。天地初定，长安京畿一带又先后遭遇干旱、飓风，连年歉收，玄宗皇帝不得已时甚至动过迁都回洛阳的念头，又因政局未稳而不得不作罢。中枢犹悬，余震之下的官员们谨慎观望，未肯轻易动作，准备干谒求进的少年王维只得奔走于两京之间，积极寻找机会，却时见扑空。

洛阳终没等到迁都的天命。皇帝再次携百官回返已是太上皇睿宗崩逝后的开元五年（717）。王维十六岁时的洛阳就仿佛一个被甩出直线的孤点，在皇帝的背影中渐渐虚化、沉淀，往昔也在繁华与失落的交错间为这个城市的盛衰蒙上了一重梦的影子。

这首《洛阳女儿行》就创作在这样的时代。

这是一首极为流畅的诗歌，但今天我们读它却得下些笨功夫。年轻的才子在这首诗中埋藏了太多伏线，若不一一拈出，我们很难看尽它的好处。

先说诗题。"洛阳女儿"四个字虽不是古题，却较古题抓手更多，能开启非常丰富的联想空间。

大家通常认为歌行题目取自梁武帝萧衍古歌辞《河中之水歌》中的"河中之水向东流，洛阳女儿名莫愁"，诗中女主角也正是"莫愁"形象的延伸。说法自不为错，但我觉得还不完全。

《河中之水歌》中的莫愁家住帝都，是一位人生早早圆满走上正轨的女孩子，"莫愁十三能织绮，十四采桑南陌头。十五嫁为卢家妇，十六生儿字阿侯"，步步皆是既稳且好，只篇尾"人生富贵何所望，恨不嫁与东家王"稍见回转。富贵享尽后，她隐约觉得有些遗憾：盈实的结局来得太早，没来得及经历一份令她期盼与不安的爱情。在后人演绎中，莫愁还有许多新的际遇，如沈佺期的"九月寒砧催木叶，十年征戍忆辽阳。白狼河北音书断，丹凤城南秋夜长"，说她的良人征戍辽阳，十年未归，莫愁只好独守空房，寂寞度日——然而"海燕双栖玳瑁梁"，她的寂寞，也仍是富贵中的寂寞，不脱其大圆满中小缺失的形象伏线。

不过，在王维生活的时代，莫愁并不是时人记忆中唯一的一位洛阳女儿。高宗朝诗人刘希夷有一首《代悲白头翁》，开篇四句

176

"洛阳城东桃李花,飞来飞去落谁家。洛阳女儿惜颜色,坐见落花长叹息"就写到了另一位住在洛阳的女孩:花开花落,无意掀起了命运的一角,她也借此看到了繁华背后生死盛衰的不常,感叹"年年岁岁花相似,岁岁年年人不同",很像是《红楼梦》中听到《牡丹亭》的黛玉。传说这句感慨后来牵连出了作者刘希夷与舅舅宋之间间一段诗杀命案,事虽不确,却可见此诗当时传唱之广。

我之所以说《代悲白头翁》中的女儿不是莫愁,是因为这首诗的开篇明显是在致敬汉代宋子侯的乐府《董娇娆》:"洛阳城东路,桃李生路旁……终年会飘堕,安得久馨香?"住在洛阳城东的董娇娆才是《代悲白头翁》中女主人公的原型。

她与十四岁的莫愁同样在提笼采桑,忙于"纤手折其枝",没时间为随手带落的花瓣伤感,也远未走到可以回想生命的时候——为她伤感的是旁观的诗人。"何时盛年去,欢爱永相忘",他已经为她的命运下了判词:不论自知或不自知,任有多少繁华欢会,青春正好的女孩子终将走向"花落人亡两不知"的结局。这个直面老去和遗忘的终章,就显然要比莫愁的故事浓烈。

历史中尚有许多有名的洛阳女儿,她们美丽的形象跟随深深浅浅的文本交叠在题目中,堆砌起了混沌的期待。面对这个高度提炼的符号,读者的好奇心也自然要比面对一个熟悉的古题时开阔得多。

下面我们便开始谈《洛阳女儿行》。全诗是这样的:

洛阳女儿对门居，才可容颜十五馀。

良人玉勒乘骢马，侍女金盘脍鲤鱼。

画阁朱楼尽相望，红桃绿柳垂檐向。

罗帷送上七香车，宝扇迎归九华帐。

狂夫富贵在青春，意气骄奢剧季伦。

自怜碧玉亲教舞，不惜珊瑚持与人。

春窗曙灭九微火，九微片片飞花琐。

戏罢曾无理曲时，妆成只是薰香坐。

城中相识尽繁华，日夜经过赵李家。

谁怜越女颜如玉，贫贱江头自浣纱。

这首诗的结构与卢照邻那首出名的《长安古意》相似，都是前面用极长篇幅写尽人间繁华，收煞则薄施数句回归简淡，如空花妙发，繁华无数，最终才知眼前从来就只有短短一截空枝。

如果只看故事，我们会获得一个清晰却无趣的脉络：一个女孩年纪轻轻嫁入了豪门，与骄奢无度的夫君过着富贵空虚的生活，与此同时，美貌的西施却无人赏识，不得不贫贱度日——诗唱到此节，倒正合怀才不遇的作者被高调荐出，促成一段"西施宁久微"的佳话，但王维的心胸当然不止于此。当你耐着心走近些，他又会交给你一个完全不同的故事。

我们一句句细看。

开篇要注意诗发生的时间点："洛阳女儿对门居，才可颜容十五馀。"知名度最高的洛阳女儿莫愁是"十五嫁为卢家妇,十六生儿字阿侯",而诗中的女孩子此时也十五岁,正是将嫁人的年纪。

既说"对门居",可见她与莫愁或董娇娆都不同,自小住在城市里坊中,不需要采桑织布。交代出身这三字典出梁武帝《东飞伯劳歌》中的"谁家女儿对门居,开颜发艳照里闾",诗中女孩与王维的女主角年龄相仿,"女儿年几十五六",而诗人已同样在担忧她的未来:"三春已暮花从风,空留可怜与谁同。"可见在乐府的语境中,这已确实是"花开堪折直须折"的年龄了。

女主角的归属顺理成章地出现了:"良人玉勒乘骢马,侍女金盘脍鲤鱼。"看似白描,其实仍是步步有讲头。首先,良人骑的是骢马,说明他是京中的官贵子弟。不同的马匹有不同的身份语境,好像紫骝是平野涉溪的乘马,青骢则是大道行衢的官马。《后汉书》说桓典"常乘骢马,京师畏惮,为之语曰:'行行且止,避骢马御史。'"《孔雀东南飞》中刘兰芝后夫来聘,也是"踯躅青骢马,流苏金镂鞍"。至初唐,杨炯有诗"骢马铁连钱,长安侠少年。帝畿平若水,官路直如弦",那个在京中官路驰骋的游侠少年,骑的也是骢马。

作为官家子,这个良人人品如何呢?恐怕不算好,理由在这句"侍女金盘脍鲤鱼"。

王维典故用得很微妙:"金盘脍鲤鱼"出自东汉辛延年的乐府《羽林郎》,写的是一位"年十五"的胡姬(又是十五岁)被一个名叫冯子都的"霍家奴"仗势调笑的故事。诗中的冯子都步步逼近，当垆的胡姬处处拆招，"就我求清酒，丝绳提玉壶。就我求珍肴，金盘脍鲤鱼"，直到"贻我青铜镜，结我红罗裙"，实在无法敷衍，方才毅然拒绝："不惜红罗裂，何论轻贱躯。"胡姬对少年的骚扰显然很感不适，但她为求自保，仍是卑微而小心，一直在试图周旋卸力，"金盘脍鲤鱼"就是她不敢推诿之下的第二次陪笑。

王维笔下的洛阳女儿是位小家碧玉，不必抛头露面、当垆卖酒，这个暗藏不适的顺从动作便交给了她的侍女，但最终女孩子却没能如胡姬般勇敢而得体地拒绝来者，她半推半就地依从了这个有权有势的少年："画阁朱楼尽相望，红桃绿柳垂檐向。罗帷送上七香车，宝扇迎归九华帐。"

这段故事线同样能找到历史文本的叠影。陈朝周弘正的《看新婚诗》中，女主角莫愁便与名唤子都的少年有一场世俗而美满的缘分："莫愁年十五，来聘子都家。婿颜如美玉，妇色胜桃花。"但幻象中的美满并不能精准地投射回真实，这一韵中，王维稍带讥讽地交代了女孩这场婚嫁的懵懂和仓促。

"画阁朱楼尽相望"是俯视的视角，公共空间的好事者们在饶有兴味地旁观并品评着这场相遇；至"红桃绿柳垂檐向"，视角已渐转私密，男女主角淡出了公众视野，在桃花与柳条的遮蔽下，进入了檐底的私人空间。

私人空间发生了什么呢？王维没有明写，但用了指向性极强的暗示："罗帷送上七香车。"罗帷与七香车这组意象来自梁简文帝萧纲的《乌栖曲》："青牛丹毂七香车，可怜今夜宿倡家。倡家高树乌欲栖，罗帷翠被任君低。"这是一首写男子宿倡的乐府，笔调香艳而极不尊重，正影射了少年对女孩子的态度（《长安古意》中写权贵与歌女的往来亦有"青牛白马七香车""罗帷翠被郁金香"）。

《乌栖曲》的叙事停留在男女欢情浓烈之处，而王维却将画面剪切到了女子送情郎出门的时刻——七香车本为寻欢而来，罗帷翠被间一场露水欢会后，男子也自会驾车而去。好在这位洛阳女儿没有落得被始乱终弃的结局，在半强迫半诱惑中，她懵懂而看似幸运地走向了自己等待的归宿。"暂却轻纨扇，倾城判不赊"，《看新婚诗》中这把扇子，被王维用以一路遮送着女孩走入了富贵人家繁丽的华帐。

"狂夫富贵在青春，意气骄奢剧季伦。自怜碧玉亲教舞，不惜珊瑚持与人。"

婚后的生活热闹而新鲜，但未必是世人乐见的：王维说她的丈夫"意气骄奢"，贵比季伦。季伦是西晋巨富石崇的字，他曾因劝王敦饮酒不得而连斩三位美人，本非怜香惜玉之辈，却终为不肯交出侍姬绿珠而被杀，留下了一段爱情掌故。

今人多道洛阳女儿如莫愁般嫁入了好人家，从此富贵荣华、享之不尽，但从王维的写法看似乎并不完全是这样：她确实接触到了上流社会的生活，但身份却并非正妻，而是侍妾或歌姬，一如绿珠之于石崇。

数十年前，武周时代有位左司郎中名叫乔知之。他家中的侍婢碧玉歌舞妙绝，因此被魏王武承嗣夺走。乔知之悲愤不已，假石崇故事写了一首《绿珠篇》，碧玉见诗末"一代红颜为君尽"的句子，感愧自杀。武承嗣为此大怒，最终罗织罪名，将乔知之斩于南市。在诸武用事的前朝，这只能算血海中一点沫子，但同样因为影映着爱情的凄美，直到王维的时代，这故事仍为时人乐道。

《绿珠篇》是这样写的：

> 石家金谷重新声，明珠十斛买娉婷。
>
> 此日可怜君自许，此时可喜得人情。
>
> 君家闺阁不曾关，常将歌舞借人看。
>
> 意气雄豪非分理，骄矜势力横相干。
>
> 辞君去君终不忍，徒劳掩袂伤铅粉。
>
> 百年离别在高楼，一代红颜为君尽。

文法平平却明白清楚——可能正是因为太过直白，才为诗人招来了杀身之祸。

碧玉这个名字可能来自后人的讹传（《本事诗》记载乔知之有宠婢名窈娘，为武延嗣所夺；《朝野金载》卷二所记二人名则作"碧玉""武承嗣"），而谢朓有诗"清吹要碧玉，调弦命绿珠"（这首诗末二句是"徘徊韶景暮，惟有洛城隅"，再次扣住了洛阳诗题），可见两个名字本就是一对互文。但无论如何，乔知之的死与《绿珠篇》都是真实的。"君家闺阁不曾关，常将歌舞借人看。

182

意气雄豪非分理，骄矜势力横相干"，实则也正是《洛阳女儿行》中"自怜碧玉亲教舞，不惜珊瑚持与人"的传影。无论是从"季伦"的绿珠还是诗中明出的"碧玉"，我们都该看到王维的暗示：洛阳女儿对自己的命运完全无法自主。她是这位"良人""狂夫"乘兴占有的一件精美的玩物，虽以精研歌舞而一时得宠，却终免不了被转送他人的命运。

是的。"不惜珊瑚持与人"，大部分人都没有意识到，早在第三段转韵完结前，这位可怜的洛阳女儿就已经被易手他人了。王维并不相信"狂夫"的真情，石崇曾为与人斗富而随手击碎珍贵的珊瑚，这种人又怎么会对一个美丽却易得的侍婢生死相以呢？清代吴伟业有一首很有名的诗说"掌上珊瑚怜不得，却教移作上阳花"，他看得清楚，对石崇来说，"珊瑚"就是美人，它们都是用来加固主人形象的外物，本质上毫无分别。

"春窗曙灭九微火，九微片片飞花琐"这组意象更可视为分手的明证："九微火"是一种树形九枝灯点燃后的灯光，典出《汉武内传》，说汉武帝"祈王母于宫中，燃九光九微之灯以待"，这"九光九微之灯"，正是天人间的感应灵媒。

"春窗曙灭"，天色欲明，已是王母将归、人天阻绝的时候了。南朝何逊有首《七夕诗》，中有"月映九微火，风吹百合香。来欢暂巧笑，还泪已沾裳……别离未得语，河汉渐汤汤"的句子，就很接近王维给出的情感：欢会注定短暂，一别之后，便是永远的离散。

"九微片片飞花琐"坐实了这重意思：花琐是雕花的琐窗，王母与上元夫人见到武帝时曾指东方朔为窥窗小儿，可见窗的象征正是天与人的阻隔；九枝灯感应有极，灯光一灭，一道琐窗便是自此天堑，温庭筠有诗"九枝灯在琐窗空"，所取也正是王维诗中的这个场景。

新主人能将女子索占，可见地位更高，自王维取典看来，她大概率是作为政治投资被送进了帝王家。"戏罢曾无理曲时，妆成只是薰香坐"，前句由来于徐陵的《玉台新咏序》中"三星未夕，不事怀衾；五日犹赊，谁能理曲"，什么意思呢？是说后宫嫔妃们太寂寞了，她们等待着良夜入侍，却总也等不到；"乐家五日一习乐为理乐"，五天一习乐的间隔也嫌太长，辰光漫漫，无事消磨。今人熟悉"理曲"可能是在《古诗十九首》中的《东城高且长》中："被服罗裳衣，当户理清曲。音响一何悲，弦急知柱促……思为双飞燕，衔泥巢君屋。"燕赵佳人们悲伤地练习着乐技，等待着荡子的转顾，身份虽有不同，寂寞的情感底色却是同样的。在无望的等待中，王维给出了女孩子的结局："妆成只是薰香坐。"萧纲有《伤美人》诗："薰炉含好气，庭树吐华滋。香烧日有歇，花落无还时。"熏香意味着消耗和流逝。她注定要在这样的富贵中孤独地凋谢，无人关心，一如从未开放。

到这里，洛阳女儿的故事已经完结，但少年王维笔健气盛，还要多铺一韵的空间去发发议论。他把镜头彻底切出了这个女孩的生活："城中相识尽繁华，日夜经过赵李家。谁怜越女颜如玉，贫贱江头自浣纱。”

赵、李家，指的是汉成帝的皇后赵飞燕和婕好李平。阮籍亦有"西游咸阳中，赵李相经过。娱乐未终极，白日忽蹉跎"的句子。赵飞燕以歌舞承宠固不必说，李平为班婕好宫人，却以成帝一句"始卫皇后亦从微起"改姓了卫，身上便同样摄有了以歌女入侍武帝的皇后卫子夫的影子。她们同样曾是十五对门居的洛阳女儿，也同样在懵懂的青春里一步步或无奈或有心地凭借歌舞走入了权贵的角力场。只是赵、李成了故事的胜利者，而她们身后，还有着无数"妆成只是熏香坐"的女孩子，在等待中消磨尽了自己的好年华。

尾韵用《东城高且长》中"燕赵多佳人，美者颜如玉"转场，将视线移向一位在越溪边浣纱的、贫贱而美貌的少女："谁怜越女颜如玉，贫贱江头自浣纱。"王维另有一首《西施咏》，曾格外铺陈过越溪边的这样一组形象：

> 艳色天下重，西施宁久微。
>
> 朝仍越溪女，暮作吴宫妃。
>
> 贱日岂殊众，贵来方悟稀。
>
> 邀人傅香粉，不自著罗衣。
>
> 君宠益娇态，君怜无是非。
>
> 当时浣纱伴，莫得同车归。
>
> 持谢邻家子，效颦安可希。

不难看出，他对西施获选秀出后骄奢的态度很是不以为然。"贱日岂殊众，贵来方悟稀"，王维并没觉得从前的西施有什么不可替代的特质，不过是人们在从"贵"这个偶然的结果去倒推她的稀有：意外得宠后，西施的一切都成了好的、对的，自此走在了一条轻捷而顺畅的路上，而昔日浣纱的女伴却还在不断地反思、寻找差距，以为她真是因为颦眉的样子比自己美丽，方才得到了这一切。

君恩无常，但总有人幸运。《洛阳女儿行》篇末那个"贫贱江头自浣纱"的美丽女子或许就是明日的西施，也或许只是终身效颦的邻家子——但只看浣纱的这一刻，她们并无分别。

到这里，这首诗我们就看完了。读来流转自如，可讲来并不轻松，但只有下过这样的笨功夫，把典故脉络一条条捋顺，我们才能真正意识到在这许多华丽的意象背后，王维究竟在讨论什么。

他并没有兴趣去讲述一个莫愁安稳嫁入卢家的老故事，也就谈不到如何为浣纱女愤愤不平，又如何自怜怀才不遇。王维通过这许多事典委婉传达出的情绪更近乎是一种悲悯：命运打头而来，一个个无力承担其重的人都被随意抛掷在无常之中，那样渺小，那样懵懂，那样局促不安，又曾是那样满怀希望，可最终，他们又都不过是不可知世界中一粒小小的微尘。

际遇从不问人的容貌、心事，也不在乎她们的努力或期盼，正如这位住在洛阳的女孩：待嫁之年，她无端被权贵少年看中、戏弄、占有，然后被宠爱、被转赠、被搁置、被遗忘，她经历了富贵，也领受着寂寞，最终在贫贱女孩羡慕的目光中被无用地豢养起来，眼睁睁看着自己的人生一步步收窄，最终走向闭合。她曾试图委婉地拒绝，也曾决心努力地顺应，但这一切与终局并无关系。从头到尾，在那个看不见的庞然大物面前，洛阳女儿没有任何选择的权力——没有个体公平可言，这或者才是命运的公平。

两京奔走的日子里，这个十六岁的少年显然已经见多了升沉的偶然与际遇的怪诞，即使尚未亲身踏入那个名利场，他依然为之感到哀悯和心惊。

这或者才是《洛阳女儿行》这首诗真实的立意。

捋完诗的故事线，我想借乐府这个话头的余兴再谈几句音韵：这时的王维虽然还没有进入太常寺，但显然已经熟练地掌握了初唐四杰巩固下来的歌行写法。

或许要考虑到要拿去行卷，《洛阳女儿行》在段落的建构上比卢照邻对《长安古意》的处理要严谨审慎：板板正正，四句一韵，平仄交加（阴平—阳平、去声、阳平、上声—去声、阴平），放弃了短促不实的入声韵，这样既能确保韵脚扎实稳定，也通过上去阴阳的交叉避免了一偃一仰容易造成的单调。

对习惯了拼音标识的现代人来说，四声的分别不是一个有必要专门去识辨的概念，毕竟学校里都是先明声调再认字的。但对古人而言，厘清既有口语中不同的音位，确实经历了漫长而细致的审辨工作。古人讲"四声八音"，字有平、上、去、入四声，又依清浊各再分出阴阳二音。清浊之间的音差与律吕相关：清指高一律，浊指低一律，二者相差一个标准音高，这就又关乎耳力了。

即使在音乐中，没经过系统训练的普通人也很难精准地听出高低半音的差别，更遑论音高调节范围远小于歌唱的口语。以此，大部分人写歌行都没能力在选韵层面太过讲究，形式上的合律就已经够用 —— 这也是并非所有大诗人的诗歌都会被乐工们选来传唱的原因：对音律不敏感的人写出来的诗文本或许极好，但唱起来可能确实不那么舒服。

所谓清浊轻重，说到底本是人发声时对呼吸和音位的控制，一定程度上说，调整好人的呼吸节律，是可以微妙地左右其情绪的。郭绍虞先生在评价杜甫时说他七律"能在仄声中再严上、去、入之分"，就是说老杜对声律气韵辨别得比别人谨细，并能很巧妙地加以利用。唐宪宗时的《元和韵谱》说："平声者哀而安，上声者厉而举，去声者清而远，入声者直而促。"总结是否精准倒在其次，重要的是四声确实各有独特的气质，也自有它们擅长处理的情感。

平声对应普通话的一（阴）、二（阳）声，绵延稳定（恒清），有种徐徐延展的故事性，适合用来铺陈或叙事；去声通常对应为普通话的四声，自高而降（由清到浊），沉重深郁，则更适合发悲音、表决绝；对应三声的上声音调不太稳定，在语音史上也最易起变化（如上声后期出现了"全浊变去"的现象），有个下沉再振起的转折，欲扬先抑，属于更为复杂的升调（由浊到清），意有不尽，就很适合用来做委婉的情感连接；入声在如今的普通话里已经不存，它的发音方式是在字尾短促收声（短浊），低而至无，有剥啄闪烁的跳动感，也仿似断续的啜泣声，如白居易《琵琶行》中的"江州司马青衫湿"，就是巧妙地用入声把全诗结束在了一响迅速吞下的低微哽咽里，方才更觉余韵不尽。

对早期的歌行而言，韵字是决定句与句间关系的焊点，至关重要。在这方面，《洛阳女儿行》的处理非常讲究。

诗的开篇与结尾都在交代人物的生活状态，于是韵字"居"和"纱"都落在了悠远恒定的阴平韵，不升不降，如流水无终无始，在声调上就将时间向未知的两端延荡开来。入题后，诗的情节推动很快，第二句韵尾音位上扬，转为阳平，增加了一点波澜："才可容颜十五馀。"

七言中第二、四、六字在音韵上的作用至关重要，是以后来写七律有口诀说"一三五不论，二四六分明"。这句诗中，王维在二、六两个关键位置连下了"可""五"两个上声，婉转曲折，读起来且顿且扬，就很带着一些女孩子掩映而自矜的声气。试想如改为去声"才待容颜十四馀"，或入声"才得容颜十六馀"，就都没有这样一种娇憨自得的情味了。

与之形成对比的是良人的出现：先是"玉勒"两个入声字带着马蹄的节律闯进来，随后才有"乘骢"这样宏响的平声把画面拉满，音韵的效果仿佛是先听见几点车铃，再铺开一片红毯。句尾落在上声的"马"字，就与下句形成了更密切的连接，暗示端着"金盘脍鲤鱼"出来陪笑的侍女与这位无故闯入的良人之间的因果关联，倘若换一个去声字来结束，譬如"良人玉勒乘骢至，侍女金盘脍鲤鱼"，气息便中道断离了，与下句的场景关系也便不再那样紧密。

折转和连接，这是上声的妙用。

作为对比我们可以看看下一韵去声的推动："画阁朱楼尽相望。红桃绿柳垂檐向。罗帷送上七香车，宝扇迎归九华帐。"简单读一遍也能感受到，这一节在韵字位置出现了明显的叙述断点。

"画阁朱楼尽相望"，最后一字响亮地终结了外部窥探的视角；"红桃绿柳垂檐向"（顺便说一句，若改为"桃红柳绿"，中腰变上声为入声，就少了一种穿花度柳、欲推还拒的转折感），最后一字又沉重地关上了私域空间的门户——后面的事情诗人显然不想再说下去了。他停了一口气，换用一组连绵的对仗交代了结果："罗帷送上七香车，宝扇迎归九华帐"，去声韵尾再次用一个下坠顿住了节奏，把故事干净利落地转入了下一个单元。

不难看到，王维很讲究上声和去声的分别，切换转场时统一以去声为韵，而前后两句间要下一笔情感或空间的顺承映带时，便往往以上声作为折冲。如后面"自怜碧玉亲教舞，不惜珊瑚持与人"，"春窗曙灭九微火，九微片片飞花琐"，就都是如此。

全诗唯一一处在句中用到入声是在篇尾的"谁怜越女颜如玉，贫贱江头自浣纱"，也很见灵动："玉"字轻轻一点，好像一声吞下的叹息，或者落入水面的雨滴，转瞬拉入尾句无升无降的阴平韵，仿佛一个小小的生命在世界中短暂地出现了一下又转眼消失。试想若将"颜如玉"的韵字改为上声，如"颜色好"，就不免稍见拖泥带水，以至尾韵不响；而若改为去声如"娉且妙"，则声调过重，又稍显决绝了。

种种音韵上的好处，若说全出于作者的刻意安排怕是不现实的。这毕竟是歌行，讲究听觉层面绝对的流畅与驯顺，而不似后来的律诗更多依赖视觉层面的传播，可以通过对文本的倒装、减省去操控声律。歌行中的每个韵字都属于一个既成的词团，它们自有出典，很多更是直接嵌在乐府成句里，若以条件思维先筛选、再排置，诗事之间便很难结合得如此浑然不滞。

认识到这一点后我们不免更要震叹：不同于后来老杜对声律有意的审度和裁量，王维诗中这些音韵精妙的安放大概率只是他出于音乐本能的下意识应用。若说杜甫是一位能物尽其用的帅才，王维则更接近于妙合天机的造物，他的秩序不必通过思维成组织地输出到世界，他的一举一动均能完美地与世界秩序贴合，或者说，他自己本就是世界秩序的一部分。

说到这里，我们就可以简单总结一下了。乐府中的歌行本质上是一种士人采自民间的音乐叙事，经过六朝文人雅化而渐渐形成了一种独特的诗歌范式：它天然具有虚构性，得益于这样一重创作身份的间离与免责，诗人们便可以通过铺排建构，在一个近似戏剧的空间中尽情表达。因这种自由，情感内核上反而更接近真实。

《洛阳女儿行》的文字肌理华美而考究：上自汉魏，下至武周，王维将无数经典的形象与故事尽数妥帖地编织在了这段歌行里。他走笔流丽，却是步步用典，遂至字字均有言外之意。这种讲法亦显亦隐，如一张精巧的双面绣——读者腹笥有别，看到的故事从情节到人物的走向都可能截然不同。王维将故事的皮相安放在了怀才不遇、渴望被上流官贵看到的情绪里，用干谒求荐的进取姿态很小心地遮掩起了自己对宠遇无常的悲观——即使看透了繁华背后的空无，他还是愿意一步步踏着实地向前走，这也是王维向来的处世观。

从音韵看，王维的歌行无论是转韵还是句中都很讲究四声与场景的配合，联结如上声、转场如去声、闪烁如入声，都极合适地出现在了它们最该出现的地方。这些讲究并不出于刻意，也看不到用力的痕迹，它们来自一位从小在礼乐修习中泡大的少年天然的肌肉记忆。后人说王维不可学的，也大多正在这些精致的挥洒之中。

好了，今天的内容实在很多，或者你看来会觉得有些累了，明天我们就舒活一下心力，自文入武，看看王维的边塞诗。

明天见。

第
十
日

游侠与边塞

大漠孤烟直，
长河落日圆。

———

右丞诗卷中,边塞更近似一个精准的切面,
展现了作者技与境两面各自的极致。

《洛阳女儿行》繁复而哀惋，流转而调和，完美地继承了六朝的华丽余绪，可以说是一位聪慧而入世的天才最得体而周全的自证。但这当然还远不足以代表王维。

王维柔和，却不孱弱。他的诗上承六朝，却没有六朝诗那叶上朝露般晶莹稀薄的气质。王维的光晕高贵而饱满，这中间固然投射着他自己的生命，也蘸带着时代的底色：不独斯文，王维同样可以雄武，这自然由来于盛唐元气的涵养。

今天，我想跟你谈谈他偏重豪壮一路的诗歌：边塞诗。

说诗前，先可说说边塞。边塞并不是天然的写作题材，毕竟在中原版图分裂时期，割据小朝廷的子民们其实是看不到边塞的：国界那头，一个个硕大的邻国端然兀坐着。焦点被占得满满当当，远方想象也就无从滋生。只有四顾宇内、顾盼自雄的大一统王朝，才能真正意识到边塞的存在。

边塞其实并不只是一条边境线，它更近于一片广袤的空间带，如沙滩上的潮痕，占据并记录着双方势的消长。要有足够的宽度，才能放视线一点点虚出去。而边塞诗的美，正体现在远眺中那种阔大的模糊里。同样的景深，交给眼睛总比用脚丈量来得美好。若少了这点不切实际的模糊与想象，边塞诗就成了《小雅·采薇》《豳风·东山》这样的征戍诗，虽足够伟大，却再难浪漫。

光热总待火舌跃出后为最盛，边塞诗也是因帝王用武开边之志而日渐风行。大唐以太宗、高宗两朝疆域最为辽阔，到文人深度介入这个雄武的想象，则要后推至玄宗朝开元、天宝之际，正是王维活跃在诗坛的时期。

王维少年时作边塞诗选用的载体仍是乐府，本质上还是一种虚构写作。对生活在两京、不曾亲身去过边地的诗人来说，边塞诗与宫词一样，都是创作者的文学想象，也注定要在戏剧式的传唱中走向类型化。

这类流行诗歌中的主角通常共享着相似的脸谱，他们轻盈豪迈，重然诺、轻生死，不牵滞于家山，也不羁縻于情愁。如骆宾王的"平生一顾重，意气溢三军"，李贺的"报君黄金台上意，提携玉龙为君死"，诗中主角其实都不是纯粹的将士，而绵延着曹植《白马篇》一系的游侠血脉。

边塞游侠投射着长安男儿对实现生命价值的浪漫想象。在这个蒸腾的自我之下，征衣与思妇、故园和杨柳都只能在沉降中消湮，因为超我不需要任何具体的矛盾与拉扯，它是一个方向，也只需要一个远方。

王维少年时也在遥望中做过这样的梦。他写出过十分汪洋恣肆的诗，如"一身转战三千里，一剑曾当百万师"，"拔剑已断天骄臂，归鞍共饮月支头"，"尽系名王颈，归来报天子"，无不快意驰骋，带着沛然勃发的英侠气——当然，也可以理解为没上过战场的天真。读他早年这类题材的作品时，我们能清晰感受到王维释放着素日难见的热情，好像畅游在环球影城中的成年人，即使知道那只是一场虚幻的想象，却依然能在短暂的沉浸中获得快乐。

谈边塞诗当然不能止步于游乐场，但真随他走入塞上之前，我们仍不妨先循乐府余响，看看那段独属于青春大唐的时代梦境。

我想先与你一起读读他的《少年行》。

与《洛阳女儿行》不同，《少年行》是一组由四首绝句构成的连章诗，如戏剧分开多幕，既可以单拿一首出来作折子戏，也可以连本合成一个完整的故事。《乐府诗集》中，这四首诗被录在"言轻生重义，慷慨以立功名也"的《结客少年场行》古题之后，可见它秉持的也是游侠诗的写法。

这组诗是这样写的：

少年行

其一

新丰美酒斗十千，咸阳游侠多少年。
相逢意气为君饮，系马高楼垂柳边。

其二

出身仕汉羽林郎，初随骠骑战渔阳。
孰知不向边庭苦，纵死犹闻侠骨香。

其三

一身能擘两雕弧，虏骑千重只似无。
偏坐金鞍调白羽，纷纷射杀五单于。

其四

汉家君臣欢宴终，高议云台论战功。
天子临轩赐侯印，将军佩出明光宫。

这组诗写的是一位都邑游侠赴边参军，最终立下奇功的故事，起承转合，情节简单干净。大多数人熟悉的是其中潇洒激扬的前三首，但不得不承认，加入了功成受赏的其四，才能最终构成一个完整的王维式游侠故事。

陈平原教授在《千古文人侠客梦》中对这类游侠边塞诗有句很有意思的总结："唐人游侠诗，其叙事有两种基本模式：一以王维《少年行》为代表，一以李白《白马篇》为代表。前者'狂荡—征战—受赏'……后者则'狂荡—征战—功成不受赏'。"其中可能存在对文本的误读，毕竟王维诗中最终受赏的其实并不是游侠，但无论如何，这仍是极精到的类型性观察。

与只求自我实现的李白不同，在王维的世界观中，一段情节的圆满最终要依托于社会的价值认定。当游侠拥有一条可以随时变现的主流出路，他们前期的跳脱不羁就不再如李白式的"十步杀一人""杀人都市中"那样具有危险性，美酒、剑光、鸣鞭、挟弹都可以被安全而漂亮地编织进一段传奇，而不会引发读者的戒备与紧张。这是非常符合王维创作性格的设定。

接下来，我们一首首地看：

新丰美酒斗十千，咸阳游侠多少年。

相逢意气为君饮，系马高楼垂柳边。

李白的《行路难》里也有"金樽清酒斗十千"的句子，与王维的起句都沿用自曹植《名都篇》中的"归来宴平乐，美酒斗十千"，不过，与李白的铺展不同，王维所加的"新丰"二字对原句进行了重塑，也藏下了一些别样的心思。

"陈王昔时宴平乐"，曹植的饮宴是在洛阳的平乐观，王维则特地将这斗美酒挪到了长安旁的新丰县。

新丰是汉高祖刘邦慰父太公思乡之情，命工匠在长安城东南秦骊邑仿家乡丰县所建。较之平乐宫的"斗酒十千"，新丰与酒的组合更易引发的是贫贱和富贵交错无常的联想。

庾信写长安有这样的诗："春余足光景，赵李旧经过。上林柳腰细，新丰酒径多。"昨天我们谈到过起自微寒而"霸天下"的

"赵李家",与她们出身相类的长安儿郎们,日常就多在新丰酒肆间嬉游。最终,他们有的人飞黄腾达,摇身入皇家上林苑追陪游冶,而大多数则不免终身在此浪饮。

对唐人而言,新丰美酒更会让他们想起的是太宗朝的重臣马周。李贺曾在《致酒行》中感慨:"吾闻马周昔作新丰客,天荒地老无人识。空将笺上两行书,直犯龙颜请恩泽。"诗中的马周少年时也是"日饮醇酎,不以讲授为事"的浪荡子。他西游长安,住在新丰时无人看问,"遂命酒一斗八升,悠然独酌"。如此偃蹇多时,"至京师,舍于中郎将常何之家",才最终因偶然为太宗关注而得获起用。因为后来的腾达,马周早年困居新丰、独自饮酒的形象成了令人神往的传奇,也安慰了无数心气极高的困顿少年。

于是,经过一个简单的地名调整,起句"新丰美酒斗十千"就巧妙地蕴伏了更丰富的意思:既保留了曹植《名都篇》中两都儿郎行游饮宴的快意,也埋下了怀才不遇的不甘与盼望。

下一句"咸阳游侠多少年"也有寄托:咸阳与新丰一样不在长安城内,都是踮起脚就看得到权力,却又始终被排斥在主流叙事之外的地方。但咸阳也有咸阳的气质,秦定天下后,"徙天下豪富于咸阳十二万户",大量追同迁入的六国游侠被就地遣散,咸阳就成了这些"失业少年"的浪荡之地。自汉以下,乐府语境中的咸阳少年始终带着一种不安定的反叛性。他们一边在职业惯性中用金弓与白刃塑造着轻生重义的人设,一边如寻找猎物般等待着新的机会。

当这样一群急于寻找新身份的人在充斥着怀才不遇氛围的新丰酒肆中相见，可想而知会碰撞出多么高亢而激昂的一场痛饮。"相逢意气为君饮"，是为君，还是为我？为意气，或为同病？剧饮之间早已囫囵一片，难分彼此——这之后，就是漫长的离别。

许多诗评赞后两句一动一静，用垂杨下安闲的马儿反托酒楼中热闹的游侠，虽不能说是错，但无疑没有重视几个串联意象背后的指向。"系马垂杨下，衔杯大道间"，"举帆越中流，望别上高楼"，无论系马、垂柳还是高楼，都是别筵诗的标配，它们旨在暗示这群意气相逢的少年即将分手，在彼此不舍的眺望中各奔前途。

一群立志要有所作为的少年走入了一场轰轰烈烈的聚散，宴席结束时，未来也即将打开。写到这里，第一首诗就已经顺畅自如地给出了一折非常完整的开篇。

到了第二首，主人公就跟着酒兴与意气走上了前路：

出身仕汉羽林郎，初随骠骑战渔阳。

孰知不向边庭苦，纵死犹闻侠骨香。

"仕汉"对应的是"仕藩"，是说谋职于中央朝廷，而非寄寓于藩王门下。"仕汉"又有多种途径，其中羽林骑人谓"如羽之疾，如林之多"，是皇帝侍卫军，自是最风光的一种，霍去病少年时便曾在此历练，诗中的"羽林郎"指的也正是他。

要提醒读者的是开头的"出身"二字。它的意思与今天大家理解的"门第"并不一样，指的是离家后托身于某位幕主（如李颀的"徒欲出身事明主"即然）。很多人因为混淆了这一重意思，误以为这位"咸阳游侠"入仕当上了羽林骑，但事实上，他只是去长安投奔了做羽林郎的霍去病——羽林骑选自西北六郡的良家子，游侠行走列国，连家世都很难捋明白，更不用说攀察清白。游侠仍是游侠，他们虽然追从着家国叙事，却仍不在主流框架之中。保持与听众间安全的身份间离，这是遵从戏剧性的歌辞最合理的人物设定。

我们再看第二句，"初随骠骑战渔阳"。"渔阳"是对边塞的代指，庾信《燕歌行》中就有"妾惊甘泉足烽火，君讶渔阳少阵云"的句子，那里征战频仍，衣马如云，血光与尘土中闪烁着无数荣耀的可能。而当然，至于很多年后，所有长安的游子都在安史之乱中被迫看到了这座阵云之中的小城，这又是此时王维始料不及的事了。

诗中的"骠骑"指的是做了将军出征边塞的霍去病，前两句一起一承，自朝出边，既指霍去病的迁转，也指游侠的行迹。因为这场投奔，二者被捻成了一股叙事，但诗只有一位主角，篇幅将半，诗人必须完成拆分，把视线聚焦到主角身上："孰知不向边庭苦。"

这句中的"苦"字亦有说是"死"，但无论如何，受苦或当死的都不是将军霍去病，而是追随他的游侠。王维笔下的少年对前路风险看得清清楚楚，却仍是坚定地踏上了征途。

写到此，这首诗面临的难题已经转向了立意的设置：若写成曹植《白马篇》式求自我实现的"捐躯赴国难，视死忽如归"，不免有以客代主之嫌，游侠抢了幕主风头，官贵阶层只怕不会爱听；但若取"孝当竭力，忠则尽命"的主奴叙事，或又会被听者觉得理所当然而心生轻贱，分量不足，难以打开下文。王维的选择是用"侠"的特殊设定拆解这重关系："纵死犹闻侠骨香。"

这句诗化出于张华《博陵王宫侠曲》二首中的"生从命子游，死闻侠骨香。身没心不惩，勇气加四方"。原诗写的是一位贫寒的侠客为朋友义气杀人于闹市之中，宁死不愿受捕的故事。不独王维，李白《侠客行》中"纵死侠骨香，不惭世上英"，李贺《马诗》中"宝玦谁家子，长闻侠骨香"，都影在这重印子里。诗的立意如今看来虽然不再正确，却很精准地诠释了游侠的生死观：为"从游"或"借友"，他们不辞生死，不为任何世俗的利益交换，而只出于单纯的意气相投。

在王维的诗中，骠骑将军霍去病是游侠愿意以性命相托的一位朋友。在"侠骨"这个不存在于真实人际关系中的致幻剂催动下，王维成功地给了情节一个令人神往的推力。

到此我想多说一句：王维或许想过在诗中寄托自己的抱负，但写到此刻，他已不得不放任情节回到制式的游侠叙事了。"侠骨之义"与前面"新丰醉饮"的设定是不能共存的，若想让这个梦做得富有艺术张力，游侠能期待的就只有遵从感性的一场自我完成，而不是马周这样世俗意义中的成功。

这同样可以被看作李白与王维的区别：李白热烈跳宕，遂长于身代；王维冷静耐心，故长于侧写。同样交代一段戏剧式的歌辞，李白可以担纲主演，而王维则更适合做旁白，即使二人讲述的是同一个故事，读者也总会更容易相信李白真的可能去闹市中杀人，王维则一定只是个看客。这固然有历史形象的影响，但更多与二人迥异的禀赋有关。

写到这一步，入世如王维已很难继续用代入的视角完成后续的写作了，他只能退到戏剧的第四堵墙之外，彻底动用理性完善这个故事。于是第三首中，叙述就从第一视角转向了第三视角，王维也顺势调用了自己的设计天才，尽显抽身事外时的高明叙事能力：

> 一身能擘两雕弧，虏骑千重只似无。
>
> 偏坐金鞍调白羽，纷纷射杀五单于。

第三首诗情节非常简单：身手出众的少年游侠在沙场中如入无人之境，以一己之力为将军立下了无上战功。笔法飘逸闲雅，较写老将的"一身转战三千里，一剑曾当百万师"更不接地气，也就更有传奇味。

他笔下的游侠与曹植、张华和李白的诠释都不一样，全程没有任何拳拳到肉的交手，更不见白刃与血光。纯文人的侠客梦往往是距离感的艺术，这也是后来武侠小说中反物理常识的轻功大行其道的原因。不过当然，此时的乐府诗中还不能容纳过多的道家想象，故而要在身手中见姿态，最好的选择就是弓箭。

诗中"雕弧"指的就是雕花长弓。"一身能擘两雕弧"倒不是说他双手各持，左右开弓，而是指两弓并发一箭。贯著这样双倍于常人的力量与速度，才能在重重围困中做到目无全牛，"虏骑千重只似无"。金庸先生曾在《神雕侠侣》中让郭靖在千军之中展示过这样的神技（只是这里郭靖所射乃是一柄长剑）：

> 郭靖接过长剑，取过两张铁胎硬弓，双弓相并，将剑柄扣在弓弦之上，左手托定两弓，右手拉满双弦，随即一放，飕的一声急响，长剑白光闪闪，破空飞去。

这段同出于文人之手的描写就非常准确地诠释了王维诗中的游侠形象：超乎常人的神技能超越现实困境，如无厚之入有间。这固然太过理想化，却因实在符合文学审美而倍令观者神往。

以戏剧视角观之，这首诗的舞台设计也很美。"雕弧月半上，画的晕重圆"（张说《玄武门侍射》），"连星入宝剑，半月上雕弧"（骆宾王《久戍边城有怀京邑》），雕弧与弯月是一对固定搭配的想象，而自"千重"转入"似无"则是写绘水波的笔法。雕弓拉满，虏骑重围，写来明明是千钧一发间事，笔墨却反而下得极淡极静，俨然如勾描一幅月明江上的山水。

这静当然只是一个瞬间，而不是一种状态。淡描中极强的张力，令人按捺不住地期待着下一霎的"破"。而力量既已伏在前面，破势就不必发力了，一停之下，再动则如顺水推舟，云散月明："偏坐金鞍调白羽，纷纷射杀五单于。"

前面写能力时用"擘"，尚见角力的青筋，后面真射箭时却又是"偏坐"又是"调"，浑不在意而慢条斯理。箭的威力往往发于收力放手之时，于是，就在这样彻底松弛下来的表演中，敌酋纷纷落于马下，仿佛少年行游陌上时用金弹打下来的飞鸟。

笔墨勾描后，画家又点了两笔颜色：王维用金鞍在千重虏骑中标记了主角，又以白羽对姿态进行了柔和的提亮：坐的若是银鞍，在"虏骑千重"间就不够夺目；调的若是金镞，则不免带动读者眼周肌轮也跟着紧张。箭尾的白羽让动作在放箭前就舒活了下来，其结果也便顺理成章，不问自见。"纷纷"是个均匀却失焦的形容：显然，箭射出后，游侠就再没有看向他的目标，五位令汉家头痛万分的单于几乎同时遭遇射杀，就仿佛风摇树影、雨落秋山，而于引弓者而言，则已完全成了身外之事。

王维始终没把"事了拂衣去"的动作直接交代给读者，但他调用的所有词汇无不是在这样渲染着：游侠有能力完成所有世俗意义上的成功，可他却偏偏对此毫不在乎。

于是最终，我们看到了一个主角缺位的故事结局。

汉家君臣欢宴终，高议云台论战功。
天子临轩赐侯印，将军佩出明光宫。

大多数唐诗选本都很有默契地忽略掉了这一首，它的笔法乏善可陈，通篇弥漫着一片模糊而俗气的喜庆，而人们期待的游侠也再没出现，想评都没有地方下手。

但这样一首诗，在这组连章中又是必要的。

将军获得的一切封赏荣名，都是游侠在人间的价值投影。若说前三首诗是阴刻，这首诗便是阳刻 —— 王维以轮廓之外的雕琢，在虚空中托出了一个形影，衬底越俗气，越显出离场之人的高举。若没有这重明码定价，读者就很难感受到游侠所不屑获取的东西在人间有多重的分量。

借第四首的话由，我更想与你讨论的是组诗的章法。

若把游侠比作一条龙，这四首诗就是摄录它的一组分镜。第一首写其初生，得元气；第二首写其腾跃，见辗转；第三首写其高举，出风华；至此亢龙有悔，盛难为继，到第四首就索性不再往下交代，而是掉转镜头照向它在地面的投影，把镜头之外的本体交托给读者去想象。四首诗参差错落，共同构成了一篇极具吸引力的成人童话。

在这场创作中，王维艺术处理的尺度把握得很合适，他剔除了游侠从军诗中常见的市井气与血腥气，也磨灭了江湖与庙堂间的身份差等，渲托出一种不构成任何对价的无负担情谊。这种情谊很理性化，它可以被视为一位干谒者委婉而有尊严的声明：我愿尽全力为您臂助，而这一切都只缘投契，不求回报。

他细心地将诗中一切不和谐的毛刺磨平：游侠不再打架杀

人，市肆被虚隔在了文人惯见的高楼垂柳之后，苦寒艰险的战场眯着眼看也美成了一幅月下山水。悬浮的设计营建出了一个自成体系的独特语境，在这里，观者绝对安全，但同时也能领略到稍较平日刺激的情感起伏，这当然不是传奇小说的写法，但作为歌辞却格外合适。

少年时代的王维极富作品自觉，同时，他也不断在作品中通过对盛世与未来的美学想象进行着自我完成 —— 如果王维的仕途如预期般顺利，长任京官，既清且要，可能他终生对边将的认识都将如《少年行》这样挥洒飘逸，去来无碍。

对我们同样大多不曾亲见边塞的后人来说，写到这一重，美学价值就已经足够了；但于写作者而言，这样的作品与他生命间的作用，或还嫌薄了一些。

王维真正意义上的边塞诗创作于中年，而谈到这些诗歌前，我们有必要先回味一下他出塞的背景。

第二日我提到过，弱冠入仕后，王维很快获罪被贬，此后人生最好的十几年中一直求进无路，沉沦下僚，好不容易稍有些起色时，妻子又去世了。他再次灰心隐居，直到三十五六岁才得贤相张九龄起用，擢为正八品上阶右拾遗，回到朝廷任职。

右拾遗隶中书省，品阶虽不高，却是清要官，算是天子近臣，很有前途。只是隔在历史这边看，王维回来的时点已嫌太晚了。

盛世既至，继之而来就是军备需求的催生。战争对财政的渴索必然导致聚敛集团上位，贤相集团失势：随着皇帝对李林甫一党的日益宠信，张九龄、裴耀卿等相继遭忌罢相。新旧两派势力争决不休，最终到了血溅朝堂的地步：监察御史周子谅弹劾李林甫的新搭档牛仙客尸位素餐，却被玄宗认为必是出于裴、张一党授意。最终，周子谅以结党营私之名被"撼之殿庭，朝堂决杖死之"，"绝而复苏，仍杖之朝堂"，有说是当庭打死了，有说是重伤之下出放襄州，出京不远死在了路上。三天后，张九龄也因举荐过周子谅被外放为荆州长史，终生再没能回到长安。贤相集团彻底退出了盛唐的舞台。

王维从右拾遗调任同为正八品上阶的监察御史就是这时的事。上任后，他的第一件任务就是出使河西，代表朝廷对刚打了胜仗的崔希逸进行宣慰，并行"按察抚囚"之责 —— 如果周子谅不死，这件差事可能就是他的。

"按察抚囚"意味着不能很快回到朝廷复命：他要以中央按察使的身份在河西访查狱政、推鞫冤狱，并协助节度使统查户数、租庸地税，一时片刻绝难毕功，而当然，那个时点，在河西避一避朝中风波未始也是更好的选择。于是，王维索性充了河西节度使崔希逸的判官，足足在他幕中待了近两年，直到崔希逸调任回中央，这才离开河西。这是王维唯一一次出塞的始末。

不难想见，在这样的处境中，王维当然不可能回到写《少年行》时那样轻盈的状态。望向边塞时，他心中要掂量与担忧的事太过沉重：靠山外放，前任杖死，而诱发那场血腥弹劾的牛仙客恰是去年刚从河西调来中央。明面上看监察御史仍是清要的天子近臣，但考虑到前事牵扯与王维身上明显的贤相集团标签，玄宗这步调任背后的政治意味其实很可玩味。

他就是在这种悲观的不安中踏上出塞之路的。

碰壁多了，梦想空间自然会受限，没有人是永远的彼得·潘，少年才会做梦，长大了，灵魂就再难飞起来。边塞诗是最依赖生命力的题材，中年人要保持这样的创作状态往往或是始终被顺境护持，天真未失，或是彻底被逆境催发出了愤怒的英雄气，而王维这样柔和随顺的不遇才子，却无疑两样都不靠。

因此，与岑参、高适等人同题材的名篇相较，王维的边塞诗是收敛而朴素的。他并没抱着建功的雄心出边，看似也不很适应和喜爱此间的生活 —— 他只是接受，并想办法让自己消融在这种处境里，一如接受此前无数种其他境况。

若说王维前期的边塞诗是典故与意象层层累加、渐次丰富的魔术，河西期间的诗则更近于情感和笔法步步简省、日臻调和的简章。下面，我们就以《使至塞上》为媒，领略一下王维在边塞的真正体感。

单车欲问边，属国过居延。

征蓬出汉塞，归雁入胡天。

大漠孤烟直，长河落日圆。

萧关逢候骑，都护在燕然。

这是我们大多数人背诵的版本，但诗的起句有个同样有名的异文：《文苑英华》辑录的版本是"衔命辞天阙，单车欲问边"。有学者认为通行版本可能是王维编订诗集时的改作，《文苑英华》版则更加接近初出塞时的创作情境，我也认同这种说法。

两个版本背后的情感力度有明显的差异：苏武归汉后受封典属国[1]一职，人称"苏属国"，而"居延"正是他当年出使时持节流落之所。唐人有诗谓"漠漠平沙际碧天，问人云此是居延。停骖一顾犹魂断，苏武争禁十九年"，一过此地，便是再难回头的茫茫困窘，就中悲凉哀怨，不问可知；反观"衔命辞天阙"则把情绪压得很平，看似只是在解释自己为什么出现在这条路上，一点分外生发的空间都没给。

两个版本可以被视为时间流的上下游："衔命辞天阙"是出行前，尚带意气风发之志；"属国过居延"则是远行后，渐生来日未卜之忧。自当时处境看，王维的情绪当然更接近后者，但下笔时恐怕只敢说到前者，他比谁都更能敏感地意识到"属国过居延"的表述会带来怎样的暗示，解读空间中又潜伏着多少危险。在那个万事不如一默的时点，放任这首诗流传前，王维显然进行了风险的拆解，《文苑英华》这版，就是个很好的样本：既是"衔命"，

---

1 典属国主要负责与少数民族的交往事务。这一官职最早创置于秦汉，初由熟悉边事的官员担任，秩二千石。汉武帝时期，又增设诸属国以处理内附的匈奴，各置都尉，皆隶于典属国。

单车赴边就不再是境遇，而成了职责。这种派遣的关联一旦确认，那个怨望所指的"天阙"也便旋而被置立于苏武背后，成了他受命独行的底气与依托。

这种审慎的分寸感是被官场一点点打磨出来的，也是大部分满怀壮心奔赴边塞镀金的诗人所不暇顾及的。王维的青春期比他们都短得多，是以作边塞诗时，也远较他人思虑细密。不过，与此同时，他仍然没舍得在开篇就彻底放弃情绪 —— 王维把它保留在了"单车欲问边"里。

这一句的典故同样来自苏武。千辛万苦还朝后，苏武曾写信给降将李陵，劝他归汉，信中说"汉与功臣不薄"。李陵为此作《答苏武书》，里面有这样一句话："足下昔以单车之使，适万乘之虏，遭时不遇，至于伏剑不顾；流离辛苦，几死朔北之野。"你当年孤身出使，何其艰险，九死一生之时也不见有人顾你死活啊。

李陵全家被武帝所杀，回信里带着明显的怨气，而这段原文本也可以被视作王维真实感受的投射。无论是简从出使的艰难，还是忠节不遇的寒心，故事中的每样委屈，都可以在这次匆促出塞的始末中找到影子。

了解到这重小心埋藏的深怨，我们就可以再往下看了："征蓬出汉塞，归雁入胡天。"

上句仍写"单车欲问边"的意思，只是以客体代主体，进行了意象化的叙事间离，换言之，平起推到颔联，王维终于准备开始写诗。

征蓬的比喻始于曹植的《杂诗》：

转蓬离本根，飘飖随长风。

何意回飙举，吹我入云中。

高高上无极，天路安可穷。

类此游客子，捐躯远从戎。

毛褐不掩形，薇藿常不充。

去去莫复道，沉忧令人老。

不难理解为什么王维此时突然想到了这首诗："离本根"的身世、"回飙举"的遭逢、"安可穷"的倦怠、"远从戎"的现实……字字句句，无不与他此时处境十足贴合。但曹子建的诗愈沉愈深，最终化为胸次一片积郁，王维却不甘止步于此。

他在下句启动了自救："归雁入胡天。"

他的五律通常很少在颔联用对仗，一如禅定，到达理想状态之前，往往需要一段漫长的入定过程。对此，王夫之曾在《唐诗评选》中说："右丞每于后四句入妙，前以平语养之，遂成完作。"但这次，却正是过早介入的对仗思维把他从绵长的自伤里解救了出来。

长安居住着无数胡人，他们返乡与王维出使走的是同一条路，即丝绸之路北道的乌兰路。他们要从都亭驿出发，过邠、泾、源、会四州，再经会宁关渡河……同是自汉来胡，但于汉臣是如征蓬之"出"，于胡人却反而是归雁之"入"。当王维抽离自己的身份，站在"入"的立场重看这趟行程，就获得了迥然不同的视角和心情。

常有人说这组对仗有合掌之失，因为征蓬和归雁两个比喻说的同是出塞这一件事，我觉得这理解既对也不全面。一正一反两种立场，好像两束相向的灯光，它们并力破除了暗面的桎梏，才将诗的叙事起出了开题孤怨的惯性，平等观也自此滋生——想用造物之眼平静地看天地，就必须先要泯灭"我"与"人"之间的分别心。"归雁入胡天"的功用就在于此。

接下来我们说说历代诗人无不束手服膺的颈联："大漠孤烟直，长河落日圆。"

联尾的炼字几乎征服了所有人的心，有言"极锤炼，亦极自然"，有言"五、六苍亮，骎骎气分，写景如生，足为名句"，直至《红楼梦》香菱学诗时仍专拈出了这两句："想来烟如何直？日自然是圆的。这'直'字似无理，'圆'字似太俗。合上书一想，倒像是见了这景的。若说再找两个字换这两个，竟再找不出两个字来。"

客观地说，"直"与"圆"之所以令诗家普遍觉得新鲜有力，主要是因为相较诗语，它们更接近画论：下这两个字时，王维似乎无意传达自己作为欣赏者的实时感受，而更像是提出了一种简洁的创作准绳。换言之，这两个字来得并不松弛，反而小心翼翼，近乎是欣然看它成型又时刻怕它崩坏的状态。

这是接近造物的状态。不知你的感受如何，我自己读到"大漠孤烟直"的"直"字时，最先感觉到的是一种微带紧张的不苟，好像同时包含着提与按两种力道起伏的一笔竖画。可以想见，当整幅画面落入眼中，画家立刻敏锐地意识到了这一道孤烟的重要与完美，而情不自禁地绷紧了身上肌肉，盼望着这种美的平衡能端端正正地维持得更久一些。与之相反，"长河落日圆"的"圆"字则仿佛搁笔前的点睛，饱含着对成作的期待与自信——为了最终的圆满，创作者奋起了所有的余勇，并终于在这一笔完成后长出了一口气。

这种表述可能会让你觉得有点抽象，但即使你没有类似的感觉，我也想顺着这个表述更清楚地发掘一下两个字的好处。

前面我提到画论和诗语的差别，本质上就是在说，"直"与"圆"都是功能意义大于感官意义的词汇。它们解决的是人们最原始的表达需求，只描述第一感觉，不负责提供正面或负面的情感导向——也可以说，它们是诗语的前辈。

人来到这个世界上时是没有自我觉察的，要对外物有充足的认知，才能慢慢感知到自己，提取出"我"这个概念，这之后，诗才会出现。

我国士人对诗的第一需求是言志，并将之视为自我精神的外延，因此，诗的本质是一种主观的消费型艺术；而与之对应，在文人画的观念出现前，画师的第一要务则是生产。消费者对自己负责，生产者对产品负责。一定程度上说，之所以常有人说王维的诗"发秀自天""非复人间笔墨",或许正因为力行画事后,他作诗时往往有种其他诗人不具备的生产性思维。

王维写画面时很善运用一些"画论"型的词汇,它们不雕塑情感,只刻画物象,清晰利落,有很强的执行意义。如"墟里上孤烟"中的"上","白云回望合"中的"合","日落江湖白,潮来天地青"中的"青"与"白",或说笔势,或讲设色,几乎都是可以被看作绘画的法式。

这一联的视角也同样更近于观画:自大漠而至孤烟,自长河而至落日,无论是平面被凝聚至一线,还是一线被凝聚至一点,视域都没有出现任何偏转。好像只是瞳孔自放而缩,从泛览,到聚焦,将天地万物减省到画面最重要的部分,然后把笔墨收束进这一瞬里。

很多学者致力于讨论诗中的"孤烟"到底指什么:是沙漠龙卷风笔直而上的激沙,还是边塞将士们烧起来的狼烟?若是狼烟,那么是报贼烽,还是平安烽?它预示着边虏来袭,还是大唐宣威?看到这道孤烟时,人们是该恐惧还是该欣喜?但最终大家都没有定论。

一切会落入情感的因素都被王维自画面中剔了出去。天行有常,不为尧存,不为桀亡,创作者只为作品的质地负责,而无意在其中为自己的观感预留位置。

《使至塞上》的尾联被王维交给了时间。

我们看到,自开篇受命辞阙起,王维就一直在个体层面做减法：颔联化解了情绪，颈联减省掉主体，到长河东去、落日西沉时，诗已被彻底"无害化"地交还给了空间——这时，也就到了创作者该放手的时候。

"萧关逢候骑，都护在燕然。"

这一联化用自虞世南《饮马长城窟行》中的"前逢锦车使，都护在楼兰"，于出使诗歌而言是很得体的收煞。但同时，萧关与都护轻盈的交错，也最终完美地将诗的空间彻底折叠，抛入了下一个维度："单车"在行走，世界也在流动，正将到达目的地时，却突然获知那里什么也没有。要找的人，还在千里之外。

诗结束在了这里。没有人知道当他抵达"燕然"后是否又会迎来新的错过，以此，这场"问边"的尽头也便指向了远眺中灰茫茫的未知，一如"边塞"这个概念本身。

两年河西之行间，王维还创作过许多诗歌，有采风，有写生，有颂圣，有赠别……边塞诗人的称号也从此彻底奠定。但一首首这样看下来你可能也会发现，他的创作其实一直没有被边塞这个主题驯服。

早在《少年行》的时代，王维就敏锐地察觉到边塞题材的特点，也迅速掌握了写好它的法门：咸阳游侠、骠骑将军，瀚海云翻、清笳月落，黄尘里的大旗、画戟上的寒光……他熟悉每种意象的张力，也清楚每个典故的律动。在极高明的调驯下，他可以在这种类型写作模式下稳稳地驾驭任何情感与故事——可真正来到边地后，王维反而不再愿意遵从这种叙事逻辑了。

他的边塞诗不再试图抒写抱负、阐发主张，既不表忠，也不卖惨，总之几乎是避开了这个题材最擅长的所有方向。他对官场看得已经足够明白，自然再难如岑参、高适他们那样满怀期待和向往地讴歌这段境遇。当热血已经冷却，冀望沉入空无，这个被一代代歌行击节传唱出来的幻境也就彻底破灭了。

他把左右过自己少年想象的种种文字背后的物象在它们的来处认真摹写了一遍，于是，这批真正诞生在边塞的诗歌本质上也就更接近风土察辨与世理参悟，和中年王维在朝或在隐时的作品如出一理，并无分别——与其把它们定义为边塞诗，倒不如说它们只是"王维"这个诗核的某一种法相。

说到这里，我突然想起高适在河西时也曾有首写大漠落日的赠别诗，其中颈联是"出门看落日，驱马向秋天"，健美轻快，英气勃发，既有时不我待的紧迫，也有建功立业的盼望，与王诗气质的迥异跃然可见。高适将自己如小石子般奋力投入了大时代，与王维相比，也许这才是更接近盛唐之音的边塞诗。

右丞诗卷中，边塞更近似一个精准的切面，展现了作者技与境两面各自的极致。从这个层面来说，少年时的标准与中年时的不标准都同样值得玩味。明天与后天，我打算分别从应制诗与隐逸诗两个截然不同的场域，进一步跟你聊一聊王维在两种处境下对写作的不同处理方式。

明天见。

第十一日

应制诗中的自我安放

云里帝城双凤阙，
雨中春树万人家。

———

彻底隔断自己作为个体与君王间所有必要
的心灵关联后，王维就在应制诗中获得了
一点无关紧要的特权。

昨天，我们以边塞为断面剖开了"技"与"境"的差别——两个端点落到诗上，其实就是诗评家们常说的"言"与"意"。

庄子说"蹄者所以在兔，得兔而忘蹄。言者所以在意，得意而忘言"，认为意高于言，而言为意生。这段话很易得文人认同，陶渊明"此中有真意，欲辩已忘言"的遗憾中，无疑就藏着言意取舍间微妙的自得。"言"有器用性，而"意"更个人化，不易提取的东西总会显得更高级。

但我们始终不能否认，诗本质上仍是言的艺术——至少，人能通过主观能动性去开发与探索的那一部分仍属于"言"。三千年来，诗的表达边界经历了无数次拓展，新的体例应运而生，继之被新的标准凝固、安放。诗的萌动或许源于"意"的翻涌，但其每次生长、每重突破，都要着落在新的"言"上。具象一点说，在世界上只有杯子的时代，当你做出了一只碗，即使里面还什么都没有盛放，它的形状本身也已形成了一种新的表达。

今天，我们就对王维诗中的"言"做一次提纯，看看当"意"的扰动被排除后，这位以意境名世的诗人在语言层面拥有什么。诗是人的光晕，要获取这样的实验室状态并不容易，但好在唐代也专有一种去个体化的创作环境，很适宜做我们这次观察的载体。

我指的是应制诗。

作为君臣酬答的官方产物，应制诗辞采典丽，但内核单一。它无限强调文学氛围，但本质还是一种公务活动。

没人会指望诗人用应制诗交代出多么高明的立意。相较于文学创作，它更像是皇权空间的软装，为森严的建制幻生出柔和的观感。儒家所谓的大同盛世需要一种想象，能使上位者不寡、下位者不卑，唐代君王多具诗才，酬唱也就成了最合宜的幻术。

君臣间的酬唱本质上是一场由诗进行主导的氛围虚构，臣子诗题有"奉和""应诏"至"应制"的，都是这种文学盛会下的产物。"奉和"往往指皇帝首唱、臣子酬和之作，"应诏""应制"则意味着皇帝不作诗，只命题，由臣子们分韵竞作。上好下兴，王族们身边也有自己的文学团体，随之派生出酬和太子的"应令"诗、酬和诸王或公主的"应教"诗等。王维前期追陪诸王，就写过许多应教诗，如《敕借岐王九成宫避暑应教》《从岐王过杨氏别业应教》都在此类。

在应制诗的创作场域里，君臣都戴着文朋诗侣的面具，把尊卑主从解构成了一场风雅的文学共识。每个人都在专注地饰演，也都对角色背后的真身心知肚明。于是，这种文体也就出现了表面与内核两个维度的语言标准。

内核自然是诗的表达不能悖于舞台下的真实，但在这场演出中，能拿上台面的表面标准仍在于文学性。

去个人化后，"文无第一"的认知随之被打破 —— 应制诗写就，往往立刻要面对当席品评。我们第五日提到过的宋之问就是应制诗赛道的一员劲将，他曾多次在应制承选时拔魁，留下许多很具传奇色彩的故事，其中最有名的当数力挫东方虬的"龙门夺袍"和技压沈佺期的"彩楼评诗"。我们可以从记录中看到斗诗现场的激烈程度：

> 则天幸洛阳龙门，令从官赋诗，左史东方虬诗先成，则天以锦袍赐之。及之问诗成，则天称其词愈高，夺虬锦袍以赏之。
>
> ——《旧唐书·宋之问传》

> 中宗正月晦日幸昆明池赋诗，群臣应制百余篇。帐殿前结彩楼，命昭容(上官婉儿)选一首为新翻御制曲。从臣悉集其下，须臾纸落如飞，各认其名而怀之。既进，惟沈、宋二诗不下。又移时，一纸飞坠，竞取而观，乃沈诗也。及闻其评曰："二诗工力悉敌。沈诗落句云：'微臣雕朽质，羞睹豫章材。'盖词气已竭。宋诗云：'不愁明月尽，自有夜珠来。'犹陟健举。"沈乃伏，不敢复争。
>
> ——《唐诗纪事》卷三

后来者诗若更好，就能让得赐锦袍的文坛领袖当席脱衣；而水准稍见不济，也不免眼看自己的诗稿被从彩楼上扔下，灰溜溜去认名拾回。这样激烈的斗才场面到玄宗时期已不多见，但文人间暗涌的争胜张力却一直存在：角斗场中，名极一时的才臣也不免作困兽搏，竭尽心智去捍卫自己的文坛名望。在一定程度上说，诗体走向律化的定型，少不了这批顶级文人的好胜心。

作为竞争型文体，应制诗的评判标准很清晰，无外乎主题、结构、文采、情感几个方向，诗既然称"应"，自要应时景、切事题，不能只是空来空去的颂圣。每次应制酬唱都有主题，诗人先要交代清楚创作背景，提取出重要元素，再施辞采铺展周旋。

应制诗的结构非常简单，通常是三段式，首段见题，中段赋题，末段结题；对应到后来的律诗，就分别变成了首联、中间二联和尾联。沈宋时代，律体还没完全成型，应制诗常以五言六韵为主，三分法的呈现就尤其均匀，每两韵为一段：第一段介绍时间地点；第二段铺陈事典景物；第三段落回颂圣，就可以完篇了。

为了让你能具象地感受到应制诗的创作场景，在这里，我们举前文提到的沈宋争锋之例实际看一看。

彩楼评诗那次的应制题目是《奉和晦日幸昆明池应制》，可见是中宗李显率群臣赴昆明池春游，作诗后向随侍群臣索和（结合当时"婉儿每代帝及后、长宁安乐二公主，数首并作，辞甚绮丽，时人咸讽诵之"的记载，中宗的首唱也可能是出于上官婉儿的代笔）。当时参与应制作诗的不下百人，如今所存除沈、宋之作外，还有苏颋与李乂的两首，我们一并对比来看看。

读诗之前，我们先介绍一下题目中的两个关键词：晦日和昆明池。

晦日指每月的最后一日，因月末时月光晦暗，故以"晦"为名。在唐代，正月晦日曾与三月三日、九月九日并称"三令节"，官方有聚饮泛舟之俗，民间亦有洒扫送穷之说。中宗君臣这次游玩，显然就是正月晦日例行的春宴。

昆明池，是长安城西三十里外一处很有名的古迹。它原是周朝灵沼的所在地，汉代武帝为征云南，扩凿"以象滇池"，以昆明为名，用以演练水军，遗迹至唐犹存 —— 后推至清代，乾隆帝将玉泉山下的西湖改名昆明湖同样是出于对汉武帝的致敬，而最终醇亲王奕譞将北洋水师的钱挪去修颐和园，背后依循的也是昆明池与水军的这重联系。

昆明池应该是很宽广的 ——"昆明"这个名字构字也很阔大：昆为日头，明为月傍，潘岳在《西征赋》中说"日月丽天，出入乎东西，旦似汤谷，夕类虞渊"，就赞它浩如天河，能涵日月。开凿昆明池时，据闻掘至极深处时不见泥土，尽为灰墨，东方朔说"试问西域人"，至汉明帝时方有白马寺僧法兰给出了解释："世界终尽，劫火洞烧，此灰是也。"于是就有了昆明劫灰这个词。今人猜想，这片灰墨或是修池千年前镐京一场大火留下的焦土 —— 昆明池占据了西周镐京遗址的一部分，也就承袭了周朝王政化人的寓意。传说昆明池建好后，武帝来游玩时曾见到一拖着钓纶的大鱼，于是取下其唇上鱼钩放生，三日后重来时却在池滨拾获一双明珠，原是这条鱼报恩来了。

　　昆明池东曾建豫章台，可以瞻眺远景，池中又有豫章木所建大船，沈佺期那句被上官婉儿指为"词气已竭"的"微臣雕朽质，羞睹豫章材"，取意就在于此。池中又筑有两个石人，"东西相望，像牵牛织女"，又"池刻玉石为鲸鱼，每至雷雨常鸣吼，鬐尾皆动"，杜甫《秋兴》诗中有"织女机丝虚夜月，石鲸鳞甲动秋风"，所指就在此处，而彩楼评诗这次应制，诸臣诗句中也均有指举。

　　现在，我们就看看这次应制流传下来的四首诗。

春豫灵池会，沧波帐殿开。

舟凌石鲸度，槎拂斗牛回。

节晦蓂全落，春迟柳暗催。

象溟看浴景，烧劫辨沉灰。

镐饮周文乐，汾歌汉武才。

不愁明月尽，自有夜珠来。

　　　　　　　　——宋之问

法驾乘春转，神池象汉回。

双星移旧石，孤月隐残灰。

战鹢逢时去，恩鱼望幸来。

山花缇骑绕，堤柳幔城开。

思逸横汾唱，欢留宴镐杯。

226

微臣雕朽质，羞睹豫章材。

——沈佺期

玉辂寻春赏，金堤重晦游。

川通黑水浸，地派紫泉流。

晃朗扶桑出，绵联杞树周。

乌疑填海处，人似隔河秋。

劫尽灰犹识，年移石故留。

汀洲归棹晚，箫鼓杂汾讴。

——李乂

炎历事边陲，昆明始凿池。

豫游光后圣，征战罢前规。

霁色清珍宇，年芳入锦陂。

御杯兰荐叶，仙仗柳交枝。

二石分河泻，双珠代月移。

微臣比翔泳，恩广自无涯。

——苏颋

　　代入上官婉儿的视角，要迅速品评一百多首同题诗的优劣，恐怕没时间一句句细看，"须臾纸落如飞"的记载也证实了这一点。这时，应制诗三部式的结构就可以被拿来利用了：彰显辞采的铺陈既然主要在中段，婉儿就完全可以只看每首诗的第三、四韵，先将赋题不稳、文采平平的全部淘汰掉。

我们不知道苏颋和李乂的诗淘汰在哪个阶段，但与沈宋相较，他们的中二韵确实粗糙得多。

先看李乂的诗。"晃朗扶桑出，绵联杞树周"上伏"日月丽天"，下用"树以柳杞"（张衡《西京赋》），都在贴着几篇汉赋周旋。以文生文，不下实笔，本就落了用典的下乘，到下句时，气力也显见不济了："乌疑填海处，人似隔河秋"，前用精卫填海，后取牛女隔河（天河又称"秋河"），写来写去，说的都是水面宽阔一件事。联中"海""河"重用，以水写水，本就呆板，而出句的事典更与昆明池毫无关系，就又有落题之嫌，更不必提牛女元素到后面"年移石故留"又用了一遍。总之拦腰一扫，就能看出这首诗的作者命笔艰难，不具捷才。

苏颋的诗则在另一个极端，最该铺陈的地方，他却一个典故都没能用出来。"珍宇""锦陂"，珠光宝气，写天写水分明是盛春景象，不合"晦日"时令；至于"御杯兰荐叶，仙仗柳交枝"就更是华贵而空洞的套话。苏诗把入题与结题都压到了一句（第一句、第六句），典用在了第二、五两联："豫游光后圣，征战罢前规"写豫章大船；"二石分河泻，双珠代月移"写牛女双石与恩鲤衔珠，但前句平铺，全无他饰，后句以"双珠"对"二石"，也实在板滞，即使上官婉儿愿意再多扫两句，恐怕也不会以为高明。

相较而言，沈宋的处理就更为合度。

先看沈佺期的作品。"战鹢逢时去，恩鱼望幸来。山花缇绮绕，堤柳幔城开。"前句援用的同样是演练水师、恩鲤衔珠两个典故，但一去一来，前威后恩，就有不战屈兵、四海归化的气象；后句写景，山花堤柳，前用武而后敷文（缇绮是皇帝侍卫武官名），从禁卫森严写到君臣宴乐，也是由谨转宽，大开视野。两组对句从开边到望幸、入廷禁，终至雅集，如偾张的鳞甲一点点放平，从紧绷到优容，盘曲流动，气度自显。

沈佺期的对句非常讲究：与鱼对则用鸟，故而不说斗舰，而作战鹢。伴驾泛舟，颂圣常讲天恩浩荡、鱼鸟亲人，苏颋的"微臣比翔泳"就取了这重意思。沈诗也用鱼鸟，却不因境废墨，只在两个典故中各取意象，一笔扫过，就比苏诗潇洒高明。

再看宋之问。他的中间两联同样流转从容："节晦蓂全落，春迟柳暗催。象溟看浴景，烧劫辨沉灰。"

蓂是传说中一种生于唐尧阶下的草，月初每日生一荚，至月半满十五荚后再每日一落。逢三十日的大月，十五片到月底正好落完，逢二十九日的小月则会留下一片，焦而不落。宋诗的"蓂全落"扣的就正是题中的"晦日"。多说一句，施蛰存先生说宋之问扣题严密于沈，因为沈诗没有涉及晦日，这个观点我倒不大赞同：沈佺期第二韵"孤月隐残灰"也在写晦日，且与昆明劫灰之典结合浑然；相较之下，宋诗用与昆明池原题无涉的"蓂"典颂圣，属于以晦日写晦日，就比沈诗显得刻意。不过，好在对句"春迟柳暗催"救得稳当，将晦日"蓂全落"的早春萧条之景引入期待，一个小跌宕间，将这株唐尧阶下的小草随春天生长化入万物，就不至于太过跳眼。

宋诗好在下一联气象实在渊渺："象溟看浴景，烧劫辨沉灰。""溟"即海，"浴景"写的是日出，潘岳有"且似汤（旸）谷"之语，是以这句仍在用"日月丽天"的典故。出句自水入火，对句则由火归土，复沉回水下，既有五行迁转，又见陵谷轮回，容量与气魄自然就远胜于寻常宫廷诗人了。

沈诗潇洒，宋诗朗阔，上官婉儿举棋不定时就要看尾句，作御制曲，颂圣的结题质量自然重要。二人不约而同将周武王的镐京宴饮和汉武帝的横汾中流用在了三段承托处，"镐饮周文乐，汾歌汉武才"，"思逸横汾唱，欢留宴镐杯"，但结句走向了视角分歧：沈落笔在自己，故抑以避席，尾音渐弱；宋着眼在君王，故昂而健举，余意旷远。用上官婉儿的标准讲，沈佺期就输在了这里。

《唐诗广选》中王元美说"沈末是累句中累句，宋结是佳句中佳句"，所以有"累"与"佳"的分别，倒不取决于二人的才华高下，更多与他们写到篇末时最后剩下的材料有关。

题目既定，意味着无论苏、李、沈、宋，每位臣子手中握着的都是有限几个同样的典故。要用什么顺序排布，形成怎样的叙事节奏和景观氛围，是他们面对的真正考量。好像打牌行令，他们先后都打出了日月、天河、牛女、石鲸、柳岸、帐殿、镐饮、汾歌……而到最后，沈佺期手里剩的是"豫章之材"，宋之问则留下了"恩鲤衔珠"。看似是有一战之力的，但考虑到豫章大船已在"战鹅逢时去"用过，豫章高台的意思也于前句的汾唱镐杯中写尽了，从发挥空间看，沈佺期的底牌已经可以算是半张废牌。相较而言，宋之问却早在牌局开始时就一直在存牌：用"日月丽天"时，宋之问只提了浴日，赋晦日又绕弯用了冀草，他扣下一个完完整整的月亮留到最后，用来与底牌中的明珠进行呼应。道教典籍里认为海中的珍珠会与天上的明月同步盈亏，珠与月的结合也就格外具有诗意。当明月被引入，夜珠就可以不再简单地拘于"恩鱼望幸"的君臣之义，而走向"天人交感"的吞吐空间。

宋之问用"不愁明月尽"重新扣住了晦日的题目。与"节晦冀全落，春迟柳暗催"相似，尾联仍是在抑扬颠簸之中引诗的基调向上震荡，但较之前句对无情造物的随顺，无论是珠与月的交辉还是从"不愁"到"自有"的自信，都给这次放缩注入了一重知觉察辨的情味，自而从混沌中生出一种源自内心的笃定来。这种好处已经超出了应制诗的需要——是否能做到"犹陟健举"，本也是上官婉儿对两首完成度极高的应制作品提出的新要求：同是满分答卷，硬要评出高下，就只能再提出新的标准。这不独是对词臣的考量，同样也是铨选者的压力。

事实上，正是在这样的竞争与碰撞之下，应制诗才在一番番的迭代中变成文学史中可以被独立讨论的体裁，而没有如普通公文般彻底消失在内容之中。

现在我们回到王维。

前面说过，进入官场前，王维很可能曾经系统地专门研学过沈宋这代文人的应制诗。早在十余岁往来诸王府上时，他拿出的应教诗就已非常精致了，所欠只在诗人气稍重，换句话说，个人高过了场景，性灵压过了气象。

少年王维虽然迅速掌握了写作的技巧与结构，但还没有意识到最重要的一点：应制诗中用以入题的种种实景并不是通过平视得来的，它来自臣子拜伏在地时的一点余光——所有君臣相得，本质上都是以这点余光为媒进行诗化得来的想象。他给岐王的应教诗如"隔窗云雾生衣上，卷幔山泉入镜中""兴阑啼鸟换，坐久落花多"等虽也都是好句，但较之沈宋的"法驾乘春转，神池象汉回""春豫灵池会，沧波帐殿开"，就显得太过散漫自在，没有这个体裁所必备的恭谨与向往。

让诗人学会低头的过程是残忍的：秩序意味着差等，而差等由来于畏惧。当一个自由敏锐的个体开始惧怕，才能真正把握好所谓君臣相得应有的尺度。上位者从不向往真正的诗心。春蚕吐尽一生丝，可皇家亲蚕，要的从来不是蚕本身，而只是外面那层茧壳。一如这种空心的应制诗。

王维真正能准确地把握好写应制诗的尺度要到中年后了——人总要经过磨折绝望才甘心真正融入秩序，这个过程通常被称为成长。但与沈宋时代的文人们不同，即使对权力框架已足够熟悉，王维仍没有放弃作为文人与臣子应有的姿态。他是个诚实的诗人，即使很少专为说话去作诗，终也不肯放任表达彻底缺位。

下面，我们就看一看王维是如何在完成这种颂圣体裁的同时为自己保留一方立足之地的。

他公推最好的一首应制诗作于天宝年间，题为《奉和圣制从蓬莱向兴庆阁道中留春雨中春望之作应制》（沈德潜："结意寓规于颂，臣子立言，方为得体。应制诗应以此篇为第一。"），这是唯一一首选入《唐诗三百首》的应制诗，从侧面证明，在去个人化的基础上，这首诗仍能达到诗学的审美标准。

诗是这样写的：

> 渭水自萦秦塞曲，黄山旧绕汉宫斜。
> 銮舆迥出千门柳，阁道回看上苑花。
> 云里帝城双凤阙，雨中春树万人家。
> 为乘阳气行时令，不是宸游玩物华。

首先，从题目可以看出，这首诗是奉和圣制而作。玄宗失传的原诗题目应为《从蓬莱向兴庆阁道中留春雨中春望》，写的是春日从大明宫经阁道去往兴庆宫途中遇雨，停舆远望所感。

玄宗时代的长安城有三个宫殿群——太极宫、大明宫和兴庆宫，分处长安北端、东北端与东端，称北内、东内、南内。三宫毗邻城郭，为了方便往来，玄宗就下令沿东城郭内侧修出一道夹墙，与原城墙间形成了一条夹城御道，端头与宫墙相连，就能

233

秘密地在三宫间连属通行了。后来为了方便去到城南的曲江池，开元二十年（732），这条路又一路南扩，直通到长安城的东南角。杜甫有诗"白日雷霆夹城仗"，写的就是皇帝经由这条路出行去芙蓉园游乐的仪仗。夹城路循城墙而行，就难免要经过东端的几座城门。为避免影响出入城的交通，经城门处就加修了越过门洞的高架石梯，形成了类似今天立交桥式的复道。复道跨门而过，与城楼齐高，为保证私密性，就往往上设顶，侧封窗，好像城门内叠附了一座小阁子，所以也称为阁道。皇帝可以在阁道中凭窗眺远，百姓只能看到城墙壁又加厚了些，城楼头叠出一重廊，很难窥看里面的情形。王维另一首应制诗中有句"复道通长乐，青门临上路。遥闻凤吹喧，闇识龙舆度"，可以旁证居民只能通过若有若无的笙箫歌管来判断夹城路间是否有銮舆经过。

从题目可以判断，原诗是玄宗一行人在阁道避雨时所作。从大明宫到兴庆宫，要自北转东，侧经城墙转角，既可以向城外东北方向眺望，也可以俯瞰城内长乐、兴宁诸坊——从李憕同题应制中的"别馆春还淑气催，三宫路转凤凰台"或许可以推测，他们避雨的位置正好就在"路转"处，也就是长安城墙的东北拐角上。如今御诗已经失传，但自题目可见这次应制诗的重点有如下几个：春雨、行銮、远望、大明宫与兴庆宫——御诗中既然沿用汉代旧称将大明宫称作蓬莱，则意味着和诗还要上溯秦汉，抚古及今。

这些要素，王维的应制诗全部照顾到了。

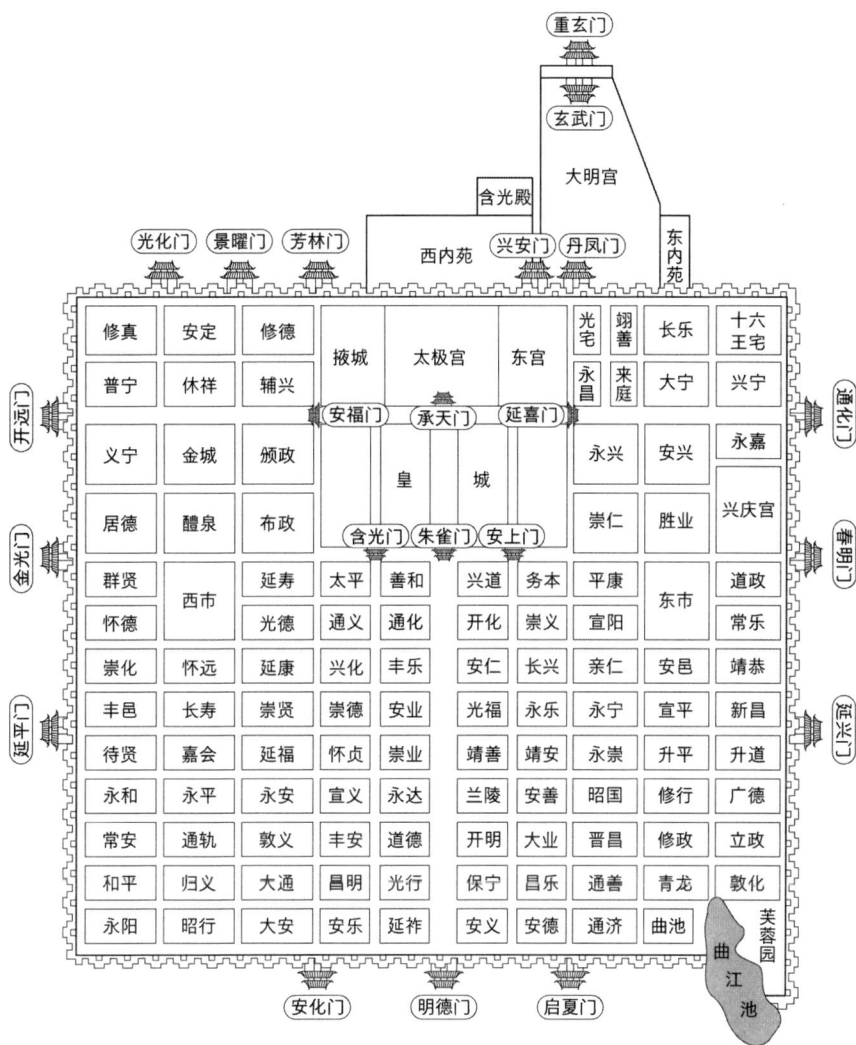

长安坊市图

重玄门
玄武门
大明宫
含光殿
光化门　景曜门　芳林门
西内苑　兴安门　丹凤门　东内苑
开远门　金光门　延平门
通化门　春明门　延兴门

修真	安定	修德	掖城	太极宫	东宫	光宅	翊善	长乐	十六王宅
普宁	休祥	辅兴				永昌	来庭	大宁	兴宁
义宁	金城	颁政	安福门　承天门　延喜门			永兴	安兴	永嘉
居德	醴泉	布政	皇　城			崇仁	胜业	兴庆宫
群贤	西市	延寿	含光门　朱雀门　安上门					
怀德		光德	太平	善和	兴道	务本	平康	东市	道政
崇化	怀远	延康	通义	通化	开化	崇义	宣阳		常乐
丰邑	长寿	崇贤	兴化	丰乐	安仁	长兴	亲仁	安邑	靖恭
待贤	嘉会	延福	崇德	安业	光福	永乐	永宁	宣平	新昌
永和	永平	永安	怀贞	崇业	靖善	靖安	永崇	升平	升道
常安	通轨	敦义	宣义	永达	兰陵	安善	昭国	修行	广德
和平	归义	大通	丰安	道德	开明	大业	晋昌	修政	立政
永阳	昭行	大安	昌明	光行	保宁	昌乐	通善	青龙	敦化
			安乐	延祚	安义	安德	通济	曲池	芙蓉园　曲江池

安化门　明德门　启夏门

235

这首诗从结构看不算正格。他没有遵循三段式的应制规范，而是跳过入题，直接进入了春望的铺赋。

王维当头就用骈对，规整俨然，如门扉森然左右拉开："渭水自萦秦塞曲，黄山旧绕汉宫斜。"不同于大多数人出属对的考虑，写长安下意识就要用北阙与南山（即宫殿和终南山，李憕同题诗作"云飞北阙轻阴散，雨歇南山积翠来"，孟浩然有"北阙休上书，南山归敝庐"，老杜也有"蓬莱宫阙对南山"），但这两重意象一南一北，并不会实际出现在同一视野中。

王维下笔时，遵循的并不是文字思维，而是忠实地依托着图景。他写春望就会真的去望：在东北垣登堞而眺，能看到的是长安八水之一的渭水与兴平县的黄麓山——终南山名气大，却不可能出现在这段城墙外。渭水黄山，一绕一倾，将城市方位锚了出来，既是建都的堪舆，也见画家的构图。

山川陵谷交托，遂有了秦塞汉宫：四塞险固是关中崛起的基础，而黄麓山为昔年老子讲道之处，又素为自诩老子后裔的唐人所重。山中有汉惠帝所建黄山宫，至汉武帝更修老子祠。王维取黄麓山入望，当有一重王政法统的考虑糅在里面。开篇二句一武备，一文承，语及秦汉，却句句不离唐代的立国之本，自山水形势到历史因演，再到"太上仙苗"的合法性与崇道用玄的伦常观，如从无常的时空变换中必然地结出了一个眼前盛世，这种细微的流动感与王维巧妙的设计是分不开的。

多说一句，无论王维还是玄宗都想不到，许多年后，正是在

诗中这座黄麓山下发生了马嵬兵变。待到皇帝变成太上皇，凄凄
惨惨回銮时，曾特在黄山宫种下一棵槐树，记录了为贵妃"乞灵"
的最后一点哀思。站在盛世与王维并肩看到这首诗时，后人想起
这段因果，总不免是要感慨的。

我们接着看颔联。王维将入题部分所欠下的交代补充在了这
一句："銮舆迥出千门柳，阁道回看上苑花。"一联之间，几乎涵
盖了玄宗题目中的全部信息。

大明宫沿用汉代建章宫"一池三山"的园林格局，也就继承
了建章宫的文化符号：建章宫称"度为千门万户"，唐人写大明
宫便也多承此喻，卢照邻的"啼花戏蝶千门侧，碧树银台万种
色"，骆宾王的"三条九陌丽城隈，万户千门平旦开"，崔颢的"建
章宫殿不知数，万户千门深且长"，老杜的"江头宫殿锁千门，细
柳新蒲为谁绿"，等等，都是在以建章宫写大明宫，王维此处"銮
舆迥出千门柳"亦然。銮舆出千门，交代的正是"从蓬莱向兴庆"
的行銮方向，而一往之外又出一复：既要迢迢荡荡地去，又要情
致绵绵地回头，就有了"阁道回看上苑花"一合。

对句补充了"阁道"与"春望"两个元素，也让停銮的原因
显得更为浪漫：上苑即上林苑，正在大明宫的方向，帝王对大明
宫春色心存不舍，所以要特地停下，回头再看一眼。帝王行动要
全出自发，不可稍受拘束，落了狼狈。王维格外注意到这一点，
将这次停步处理得格外有情味。这样交代，就比遇雨被迫等待的
实情要温存得多，也有力得多。

诗的流转方向很有线条感：首联写都城是以山河作衬，写臣子礼，于是用"曲"用"斜"，如揖如让；颔联写帝驾，是以君王为媒，写天子威，于是一"出"一"回"，不避不趋。两联组合来看，很像曹雪芹写黛玉进贾府时的镜头顺序，"进了垂花门，两边是抄手游廊，当中是穿堂"，先曲行分脉，再聚中守正，很有建筑感。

在帝王一个回看的动作里，诗再次调整了镜头摆动的方向："云里帝城双凤阙，雨中春树万人家。"一曲一合、一往一回后，颔联的方向变为了一上一下。

帝城凤阙仍取建章宫原型：建章宫东边有一对很高大的望台，"高二十余丈"，上面铸有两只"举羽翻用势"的鸟（班固《西都赋》云"上觚棱而栖金雀"，左思《三都赋》曰"云雀踶甍而矫首"）。到唐代时修大明宫含元殿，为向建章宫的凤阙致意，两侧设翔鸾、栖凤二阁。只是与剑柱般峭起的汉阙不同，二阁经高台与主殿相连，开张环抱，有点像今天故宫的五凤楼。李华在《含元殿赋》中说"左翔鸾而右栖凤，翘两阙而为翼，环阿阁以周墀，象龙行之曲直"，以曲拱直，建筑线条的流动方向就与我们前面说到的前二联完全一致 —— 这是烘托帝王气象最常用的做法。

自古而今，这联素以"大气笼罩，气象万千"为诗论称道，公推为应制诗典范之作。我也正想通过这一联，聊一聊应制诗的审美标准。

美学上讲，应制诗往往以"典雅壮丽"为上品，而"典雅壮丽"通常会被人们具象为"气象"二字。所谓气象，本质上就是用生成阶级差等的手法塑造出的顶部崇高感。具体到王维诗中这一联，差等就是通过高度与面积的极致放缩实现的：帝城被简化为高举兀立的凤阙，长安城则被铺展作绵延广布的人家，一个高而孤清，一个低而旷阔，形成了鲜明的梯次与供养关系。王维用云与雨将两组意象进行了隔离：宗白华说"风风雨雨也是造成间隔化的好条件"，山水画家写高写远，通常就是这样以云雾烟雨的留空暗中进行比例尺的切换，实现不同场景分区的，而佛教画用祥云分隔三界，渲托佛祖，遵循的也是这个逻辑。

"云里帝城"的写法是画家的本手。不知你对宋徽宗的《瑞鹤图》有没有印象，画面上三分之二交给了天空中的瑞鹤，下三分之一铺以殿顶，宫殿梁柱以下都被祥云隐去，建筑也就在若有若无中超拔出了人间，与祥瑞共应天和。这种构图法，就与"云里帝城双凤阙"的思路是一致的。黛玉说"无立足境，是方干净"，云对帝城与凤阙的意义也正于这种"绝地天通"的视觉效果。当连接的确定感彻底断裂，人间就只能通过仰望与想象去美化那个神秘的所在，这也正是应制诗理想中的创作立场。

"雨中春树"同样出于画理。郭熙作画有"三远"说："自山下而仰山巅，谓之高远；自前山而窥后山，谓之深远；自近山而望远山，谓之平远。"若说"云里帝城"用的是高远法，那么"雨中春树"就是平远法：熟悉水墨山水的人会知道，树是处理远近关系最好的标尺，所谓"丈山尺树，寸马分人"（传王维《山水诀》），量度好树的高度能给人以合理的透视距离，是以草木也是平远法的最佳伴侣。不独这联，他其他应制诗中"岂如玉殿生三秀，讵有铜池出五云"，"御柳疏秋景，城鸦拂曙烟"，"草树连容卫，山河对冕旒"等也是出于同样的技巧。作为画师，王维三法俱擅，也很清楚不同创作场景的适配视角：他的真身虽正站在阁道上与天子同望长安，诗的视觉平面却早已放低到了"万人家"的低处。

要做出差等，这样用高远法与平远法作侧写切换要比沈佺期"微臣雕朽质"式的自陈来得体面雍容——写应制诗当然不能散漫，但要写到极处，做出气象，同样也不宜太过卑折。奴性的臣服并不能为君权增加额外的光环，应制诗所想象的盛世是儒教向往的大同式幻觉。当人在世故中浸泡足够久，能了然于"真"，也就更加懂得如何造"幻"。

王维最终没像大多数应付差事的文人一般在诗中弯腰伏地。洞悉应制诗的真实需求后，他聪明地找到了比沈宋更为得体的手法：用云雾将自己虚化，掩藏于共仰天恩的万民之间。皇帝只在乎自己的高度，而并不关心尘寰中每一只蝼蚁的姿态。彻底隔断自己作为个体与君王间所有必要的心灵关联后，王维就在应制诗中获得了一点无关紧要的特权。

诗的尾联如例以颂圣结题："为乘阳气行时令，不是宸游玩物华。"说君王应时而出，是为制定农事政令所作筹备，绝不是在贪图享乐。佯颂真谏，很有几分"此地无银三百两"的意思，与李憕同题奉和的"已知圣泽深无限，更喜年芳入睿才"相比，敦驯之下的不以为然跃然可见。但以应制诗而言，结句遣词温厚，立意高举，诗又确实挑不出一丝错缝，他还是用最安全的口吻坚持把自己想说的话留了下来。

沈德潜说这首诗"结意寓规于颂，臣子立言，方为得体"，赞叹有加，却也道尽臣子的无可奈何——这或是很多今人不喜欢结句的原因。常有人说这首诗前三联兼工带写，画尽长安气象，末句却只去粉饰皇帝一人，窄得令人气闷。但我却觉得正要有这样一重收转，诗才更有厚度：渭水黄山，儒流道脉，混沌分拆，清升浊降，茫茫时空数百载变幻，方才结出眼前一个春日中的盛世，托出一位云端上的圣人。玄宗已经在森严秩序里把自己稳固而恒定地钉入了这个时代，他一举一动都是生民所倚，一言一行都是人间所望，作为伴驾的臣子，看他耽溺于"宸游玩物华"时，不以"为乘阳气行时令"的假设去安慰自己，又还能再做些什么呢?

清明之下是心乱如麻，百感交集之下，又只好反过来盼是自己不够清明，重重设限的空心应制结构能无比正确而规整地组织起如此丰富的情感折冲，若没有尾句这点刻意，是做不到的。

这是臣子的真心，也是独属于人的印记。事实上，要把所谓去个人化的应制诗写到"应以此篇为第一"，最终还是要依赖一点人的气息。这首诗真正高于其他同题材诗作之处，只怕也就在此。

说到这里，我想顺便就人情一节再延伸几句。

与君臣间的二元关系不同，在官场中，人要应对的是一个更为复杂的动态系统，要在诗歌的范畴下处理好自己在这个系统中的关系更难：经过一重重诗化的渲染、闪回、放缩、捭阖，仍要进退雍容，不鄙不狷，除了语言层面极致的精准，更要有对人情深刻的洞察 —— 方才谈的那首应制诗，还不足以完全体现王维这方面的能力。

王维是个很擅长融入秩序、把握分寸的人，但骨子里，他又是个有所不为的人。

有人曾指责王维奉和李林甫诗时谀辞下得太猛（其实以王维当时诗坛领袖的地位，用"词赋属文宗"这种夸张的赞颂献给公认读书不多的李林甫，实不好说是讽是谀），但他们也往往有意无意地忽略，当李林甫从前的书记、中书舍人苑咸看王维"久未迁"，以"应同罗汉无名欲，故作冯唐老岁年"投石问路时，得到的回复却是"仙郎有意怜同舍，丞相无私断扫门"。王维在和诗中谦和地感谢苑咸关心，理解李林甫不徇私情，但也把自己的意思表达得非常明白：他会好好完成自己在盛世中的角色，但终不会去攀龙附凤，为晋升去找李林甫走门路。

人情酬答中，王维总会把自己摆在很低的位置，但与此同时，他也一直在文字中保存着自己的骄傲。他少有的干谒诗多是写给张九龄的，其中身段伏得最低的几句是："贱子跪自陈，可为帐下不？感激有公议，曲私非所求。"纵然渴求汲引，辞气卑微，底下还是存着"您若愿用我，想必也是出于公心"的自负，这种谦而不折的尺度其实是很难把握的，尤其是在四处碰壁的逆境中。用盛唐其他诗人类比，就更不难看出这分寸的难得：杜甫心热，求进时就时常自贬过甚，如"碧海真难涉，青云不可梯。顾深惭锻炼，才小辱提携"，做小伏低，灰头土脸；李白性狂，不遇时就不免狂傲难羁，如"揄扬九重万乘主，谑浪赤墀青琐贤"，口出大言，目空一切。当人被纳入一个系统，定义出高低差等时，难免会在这种"势"的压力下激发出相应的对抗情绪。诚实接纳自己感受的同时又能将之调理平和，需要很稳定的内核与很强的控制力。

处理这种人际差等时，王维也有过几次少见的失控 —— 可能会让很多人意外，我想举的是那首有名的《和贾至舍人早朝大明宫之作》。

> 绛帻鸡人报晓筹，尚衣方进翠云裘。
> 九天阊阖开宫殿，万国衣冠拜冕旒。
> 日色才临仙掌动，香烟欲傍衮龙浮。
> 朝罢须裁五色诏，佩声归向凤池头。

这是一首朝省诗，来自中书舍人贾至发起的一场僚友唱和。其中王维诗作中的"九天阊阖开宫殿，万国衣冠拜冕旒"一句，至今是最为人称道的盛世想象，甚至令很多人忽略了它创作于安史之乱以后。这次酬唱岑参、杜甫也有参与，在唐诗史上也算得上是一次著名的文学盛事了。今天我不细谈它，主要是因为这组诗是臣属自主发起，从头至尾没有皇帝参与，也就少了应制诗这种体裁特有的压迫感。这是一场镣铐不够重的舞蹈，是以更适合看即兴，而不足以明体例。不过，这次唱和中，王维一些细微的人情处理却可以单独拿出来说说。

唱和发生在迎回玄宗后、肃宗改元的朝会。此时王维已降为太子中允，品阶在正五品下；而代玄宗起草了传位肃宗诏书的中书舍人贾至品阶则在正五品上。

贾至小王维十余岁，资历上算是后辈。此时中书、门下两省由他牵头发起唱和，奉交和作时，王维恐怕难免会有些身份尴尬。此外，作为首唱，贾诗稍嫌侧媚，可能也不大符合王维认同的表达尺度。他最终没有回避这点不适，而是在诗中将它们很委婉地保留了下来。

篇幅所限，我们只举颈联和尾联两处例子。

先说颈联。唐代早朝时，殿上会设席案熏炉，香烟四绕。[1] 贾至的原诗就专门说"衣冠身惹御炉香"，很为自己能近侍君王、身染炉香而自喜。岑参和杜甫官位较低，站得比较远，应该是看不到熏炉的。于是岑参很老实地避过了这个意象，杜甫却闻弦歌知

---

1 《新唐书·仪卫志》："朝日，殿上设黼扆、蹑席、熏炉、香案。"

雅意，特以"朝罢香烟携满袖"来赞美贾至近沐恩泽之荣（《红楼梦》中宝钗有灯谜"朝罢谁携两袖烟"写香，即源此诗）。与老杜相比，王维的和诗就显得有些目不斜视了："香烟欲傍衮龙浮。"衮冕是天子大朝所着，衮龙就是衮衣上所绣的龙纹。"云从龙"，烟气是对云流的拟合，若原诗不曾提及御炉，王维的处理自然没有问题，但在贾至已将自己与炉烟绑定的基础上，和作沿用这个元素时却只在天子身上着笔，连镜外一个虚焦也没有给到他，这种对君王的凝注就多少透着些对旁人不以为意的辞气，好像在说炉烟上依王气，本于朝臣无染，是远是近，都没必要为此沾沾自喜。

结题的尾联同样值得玩味。贾至末句是"共沐恩波凤池上，朝朝染翰侍君王"，凤池即指中书省，大意是说我们深受皇恩，要每天都准备好服侍天子。贾至是中书舍人，掌制诏，故说"染翰"，是因为他要时时准备笔墨为皇帝起草制敕。岑参、杜甫官职低，就没有资格说这种话，只好一个说"独有凤皇池上客，阳春一曲和皆难"，赞他文采高绝，旁人望尘莫及；一个说"欲知世掌丝纶美，池上于今有凤毛"，不独赞美贾至，还以"世掌丝纶"带上了贾至的父亲——贾家两代中书舍人，一起草玄宗即位文书，一起草传位肃宗文书，肃宗曾说"两朝盛典，出卿家父子手，可谓继美矣"。与两位品阶较低的诗人相比，王维的"朝罢须裁五色诏，佩声归向凤池头"就显得很冷淡，只说贾至实在是公务繁忙，下朝后还要忙着去加班。设色漂亮，声情具备，但内容与情绪上的漠然同样显而易见。

拿到社交情境中，王维的诗其实没有任何不得体之处：壮阔典丽，颂圣同时，也不忘于原唱步步回叩。作为资历更老、文名更盛的平级官员，王维本就不需要对贾至多加恭维，但如果读过王维其他酬唱诗，就还是能察觉到这次和诗的不同。此前几十年中，王维与后辈酬唱一向从容平和，无论情绪还是立场，都会着意加以照拂；而面对贵重者时，他会依对方性情选择表达尺度，奉和李林甫便索性一卑到底，不再走心；面对张九龄虽同样恭敬有加，却会格外增加一层温存的关心。独和贾至这首诗中，他似乎再没在人际尺度层面加以揣摩。诗中的紧绷与淡漠，无不反映着他的不适与无措。

安史之乱后，这个人缘素来极好的老人虽然如常恢复了社会活动，但创伤的应激始终留在肌肉记忆中。在种种没有完成的表达里，我们更可以看到的是他在体面的约束下，对这种颤抖的努力抑制。

王维对诗的态度比大多数人更为虔诚。读他的诗，看没说出来的话有时和说出来的同样重要。这是在应制诗话题之余，我尤其想对你补充的。

谈到这里，今天的内容基本就结束了。应制诗作为盛世造梦所必需的幻术，以一种标准化的范式，为所有文人在"言"的层面提供了公平的竞技场。在好胜心的推动下，既有的每种意象、每个典故的表达空间都得到了更广远的探索，诗体也随之逐步走向律化。

美学空间完成了更为恒定的构建，自然就会等待新的"意"的进驻。当空间与结构的要求被足够准确地交到诗人手中，只要他们还有作诗的自觉，那么无论最终选择表达、矫饰还是空缺，都意味着会将一部分自己留在这段结构里。

对一个相信"诗"是"诗"的人来说，越是有去个人化的技术自觉，或许反而越能映见他内心的更深层。

明天见。

第十二日

隐逸诗中的自察

行到水穷处，
坐看云起时。

———

对天地来说，穷本非穷，起也就不再是起，一切行坐遭逢，都只在万物生灭成毁的一个切面之中。

历历红尘中，每个人都在寻找自己的形状，或外求为际遇所雕琢，或内求从心迹而凝见，前者定姿态、成边界，后者知来处、明去向。从这个角度来看，独处与群从是同样重要的。

我们昨天谈到的应制诗，本质上就是群体活动的一种。它与社交礼仪相似，会以普适的艺术共识持续去雕琢每个人对"我"与"非我"的认知边界。一定程度上说，人正是在这个过程中渐渐看到自我，并在心灵层面清明地区隔内外的。自我成型后，人们又往往会期待一种短暂的解离和自由，"息交以绝游"，远离被动的社会裁量，寻找自己与大化共振的律动。这当然不可能实现——没有外物，就不会有个体。但向往既是真实的，就总有折中之法去接近这个幻觉。于古人，最常见的办法就是隐居，隐逸诗也就自此应运而生。

但事实上，除个陶渊明外，六朝之下数百年来，隐逸诗写得最好的反而多是士大夫，以唐代尤剧。多有人以"终南捷径"之说嘲笑他们是以隐赚名，借尊隐之风谋取仕途资本，但在这同时，我们不得不承认，大批极有才具的士人选择在盛年隐居，背后也自有特殊的时代原因。

唐代开科取士以来求仕者日多，而官位终究有限，两厢错配，选人多而员缺少的问题就日益突出——至玄宗朝更为夸张，据记录，开元末、天宝初几乎到了"八九人争官一员"的状况（《通典》卷十五《选举三》）。为缓解这种情况，"守选制"应运而生。

通常而言，举子及第后会被礼部移交给吏部，通过关试后称"释褐"，也就是脱除麻衣，取得官资——但这不意味着他们即刻可以开始做官。及第举子们要经历三年守选，才能去参加吏部铨选，正式授官。做官后亦然，六品以下官员一任期满（通常是四年）称为"考满罢秩"，这之后，就又要面临若干年的守选，才能再去参加吏部的冬集，等待新一轮铨选。

官员守选期间没有俸禄，相当于现在的无薪假期，且官阶越低，守选年数就越长，短者一年，而最长甚至可能高达十二年。这种循环，一直要持续到累资进阶至五品，才算出了吏部的选门，可以改由中书门下根据"具员簿"制授，摆脱守选轮回。

你或许已经注意到，我们前面提过王维的朋友如卢象、储光羲、崔兴宗等人年轻时似乎总在隐居。他们其实都不是天然的隐士，之所以常在山水间躬耕，多是因为正处于考满守选期，或是得官不合心意不去就任而再度守选，不得不选择了被动隐居——王维早期在淇上、嵩山的两次隐居，大概率也是出于同样的原因。

这些士人的隐居境况与不第的布衣不大一样，诗的重心也存在差别。一方面，隐居生活确实能够给他们远离尘嚣、亲近心灵的机会；另一方面，他们也不得不面对一些实际的生活问题，如张籍就有"昨来官罢无生计,欲就师求断谷方"的自嘲,罢秩后断粮窘境可见。官员们不曾下过陶渊明那样一去不返的决心,相反,他们总将要有官做,也时刻在等待机会,是以人虽在山林间,心却往往在仕与隐两端拉扯 —— 这是唐代隐逸诗面临的独特课题。

与朋友们相较,王维的困境相对和缓:他虽也曾为"家贫禄既薄,储蓄非有素"焦虑,但到底济州罢秩时弟弟王缙就已入仕,母族也尚有依恃,不至如储光羲那般山穷水尽,不得不躬耕自足。

历史不会给隐居者保留太多篇幅,王维早年的经历也只有一条模糊的时间线可供推断:第一次考满后,他守选期间在淇上隐居了一段时间,两三年后回归长安,待选期间和张九龄在秘省有了交往;不久,他的妻子不幸去世,灰心之下,王维没有参加当年的吏部冬集,而是拜入道光禅师座下学佛,后来又因弟弟王缙要赴河南登封任,跟到了嵩山。

嵩山与洛阳相去不远,便于干谒。但大多数时候,王维主要是与嵩山的僧人居士(如宗兄温古上人,又如方禅师、乘如禅师与其弟萧时和居士等)谈禅,或与当地擅绘者(前辈如卢鸿一,平辈如张諲等人)习画。左手入幻,右手造境,他后期空灵而兼合绘理的诗风就是在嵩山成型的。因此,我们要谈王维的隐逸诗,也一定绕不过这段时期。那么今天,我们就先从《归嵩山作》入手,看看王维在这场自我寻找与塑造中,究竟处于一种什么样的心境。

清川带长薄，车马去闲闲。

流水如有意，暮禽相与还。

荒城临古渡，落日满秋山。

迢递嵩高下，归来且闭关。

从开篇看，这首诗应该是王维随口足成之作。他起手援用的是谢朓成句：小谢《送江水曹还远馆诗》中有"高馆临荒途，清川带长陌"，《和沈祭酒行园诗》又有"清淮左长薄，荒径隐高蓬"，都是满目萧条。原诗中的"荒途"与"荒径"，大概就是王维对眼前古道的直观感受，甚至可能正是在一片荒寒中想到了谢诗，才自然生发出这样的起句。

诗中的清川大概是指嵩山南麓的颍水，草木丛生曰"薄"，长薄就是水畔的长草地。以"长薄"替代"长陌"，呈现出了线与面的萦回与分割，画面无疑会更好看——其中"带"字用得尤其漂亮，水道回环之外，更有种冠带出迎的端整气，如见好山水向人而立。

与山水相对的是闲闲而"去"的车马。古诗写出行，通常官员女眷用车，游侠少年用马，设若车马叠用，就多指奔走仕宦之人了。陶诗"结庐在人境，而无车马喧"就颇以不染俗尘自喜，张籍诗称"城中车马应无数，能解闲行有几人"，亦出此意。

一带一去，迎来送往，就判生出"去者日以疏，来者日以亲"的味道，将荒芜的山林与喧扰的车马理出了心灵上的亲疏。不过，王维倒不是抱着"悟已往之不谏，觉今是而昨非"的态度去写诗的：山水适情，他却下了端严的"带"字；车马逐利，倒反以"闲闲"写其和缓，往复平衡，情绪就显得十分稳定 —— 来的让它堂堂正正来，去的由它从从容容去。在荒疏山水间同样心地光明，奔走功名路上也不自觉可鄙，这种平和，除王维外少有大诗人写得出。

次联"暮禽相与还"仍有来处，出自陶渊明的"山气日夕佳，飞鸟相与还"，若再想到《归去来兮辞》中的"云无心以出岫，鸟倦飞而知还"，就知这句诗言在鸟而意在山，与前句显写的流水恰好形成了一组对照。王维写水下了实笔，写山时就反而轻盈化虚，暮禽正是最好的前景。

首联"清川"与"车马"是同向的，只是一在眼前，一在身后，故而一来一去，一愈近而一愈远。到颔联，物象却是相向的了。"流水如有意"是迎人而来，"暮禽相与还"是向山而去。知还的飞鸟陪伴着归山的诗人，也就抵消了被"车马"抛离的孤独 —— 无论从画面意义，还是心灵层面。有了这样一重被同道者接受的笃定，到后半就好下浓墨了。

"荒城临古渡，落日满秋山。"

王维中晚年后渐少作如此宏大开阔的高远画面，但大诗人总要有过这样一联来自证胸中丘壑。颈联中已不再有人，同时也不再保留观诗的立足点，这是王维五律造境的成型状态。

大多数诗人用对仗造张力时喜欢用反差。大与小、高与低、实与虚、刚与柔……在声律编织下，对比会给人的呼吸节律带来强烈的振动，但王维却更喜欢以小对小、以大对大，只是会赋予它们不同的维度。这联是如此，"日落江湖白，潮来天地青""大漠孤烟直，长河落日圆"等也都是如此。

荒城与古渡是时间维度上的大。一个城市的建立、一个渡口的形成，无不包含着无尽的经营抉择、人事兴衰，它们汲取也辐射，彼此依存而最终共同废弃，变成一段时间的容器，这正是美术史专家巫鸿先生提出的废墟经验："在这种情境中，游客意识到自己正面对着一个无名的往昔。"

落日和秋山则是空间维度的大。对人类这种 2.5 维生物而言（人可以看到三维但无法完全看透三维，需要通过想象对三维世界进行认知补充），真正的辽阔存在于静止。时间消失，空间才能无尽地展开。这句诗中，王维没有着一笔颜色，但他选择了秋日黄昏这个自然界最富色彩的时点。于是，带着光晕的金色冲破了前五句的淡描，仿佛翡翠被一刀劈开，瞬间铺来满眼。

秋山容受着落日，也因之化生出最丰富的光彩。结合前半近乎水墨笔法的铺垫，这句诗中乍现的光感很有佛家"结空为色"的意味，也十分接近王维对"过于色空有无之际"的追求。

一霎大亮之后，诗迅速走向收敛："迢递嵩高下"将三维空间折叠为线性的二维，"归来且闭关"又从一条路收缩到一个点，最终随关门彻底归无。不知你有没有注意到，站在现代物理学视角，后半两联四句，可以说每句都坍缩了一个维度——诗在人类所属的三维空间中短暂盛放过毫光后，王维几乎毫不留情地迅速将它捻直收短，最终彻底抹杀。维度收缩之快，令这首诗的后半几乎滋生出了一种眩晕感。

这种逐句逐级折叠的写法虽然未必出于一种技术自觉，但在王维四十岁前的诗歌中确实非常常见。它可以有效破除隐逸诗叙事节奏由于缺乏情节而难以避免的单调，为诗歌引入一种观念层面的丰富性。事实上，在淇上隐居时期王维就有过这样的尝试，如《淇上别赵仙舟》后半"天寒远山净，日暮长河急。解缆君已遥，望君犹伫立"，就是从三维叠下来，最终收束到"君伫立"一点。只是这首诗在二维一层停留了两句，节奏也就更为平缓，更符合王维的创作性格。

其实，《归嵩山作》若将尾句停留在归山的这条长路，而不忙于收敛归无，阅读感受会更为舒适，毕竟前两联也都在线性层面打转。相较动作，隐士的"闭关"本应更近于一种状态，在王维后来的创作中，它通常会被交托给一段恒常的时空，如写给胡居士的"借问袁安舍，翛然尚闭关"，或写给张諲的"终年无客常闭关，终日无心长自闲"，都是沿用《归去来兮辞》的"园日涉以成趣，门虽设而常关"。似《归嵩山作》中这样"到家关门"的社恐式处理，更适合孟浩然这样的官场愣头青（"只应守寂寞，还掩故园扉"），而并不符合王维的表达习惯——他之所以选择了一个如此匆忙的姿态来结束这首诗，或许是因为这首诗另有一重功能性。

很少有人注意到，与"清川带长薄""暮禽相与还"一样，"归来且闭关"同样是在援用他人的成句，只不同于陶谢，这句诗来自一位同时代的诗人——张九龄。张九龄早年贬谪洪州时曾有一首《登城楼望西山作》，写到一只云中飞鸟时，就有"纵观穷水国，游思遍人寰。勿复尘埃事，归来且闭关"之语。

王维是开元九年（721）进士试的第一名，主持那年吏部试的正是张九龄，是以二人早就有一重座主与门生的交谊，后来秘省时期的往来显然又加厚了这重情分。隐居嵩山期间，王维心怜弟弟独支家声不易，本就有心出仕，而此时张九龄恰已拔为中书令，如日中天，正随驾洛阳——两厢一凑，近水楼台，王维很可能已数赴洛阳，与这位文坛前辈重新有了接触。在这个背景下我们再来看这首诗的尾句，或许就能品味出不一样的意思：写归隐，却援用了座主的成句，既可视为素情自守的表达，亦不难见同气相求的共鸣，更潜藏着愿随骥尾的用心。最低回的收束，却若有若无间适机传递出了全然相反的态度，这种处理，是王维聪明与体面的绝佳显现。

不久，经张九龄举荐，王维从嵩山起复，被任命为右拾遗。拾遗是敕授官，官满不必守选，自此，他也终于摆脱了仕隐交加的轮回，在开元盛世的后半程，拾起了人生最后一次意气风发。文学史多将这次起复归因于《献始兴公》，但君子相交，或许《归嵩山作》这样闻弦歌而知雅意的作品也隐秘地起了作用。

这首诗聊到这里就差不多了。即使不讲人情世故一节，我们也不难看出，嵩山时期的王维在禅修与绘理的加持下，已经彻底完成了造境的技法构建，渐见大诗人气象，也已足以引领一代诗风了。

不过，这阶段的隐逸诗还不能代表王维的完成态。

隐居生活对此时的王维来说更像是个蜗牛壳：他在此安放、休养，也同时警觉地保持着对外部世界的探触。隐与仕的对抗始终存在，这种对抗会让诗情更为丰富，却也会遮蔽诗人自我探寻的方向。这时的盛世还没有完全失去王维，那个"真我"则还在未来的诗中等待着。到他放下分别，愿意完完全全回归自我时，已要后推到十几年后的辋川了。

我们说到边塞诗时谈到过，王维出使河西时，恰值张九龄外放荆州，贤相集团也从此宣告失势。王维的合作原则是"感激有公议，曲私非所求"，他只愿接受出于公心的举荐，而不肯为了升迁去迎合他人，这也意味着他清楚地知道自己不会再有施展抱负的机会了。知南选归来后，王维迁左补阙。作为谏官，在李林甫"立仗马"的威胁下自然无法作为。他在蓝田购置辋川庄，学习在田园生活中彻底安放自我，就是在这样的处境中。

若说嵩山的隐居是"或跃在渊"，辋川的隐居就只能称为"潜龙勿用"了。这时的王维人虽仍在踏踏实实地执行公务，心中却已彻底失去了期待。这于仕途当然可惜，但于诗倒未见得是坏事。

这段时期，他的诗中渐渐看不到"车马"，也不再强调"归来"：朝堂已经彻底散漫于他的视野之外。辋川中的王维，寻找的只是每一个当下。

下面，我们就以两首五律为引，一起看看他与自己的相处状态。以一动入一静，不妨就先从《终南别业》的一场散步说起。

中岁颇好道，晚家南山陲。

兴来每独往，胜事空自知。

行到水穷处，坐看云起时。

偶然值林叟，谈笑无还期。

在最早的《河岳英灵集》中，这首诗的题目是"入山寄城中故人"，此后《国秀集》中又作"初至山中"，到北宋才有了"终南别业"这个题目。比较起来，我觉得前两个版本和诗意更为接近，这首诗自带一种闲散的随性，并不似在以占有赏玩的心态去摹写自家林泉。

诗几乎没在语言层面做任何调度，也从而每令诗评家见好道不出，只能以"不可说之味""不可穷之妙""悄然忘言""不觉见成，其故难言""行所无事，一片化机"云云去空发感叹。

想走近它，我们也需要找一找语言之外的路径。

不知你有没有感觉到，这首诗处处都有因果，却也处处在解构因果。"中岁颇好道，晚家南山陲"，看似是说中年时心慕佛道，于是晚年住到了南山脚下，但"好道"与"南山"之间关联其实很含混：终南山确实多有佛寺道观，但诗终篇没挂带一句宗教渲染，就让"好道"的自陈失了着落——从后文山水渔樵的铺叙，似乎说中岁好隐还更通些，更何况"南山"之称背后，本还笼罩着陶渊明的一重神影。

首联就像漫谈时一句毫无目的的闲话，说起住在"南山陲"，就不由得想起了"中岁颇好道"的经历，至于为什么会牵带出这样的回想，诗无意拿出一个答案。这种松脱于逻辑链外的散漫因果，很接近于佛教讲的因缘。

我们当然可以去推测这种联想的由来，譬如或许是漫步时见到的景色让他想起了昔在嵩山时与宗兄温古和尚的某次闲游——无论水穷处还是云起时，可能都伏着昔日"致身云霞末""屡对瀑泉渴"的记忆，和"岂惟山中人，兼负松上月"的遗憾，而温古恰好是一名僧人，若非"中岁好道"，他们也无缘变成至交。但这种猜测对于这两段经历和这首诗而言实在可有可无。

王维没有试图找到一个合乎人类思维的关联词去将首联的两句诗合理地编织起来，而是诚实地跟随感觉，留下了中间这段说不清的认识断层。这种断离是人类的智性自觉出现之前，对际遇的真实感知节奏，也更接近于比兴中的"兴"，因其无理，反而更贴近诗。

颔联仍然朴素，如散文叙事，几无景语。律化表达若完全不调用物象会很容易显得枯涩，宋诗就常落此弊，可偏偏王维写出来却有一种饱满的生命力。"兴来每独往，胜事空自知"，"独"与

"自"两个副词天然具有负面内收的情绪指向，王维却把它们用得兴致勃勃。这种折转一方面当然由来于"兴来"与"胜事"的底色，另一方面也要归功于前著另两个副词的讲究："每"与"空"。

"每"字中隐含的规律与惯性适度破除了"独"的孤清：在空间维度上，这个独往的人确实是孤独的，但在时间维度上，又仿佛有无数个时空中乘兴而来的自己同伴左右。相较于同义的"常"，"每"字要多一重几经思量却终焉如此的必然性，这种摩擦力破除了叙述的圆熟，注入了一种抑扬之后的坚决。

"空"则意味着意义的消解，恰将"自知"中的"我"打散了，附在"我"中的寂寞也就随之被化解。"胜事"与"自知"间本有种锦衣夜行的错配，但添了这个"空"字，正向的赞叹与负向的遗憾就得以同步冲抵。这种冲抵担起了往复之间的平衡，也造就了一种丰盈开阔的空。

一次兴至，连带出了无数个平行自我，它们见证了无数种胜事，然后又从意义层面归于空无，这是颔联中包藏的吐纳。或许大多数人没有办法准确地意识到这重放缩，但每个人读到这一句，应该都会有种复杂的感受 —— 那是丰富与空无的交错。正是进入了这样的节律，颈联的具象才说得上恰如其时。

"行到水穷处，坐看云起时。"颔联一个小小的起伏后，水与云的交替蘧然自成，仿佛修道者内景的显现般自然。这一联的好已经无须我多说：动与静的交接（行与坐）、质与虚的转换（水与云）、竭与生的循环（穷与起），都已在这十个字中写尽了。好对句常讲绝处逢生，将可能性收迫到尽头再开一扇新窗，以充分调用读者一次呼吸，如"山重水复疑无路，柳暗花明又一村"即是。但王维这联节奏虽相似，却显然没有这样的意图。不同于寻觅、搜求这一类动词，"行"没有明确的目标感，也就不至于让"穷"的处境走向绝望。诗人并不想强造起伏，也不贪读者那一口气。

与我们说首联时提到的一样，王维不追求两种际遇间的强因果关联。水不因行而穷，人不因穷而坐，云又不因坐而起。每个现象的序列都只遵循直觉，而不依从解释。当诗走出了二元链的桎梏，读者也就拥有了更高一层的自由。庄子说要"独与天地精神往来，而不敖倪于万物。不谴是非，以与世俗处"（《庄子·天下》），这其实也正是王维"兴来每独往"的精神。物守其形，而天地无私，当人意识到云本是水的另一个形态，就不会再拘泥于因果和际遇：对天地来说，穷本非穷，起也就不再是起，一切行坐遭逢，都只在万物生灭成毁的一个切面之中。

这十个字就是这样的一个切面。王维好似只是老老实实地完成了一场经历的白描，但细辨时，他中岁好道、晚来安家的经历，兴至而来的笃定与览胜无著的空茫，又已经都在这一联中写尽了。它与前文是照应？是比兴？好像都对，但似乎又都没有说尽——水流云在，仿佛正是前面无数的时间与经历堆叠而缔结出的一种色相，可它稍纵即逝，存在一瞬后，就又消失了。

王维最终在尾联中将自己也摄入了偶然："偶然值林叟，谈笑无还期。"与确定而闭合的"归来且闭关"相比，这个结尾显得格外随性开放。"林叟"作为山中的永居者，通过一场即兴的"谈笑"将诗人留在了这里，诗也就结束在了这个惬意的瞬间。

在这个时点，没有人想到通过"闭关"将自己与山林的关系整理明白，无论是诗人还是看上去仿佛山中神仙一般的林叟，都只是尽情享受在了这个当下。这也是中年王维最终在山林中找到的真实状态。

回到长安后的王维其实再没拥有过太长久的空闲。除居母丧外，他的山林之行多只是见缝插针，小住即止。但因王维渐渐找到了沉入"此刻"、将空间展开的办法，后期的隐逸诗反而显得更为空阔悠闲、恬然自乐，甚至给人以不必工作、长期隐居的错觉。

当人能在某个瞬间彻底摆脱外物对心灵的牵拉，把身心全部留交眼前时，更为细致精密的山林之美便会瞬间铺开，蓬然呈现——王维的诗歌中，最引人神往的大概就属此类。能将这种解离与展开写到极致的，我认为《山居秋暝》算一首。下面，我们就一起看看这首诞生于静观，却周流于万象的诗歌。

> 空山新雨后，天气晚来秋。
> 明月松间照，清泉石上流。
> 竹喧归浣女，莲动下渔舟。
> 随意春芳歇，王孙自可留。

"空山"两字是王维最称手的意象，也是读这首诗前最值得加以解释的意象。有人说这个"空"用得不对：山中既有浣女，又有渔舟，一派热闹的烟火气，怎么也说不上空。这种觉察并非全无道理，从王维辋川诸作中不难感受到这片山林的生机勃勃——耕夫渔人、僧侣隐士日夕往来，即使"不见人"，也总能听到"人语响"，并非一处万籁都寂、遗世独立的所在。

　　事实上，"空山"这个意象是唐代开始普遍出现的，但王维对它的理解与其他诗人又不相同。无论前辈宋之问的"空山唯习静""老死空山人讵识"，同辈李白的"醉来卧空山，天地即衾枕""还归空山上，独拂秋霞眠"，抑或后辈韦应物的"落叶满空山，何处寻行迹""山空松子落，幽人应未眠"……大凡用到"空"，都是对阒寂的渲染。对他们而言，空或不空是针对人的概念。王维却不然，在他眼中，人并不必然高于万物，无人也就不再是一种能用以自我加持的殊遇——无论通向寂寞，还是通向高举。

　　王维的"空"是一种佛学意义上的"空"。我们前面说过，在华严宗眼中的色相是虚幻的，色即是空，但"空"又不意味着死寂一片，而自有一种超越性的生动和美丽，它高于一切经验与法度，故而能圆融地走向无限。若以这个视角去理解王维的"空山"就会明白，他所说的"空"是对即时色相的瓦解，意味着一种方死方生的状态。因此，这首诗就不是对某瞬风物的定格，而是"一境之中具足万有"，从无数个相似的瞬间中提取出来的、最美的现象集合。

相较写实，《山居秋暝》更像是记忆，是用解离的真实去探近自性的过程。因此，读这首诗时，我们不必执着于去审辨诗人究竟身在家中、林间还是岸畔，时逢深夜抑或黄昏——被长镜头锁入时间链的电影化叙事并不是王维的创作所遵循的。

理解了"空"，我们就可以细看这首诗了。

入题时点被王维选在了一场雨后。"新雨"指刚下的雨，"后"则说明雨只是薄薄一过，下了不久就停了。这样的雨正好适宜这样的山，它会打湿草木，却不至于沉坠山气。辋谷雨多，很多年后，裴迪也在辋口遇到过一场"积雨晦空曲，平沙灭浮彩"的大雨，王维答诗形容为"森森寒流广，苍苍秋雨晦"，这样的雨就不适合下在"空山"了。当山的骨相被水汽湮没，所有纤小的生灭变化都给压弯、填满，山也就说不到"空"了。

"天气晚来秋"的"晚来"与"晚家南山陲"的"晚"相似，都可解作"近来"。它描述变化，也同时交代出了变化前的状态：在这场新雨的彼端，山间草木正盛极一时，余热蒸腾将尽，时序的切换也已势在必行——这场短暂而必然的新雨过后，山中就要开始转凉了。

诗开篇摄取的，就在这个进极思退、亢龙有悔的点，但王维没有将这个转换时点特殊化，时间永恒流动，平和地主持着一切更迭，颔联的景语就是时间的具象：明月意味着永恒，清泉意味着流动，松柏与山石，则指那些被时间无休穿过的东西。意象连贯，环映叠生出丰富的美：月的明亮赋予流水以光感，泉的流动又让月光有了水的质感。美学层面的交错与叠合，让不可名状的时间走入了视觉。

为了强调时间的作用，王维更选择了两种意味深长的衬物：顽石能点头，古松能听法，它们坚贞却仍具佛性，也终可望见漫长的岁月中一场突发的点化。但这首诗并未着意期待那个时点。王维只是宁静地描绘着时间的样子，恒常如可待，无欲而有情。这一联，就把首联一个小小的变灭拉伸成了天长地久。

一延则有一破。颈联用一组动态的镜头引出了时流的簌动："竹喧归浣女，莲动下渔舟。"首联写的是"秋"，颈联写的就是"暝"，它们都处于转变的瞬间，只是写前者用了安静的空镜头，写后者则用了热闹的长镜头。黄昏时，洗衣服的女孩子回家了，打鱼的舟人收工了，这是在时间带动下人们日程的变化；幽深的竹林中响起热闹的人语，静谧的莲花在水波的摇曳中晃动起来，这又是被时间影响的人们传递给自然的变化。时流不歇，在永恒的流逝中，一个变化推动着下一个，旋有旋灭，生生不息。

在这场流动里，人的出现只是偶然消长的一部分，浣女、渔夫也与喧闹的竹林、摇动的莲花并无分别。你若想到王维少年时所作"当时浣纱伴，莫得同车归""渔舟逐水爱山春"，也不妨猜测这个浣纱的女孩子会否有西施的殊遇，那个归来的渔郎又会否意外走入桃花源 ——可能会，也可能不会，但再传奇的可能，也不过是即将灭失的又一轮涟漪。陶渊明"结庐在人境"时还会自喜于"而无车马喧",而到王维,眼中已不再存在"人境"和"无人境"的分别。

尾联再次回归平和,而这次的平和已从世界聚焦到了个体。在不居的流逝面前,人该如何自处?王维反用了《招隐士》的典故:"随意春芳歇,王孙自可留。"原诗出自淮南王门人之手,说山中生活艰苦寂寥,劝隐士早日出山,基调缠绵而伤感:"王孙游兮不归,春草生兮青青。……王孙兮归来,山中兮不可久留!"旨在感伤春不可久,而王维经过前三联的铺垫,却早已用永恒的变化翻越了这重感伤:春去有夏,夏去有秋,时间无绝,变化也无尽,人只需逐浪大化,不必将情绪托付给某个状态。当诗走向了这一重领悟,人间就再不会有"不可久留"的所在了。

说到这里,今天的漫谈也将告结束。山林是王维的心灵涵养地,无论早年对绘理与佛性的融贯,抑或中年对因果的拆解、对变化的洞明,都不过是一段自我寻找的路径。为熨平内热,王维在嵩山时曾极技理之能事去描绘眼中的大美,可待到渐知余生究竟的年纪,他又在终南放开了这些他有能力——攫取的瞬间。

山中的王维最终轻盈地在变化中找到了恒定,他的诗歌也即将在超越中走向洞明。到此,我们也就终于该随他走入《辋川集》了。

第十三日

走入《辋川集》

深林人不知，
明月来相照。

———

当人的心怀能与外物共振，与明月精神相
往来，便已无所谓我与非我，也从此与山
间每一株树、每一朵花无异。

我们终于又回到了辋川。

陵谷沧桑，道途分变，它始终安安静静地藏身于中原大地的褶皱之中，直至王维的出现。山水天光、竹石草木最终以文字的形式复生，并乘着诗歌余响，开启了与人间更为广远的相逢。今天，就让我们加入这场绵延千载的良晤，返景深林，看看青苔上的光痕，听听空山中的人语。

我们已在第五日见过了这段山谷的地貌，今天则要循它走入一部诗集：不再是清晰准确的地理图景，而是两位诗人在人间的行迹留存。它是语声，亦是叹息，是相望，亦是自照，是一场天长日久的寂寞中，一次心惬神会的相伴。

《辋川集》被后世公推为王维诗歌的最高峰，但它的本来面目却常被诗评家们有意无意地忽略：这部诗集本是一部二人酬唱集，也并不独属于王维。在序言中，王维曾特地交代，说它是"与裴迪闲暇，各赋绝句云尔"，集中辋谷的每处景致之下都附有两首同题的诗作，一出于王维，一出于裴迪。常被认为是衬色的后者，事实上是王维这片山林中不可或缺的诗媒。是以在打开《辋川集》前，我想先聊聊裴迪。

裴迪出身河东裴氏，虽不属五姓七族，也堪称一时望族。他祖上自裴彦始已是北周重臣，至其孙裴弘策同窦太穆皇后的妹妹结姻，便与李唐皇室成了姻戚，裴氏一族也随即成为关陇集团的重要成员。初唐起，河东裴氏就离开郡望迁居长安，较其他大族更早走入了中央。

裴迪较王维年轻十八九岁，生于开元五年（717）左右。他著籍京兆，父祖两代都做到了四品高官。因父亲裴观与族叔裴朏都曾在襄州为官（裴观曾为襄州刺史、梁州都督山南道按察，裴朏曾为襄州司户），裴迪弱冠前壮游荆襄，并特地拜谒过当时贬谪荆州的张九龄。

裴朏与张九龄都曾任集贤殿学士，作为故旧子侄，裴迪很得张九龄的喜爱。时为九龄幕僚的孟浩然有一首《从张丞相游南纪城猎戏赠裴迪张参军》，就记载了裴迪随张九龄城猎的经历，诗的末句"何意狂歌客，从公亦在旃"总令我想起王维写裴迪的"复值接舆醉，狂歌五柳前"——相较于生于盛世前夜、在宫廷血腥的传说中看着帝国一步步从黑暗里挣扎出来的王维，裴迪是个彻头彻尾成长在盛唐的男儿。他的成长环境确定而富足，性情中也就带着一种自信而不逾矩的放浪。这种年轻真诚的活力在一生谨慎的前辈看来无疑很具吸引力——于张九龄如是，于王维亦如是。

推算起来，裴、王的结识大致应在开元二十九年（741）前后。三年前，裴迪因姊丧返回长安，后在辋川营建山居，准备应考。这期间，王维则先赴塞上，后知南选，至回京升任左补阙后，才开始计划要在长安附近购置一间别业，长期安顿下来。这期间，与他来往最多的是隐居嵩山时的至交张諲。

此前数年，张諲与孟浩然同在荆州张九龄幕中做事，与裴迪来往亦多。开元二十八年（740）张九龄病逝，张諲北还长安后还曾去裴迪的山居探访。不一年，王维自岭南归来，守选无事，也加入了他们的林泉闲聚——宋之问旧宅与裴迪家相去不远，最终得以花落王维之手，或许正源于他某次随张諲入山探友时的意外发现。

做了邻居后，王维与裴迪来往渐多：裴迪的山居与辋谷口的孟城坳更近，返家途中会经过王维的别业，所以王维"倚杖柴门外，临风听暮蝉"时，才能恰好见到裴迪"狂歌"归来。裴迪家中有座西向的观景高台，王维曾在黄昏时去登高远眺，还专要嘱咐裴迪"好客多乘月，应门莫上关"——这种抬腿即至的日常陪伴，对无妻无子的王维来说，无疑是种非常珍贵的情谊。

裴迪活泼真挚，乐好山水，又受过完整的士族教育，知分寸、明礼节，自然也很易融入王维的社交圈，何况他们还有张九龄、孟浩然、张諲等（可能还有裴朏）共同的人际交集。很快，裴迪自然而然地加入了王维、王缙、卢象、崔兴宗这群"老儒"的往来唱和，也得到了他们的一致喜爱。

王维曾在书信中称裴迪是"天机清妙者"，能以"不急之务相邀"，这或许能解释他对裴迪格外青睐的原因：裴迪敏锐而感性，是个能见山水真趣、与天机共振的诗人。王维身边向来不乏高华多才者，但在天性层面真正能与他同频的，大概只有裴迪一人。

近二十岁的年龄差必然会形成阅历与身份上的梯次，后人在文学叙事中也习惯于将他们的交游塑造为主从寄生型的关系，但事实上，裴迪与王维的交往没有任何矫饰与逢迎，是非常平等松弛的。打个不恰当的比喻，他们的关系或许与古龙小说《多情剑客无情剑》中的阿飞和李寻欢略近仿佛：年轻的浑金璞玉，年长的智慧开阔，看似性格不同，内核却有相似的坚守和默契。

从王维一首名为《酌酒与裴迪》的诗，我们大致可以看到他们日常相处的样子。那是一首十分激愤的诗，其中"白首相知犹按剑，朱门先达笑弹冠"一联曾被金庸在《白马啸西风》中交给遭遇背叛而性情乖戾的华辉挂在了屋内，并给出了清晰的解释：

> 上联说的是，你如有个知己朋友，跟他相交一生，两个人头发都白了，但你还是别相信他，他暗地里仍会加害你的。他走到你面前，你还是按着剑柄的好。这两句诗的上一句，叫作"人情翻覆似波澜"。至于"朱门先达笑弹冠"这一句，那是说你的好朋友得意了，青云直上，要是你盼望他来提拔你、帮助你，只不过惹得他一番耻笑罢了。

华辉语气愤慨，可并没曲解原意，这诗该当是裴迪来吐苦水时王维的安慰之作——话说到了这个分儿上，二人前面显然已经借着酒意对凉薄的世情发了一通极激烈的牢骚。

王维中岁平和，酬答诗尤重姿态，极少展露锋芒，这种激扬的辞色，只在早贬济州时作《不遇咏》时出现过一次（"今人昨人多自私，我心不说君应知"），与裴迪酌酒时，这个看似早已万事不萦于怀的中年人好像卸下了所有戒备，放纵自己短暂地回到了可以恣意歌哭笑骂的少年时光。

裴迪出身士族，下携诸弟，笃信佛教，能从容周旋于老一辈名流，也已早早获得了出身——很多人以为裴迪被称为秀才，是没有功名的缘故，但事实上，唐开元年间用汉代"秀才""孝廉"等古称时，指的就是进士与明经二科，秀才上第者阶品散位可至正八品上阶，含金量很高，而裴迪至多在二十三四岁就已考下来了——与王维的天资禀赋和成长经历都处处相似。在这个意气飞扬的青年面前，王维很容易被一种遥远的熟悉感唤出自己本初的样子：他会调侃裴迪吟诗是"猿吟一何苦，愁朝复悲夕。莫作巫峡声，肠断秋江客"；带裴迪探访吕逸人扑空时，也会俏皮地留下一句"到门不敢题凡鸟，看竹何须问主人"。这种轻快活泼的状态，是其他朋友甚至手足兄弟都不能带回给他的。

可惜少年终要长大，王、裴二人相从相伴的时日其实并不长。约在天宝二年（743）末，裴迪结束守选，得吏部授官，赴任离京，比居辋川的日子满打满算只维持了两年。待他再次回到长安时已是天宝十三载（754），而此时王维方经母丧，吟怀全丧，已是"龙钟一老翁"了。

一年后，安史之乱爆发。仓皇间王维被俘，拘于菩提寺，裴迪冒奇险前去探望，并帮他带出了那首救命的诗。待大乱平定，陷贼获赦的王维意绪全灰，决定上表施别业为寺宇，为亡母祈福。将辋川二十景图作壁画后，王维飘然而去，自此结束了自己的辋川时代。未久，年届四十的裴迪将以侍御史身份使蜀。经过自己的蓝田旧居时，裴迪看到已更名为清源寺的王维别业，想到少年时那段单纯惬意的日子再难复得，伤感地写下一首诗寄给了王维：

> 积雨晦空曲，平沙灭浮彩。
> 辋水去悠悠，南山复何在。

一切美好不过是色相变灭，既逝难留。记忆如此，终南山如此，山中人更是如此。垂垂暮老的王维收到诗后，也回赠了一首同题诗为他送行：

> 淼淼寒流广，苍苍秋雨晦。
> 君问终南山，心知白云外。

空山已被填满，记忆亦将淹没。他劝裴迪从此忘记终南山，将眼界交给更广远的天地。类似的话，他十几年前在裴迪家高台上也曾说过："遥知远林际，不见此檐间。"只是那时王维还有乘月过歇之兴，而此刻，他已被衰老彻底困在了此地——但他相信裴迪还会有更辽阔的人生。

不久王维病逝，这对忘年挚友再未能相见，裴迪此后的际遇也如海中沉珠般消失在了历史的记叙中，但他们的生命却始终在《辋川集》的"浮彩"中闪动着，再大的积雨寒流，也不能将之抹杀。

这段闲话谈过，我们也就终于可以打开《辋川集》了。

这部诗集是一组联袂互见的组唱，它出自两个人的构思，也存证着他们共同的记忆。很多人习惯将王维的诗作提出来单看，也总有评家爱以同题争胜的眼光去品评二人作品之高下，但这都会令这部诗集背离它的创作初衷，也失去其应有的完整性。

《辋川集》起于孟城坳，终于椒园，每双同题诗都妥帖地编织在谷中王、裴二人走惯的路上。他们为这段路择定了二十处景观，基于共同的见闻与记忆各自生发，以诗留摄。以此，读《辋川集》就有一经一纬两种读法：纵是他们游历的脉络，可见景观的变换、物象的虚实；横是二人心意的相照，中有顾盼和应问、怅慰与知心。大部分读者更注意前者，但其实每组成对出现的绝句间偃仰揖让的关系也同样可观——今天我们重看《辋川集》，就不妨把这一重视角也加进来。

《辋川集》的结构很精密。二人之诗相携而前，虚实交错，有时并影，有时分行，节奏安排非常精妙灵动，颇见山水画师的布置手段。

　　我们举个例子：辋川中，鹿柴与木兰柴是山中两圈相邻的栅栏，一饲鹿、一植木兰，都是当地居人谋生之用（鹿可售卖皮肉、鹿茸，木兰木则是上好的船舶、殿宇建材）；而与木兰柴相对，隔岸的辛夷坞中也生长着紫色的木兰（即辛夷），只是花树零落野开，不似木兰柴有人专为打理。处理这三处两两相似的景物，就尤其要避免雷同——你或许还记得，为避免栅栏并置，王维绘图时曾特地调整了景物的顺序，把鹿柴与木兰柴隔开。《辋川集》中，他的处理方式则是在虚实远近之间做切换：身在围栏间，下笔就都交远景，鹿柴中不见鹿，在林中着笔于语声与光影，幽深要眇；木兰柴中不见花，向林外远山与飞鸟送目，高举旷放。直到渡过欹湖来到辛夷坞时，王维才将笔墨落回眼前，高调地托出了一笔饱和的红色。如此一深、一远、一近，就将几步小景处处错落开来，灵动而空阔。

　　为弥补王维对实景的留空，裴迪的诗恰到好处给出了修衬："不知深林事，但有麏麚迹"，"缘溪路转深，幽兴何时已"，前句点出鹿柴之名，后句交代了木兰柴的位置，如一道风筝线，牢牢地将王诗中散远的视线牵回了立足之地。至辛夷坞一树红萼，王维笔意寥落至"涧户寂无人"时，裴迪更是适时为他周全了外景："绿堤春草合，王孙自留玩"，不独致意"随意春芳歇，王孙自可留"，亦写出了山中人之间可以同气相求的温情。

我们读《辋川集》时，若以王维诗为主线反观裴迪，会经常感受到一种真诚温热的友声共鸣；而若以裴诗为主线去看王维，又会油然生出"瞻之在前，忽焉在后"的敬慕和慨叹来。下面，我们就跟随王、裴二人的步履，真真切切地去领略一回《辋川集》中的风物。

王维与裴迪的别业都在辋谷南口孟城坳附近，他们的行游也正是从这里开始的：

新家孟城口，古木馀衰柳。

来者复为谁，空悲昔人有。

——王维

结庐古城下，时登古城上。

古城非畴昔，今人自来往。

——裴迪

王维的开篇《孟城坳》是一首力重千钧之作。他很少发感慨，可一口气叹出来却真是苍凉沉重，只怆然一瞥，却如作高台天问。我们第五日提过孟城是刘裕征关中时所建，征人行此望乡，遂名之思乡城，又"以城傍多柳，故曰柳城"。诗中的"新家"与"衰柳"，回应的就是孟城这两个名谓。

柳树与北伐的交叠令人想起桓温"树犹如此，人何以堪"的慨叹：柳者留也，当"昔人"与"古木"被关联起来，一组形与神之间的依存也就此呈现。古木余衰柳，正仿佛形迹已没的古人在此地留下了一丝残存的愿力。

征人思念未绝，千载之下，王维却又将自己的家安置在了这里。缘会的传接将来日投入了新的混沌，也令"此刻"变得格外值得珍惜 —— 可这"此刻"，又分明仍是留不住的。王维在未来造出了一个不可知的"来者"，既悲着"昔人有"，也悲着"今我有"。"有"，本是佛家因见而生的幻象，正因世界本是"无"，人对"有"的妄念才显得如此可悲。这首诗之所以为无数后人悚敬，正是由于王维用短短二十字提出了一个足以粉碎世界的问题。

敏锐的裴迪显然意识到了这首开篇之作的杀伤力。他的诗，也在勉力为读者承托着王维的沉重一击。裴迪舍弃了昔人与来者的视角，坚定地让时间停留在了此刻：旧日不可触，来者不需悲，只今天始终是真实的。"古城非畴昔"，今人可以选择来也可以选择往，正如我们既可以时去登高，也不妨安于"结庐"。

你或许还记得，绘制《辋川图卷》时，为消解孟城坳对"有"的执着，王维曾有意将华子冈提到了卷头 —— 这轴图卷本于清源寺中的壁画，原是依托王维的辋川诗而成。而很显然，王维也知道若没有裴迪这一垫，开篇的重量是后面几景很难接住的。

他的第二首《华子冈》，就回应着裴迪的劝慰：

飞鸟去不穷，连山复秋色。

上下华子冈，惆怅情何极。

——王维

日落松风起，还家草露晞。
云光侵履迹，山翠拂人衣。

——裴迪

"上下华子冈"与前组裴迪的"今人自来往"形成了一组互文。南朝何逊有首拟古诗："家本青山下，好上青山上。青山不可上，一上一惆怅。"裴作取了前二句，王维便借后半诗意进行照应，主视角也随之在篇尾落回了当下。

华子冈头，飞鸟联翩而去，秋色欺山而生，时间始终没有停歇，但领受着这一重不居的人，却终随裴迪的"来往"之劝有了"上下华子冈"的自由——王维用"下山"时的惆怅掩盖了自己脱离惯性的神能：感伤即代价，而代价的浮现，正意味着人已自知拥有了蜕出的能力。

这首诗的缓急切换极具魅力："飞鸟去不穷"是无中生有，结空为色，"连山复秋色"则是浩漫流动着的永恒。当浮沤在舟人的抬望里汇聚成一条绵渺的大江，他的小船却突然系缆江心，停在了时间之外。

裴迪的能力还不足以驾驭这样的变速，故而舍短用长，循王维尾韵展开了"上下华子冈"的过程：上山时正值日落风起，下山时却已是初晨露晞（《诗经·湛露》："湛湛露斯，匪阳不晞"），云隙的日光照亮了沉埋的足迹，苍翠的山气也拂动在他们的衣摆：这一夜进入时间又离开时间的行走并非什么都不曾留下。往日的行迹仍将在新的一日闪耀，而走过的路，也终将变成一部分他们自己 ——这首诗与王维审美同出一源，单看仍是很好的小品，只是炼字未警，还不足在类作中秀出，但当它与原唱并现，裴迪创作性格里温润凝重的好处就显现了出来。

制组诗如绘长卷，开篇一定要有个起势，而当画面推行到一定长度，便进入了随开随卷的动态平衡：有人在前面展，就要有人在后面收。《辋川集》起手的两组诗是开卷，故提领者要用大力，而当裴迪完成了悲而复平、流而后止的两番消解，这组诗就可以进入第一个稳态了。

到第三景，二人迎来了第一次休憩：文杏馆。

文杏裁为梁，香茅结为宇。

不知栋里云，去作人间雨。

——王维

迢迢文杏馆，跻攀日已屡。

南岭与北湖，前看复回顾。

——裴迪

文杏馆是山头一座饶有野趣的茅舍。走出时流，等在这里的是一组出与入的关系。

"文杏裁为梁"来自《长门赋》中的"饰文杏以为梁"，如怀才而为世所弃；"香茅结为宇"则取自《九成宫醴泉铭》中"居崇茅宇，乐不般游"，是乐隐而遗世独居。栋中生云，见馆舍之高；人间布雨，知红尘有待 —— 早年隐嵩山时，王维也有过"日夕见太行，沉吟未能去……几回欲奋飞，踟蹰复相顾"的犹豫，安隐而不能忘世，这正是他天性里深情的一面。相较来看，反是裴迪更为洒脱：在他看来，无论在南岭还是北湖，文杏馆都一望可见，虽然远，却仿佛一盏亮在心里的灯。只要心有此山，"跻攀"可至，就无所谓身在何处了。

前两组诗都是王维主动，裴迪持静，而文杏馆中，则转为王维停步徘徊，而裴迪一笔荡出。至此，他们的关系也从展卷时的一前一后、一问一应转为了双开并影、各表一枝的辨照。

下一景斤竹岭是遍植丛竹的一处深涧，景名从雁荡山借来，取自谢灵运《从斤竹涧越岭溪行》一诗。诗末有"情用赏为美，事昧竟谁辨。观此遗物虑，一悟得所遣"句，与二人有无出入之间的观照很成映见 —— 自此"一悟"，他们也就此潇洒地走入了山林。

> 檀栾映空曲，青翠漾涟漪。
> 暗入商山路，樵人不可知。
>
> ——王维

明流纤且直，绿筱密复深。

一径通山路，行歌望旧岑。

——裴迪

王维起句的稿样来自何逊的"叶倒涟漪文，水漾檀栾影"，却取了王勃《采莲赋》"藻河渭之空曲，被沮漳之沦涟"的框架，前写水形，后写水质——到斤竹岭当应状竹，可王维偏只写水影，不著竹字。"檀栾"（状秀美之貌）与"青翠"分踞于形影两边。檀栾连绵双声，青翠交叠色质，当两个失去名谓的形容词在涟漪中映见，这条竹边的水道也随分赋魅，有了传接时空的能力——王维的下句，就顺势将这条路引向了昔年商山四皓的高隐之处。

商山四皓是秦末汉初的四位隐士。"修道洁己，非义不动"，出则能济苍生。四位老人"一行佐明圣，倏起生羽翼。功成身不居，舒卷在胸臆"（李白《商山四皓》）的自由，无疑较裴迪身不在而心有待的"南岭与北湖，前看复回顾"更符合王维的身份与向往。经过文杏馆"栋里""人间"一番徘徊，它此时的出现也隐隐有了一丝救赎的意味。

但与李白不同，王维从来不是个能轻易被叙事蛊惑的人。他心中清楚：山中其实并没有为这四位老人留下容身之所。"樵人不可知"，意味着商山本是一条虚幻之路——前句"暗"字便是王维留下的伏线：走入商山后，时空将在身后彻底闭合，如墓门永封。自此，人间再不会有你的立足之地了。

这种清明的沉重显然已经超过了裴迪的化解范围。他极力想保持情绪的轻盈，却最终没能实现新的平衡。与王作相比，裴迪的《斤竹岭》浅白而无力：他没有用典，写景也稍显随意，但从"行歌望旧岑"一句，隐约看得出他极努力地想以来处的故山为锚，将王维拉出那条樵人不知的暗路，只是最终没有成功。

随着商山与旧岑的分途，两人的诗自此开启了一段不同时空的独行。

跟随着王维，我们可以看到诗境自暗转明，如误入桃花源的渔郎终于穿过山口，开启了另一个世界。他的这座桃源，就是鹿柴。

空山不见人，但闻人语响。

返景入深林，复照青苔上。

——王维

日夕见寒山，便为独往客。

不知深林事，但有麕麚迹。

——裴迪

我们能清晰地感受到王维自此进入了一种近似禅定的境界：他的所见不再真实，但同时又能通过声音意识到虚幻之外的世界本相。我们昨天提到过"空山"的美学超越性——这座山已经不再被任何瞬间拘管，也就脱离了人间的每一种际会。当时间消失，乘兴偶至的山中人也会全部消失于永恒，一如人进入身心内观后，寄生于视觉的"诸有"将即刻失效。

空山中残存的人语究竟发于身畔的裴迪，还是商山中的前人，抑或孟城上的来者？这已都不再重要。在忘身未辨之际，王维在被黑暗闭合的商山路上看到一束不知从何而来的光，打亮了眼前一片无人踏足过的青苔。

许多注家将诗中的"返景"解为夕阳，但视宋之问"是日濛雨晴，返景入岩谷"，似乎解作日光在山壁上的返照更合适。这种返照是反射光，故而更为广远柔和。它不来源于任何物象，却代表着万物的高维投射：在永恒的空无里，被阳光遗忘的深林突然盛放出了光明，表里洞然澄澈。

与此同时，"不知深林事"的裴迪却还在真实的"寒山"中踽踽"独往"。王维看到的"青苔"是完好明亮、曾无人到的，而裴迪身边却遍布着鹿柴独有的、真实的"麋麚迹"。

唐人好食鹿，鹿肉、鹿舌、鹿尾、鹿血、鹿肠均是宫中常见的菜肴，更不必说珍贵的鹿茸。鹿柴并非山中清净地，屠戮纵不常见，割茸取血也必不会少。王维的辋川诗由鹿柴始不下实笔，纵入虚境，固是情感节奏之必然，也有他素食崇佛的观感取舍 —— 这当然又是题外话了。

绕过这重栅栏，二人来到了木兰柴：圈栏内的木兰作为作物，自然是列次密植，并无美感，以此，王维与裴迪的诗都无一笔涉及眼前的花树。他们一抬望，一俯察，各自将视线避开了景物的重心。

秋山敛馀照，飞鸟逐前侣。

彩翠时分明，夕岚无处所。

——王维

苍苍落日时，鸟声乱溪水。

缘溪路转深，幽兴何时已。

——裴迪

二人的诗虽作于同地，却仍是一内一外，分流于两重世界中。

王维在木兰柴全用远眺，取景有如《华子冈》一诗的镜像，都在写连绵的秋山与联翩的飞鸟，但在"空山"境界之中，同样的景色却骤然生出神采：飞鸟的翅羽在夕阳中闪烁着"彩翠"，秋山也在"余照"下缥缈于"夕岚"。美在神光中被提炼，时间旋而打散，"上下华子冈"的惆怅也就自然不复存在了。

裴迪却仍不曾抬头。在鹿柴中，他的行走尚循着视觉推行（"但有麏麚迹"），到木兰柴则进一步坍缩到了听觉（"鸟声乱溪水"）：飞鸟将美好的色相交托给了向内看的王维，而只给裴迪留下了声音。日落了，山中也更冷了。裴迪听着鸟声，沿着溪水一步步向更远处走去。末句看似自得，但和着前面凄冷的语境，或许理解为对同伴的召唤更为合理：天晚路深，你还要在幽境中继续神游吗？

　　山中的溪水渐汇成平滩，诗的线路也随水转入了茱萸沜 ——
但王维依然不愿回到现实。

　　　　　结实红且绿，复如花更开。
　　　　　山中傥留客，置此芙蓉杯。
　　　　　　　　　　　　　——王维

　　　　　飘香乱椒桂，布叶间檀栾。
　　　　　云日虽回照，森沉犹自寒。
　　　　　　　　　　　　　——裴迪

　　茱萸沜，顾名思义，指傍水而生的一片食茱萸。这种茱萸叶
片与果实俱有奇香，因果实既圆且小，初绿后红，伞状共柄，抱
团共生，远看仿佛<u>一丛丛</u>木芙蓉一般 —— 王维的诗就很细致地
呈现出了这一重观察。

　　飞鸟闪烁的"彩翠"消失于"夕岚"后，王维在俯察间找到
了另一种温暖明亮的色感。种过瓜果的人都知道，即使是同一柄
果团，受光不同，颜色亦有分别：得光多处，果实便红，背光暗
处，果实便绿。茱萸果"结实红且绿"，展现的正是光影变幻的本
相，其红处正如夕阳彩翠，是光明所钟 —— 但彩翠的结局是"无
处所"，到食茱萸，却可以期待"如花更开"了：绿果总会成熟，

当所有果实最终"辞青",一团红影便会如花散霰,端然开放。

色相盛放至极处,这座"空山"便已不可久留。王维不舍地发出了试探:"山中傥留客,置此芙蓉杯"——山若愿留我,便不妨以芙蓉为杯,盛茱萸酒为劝吧。庾信有"竟日坐春台,芙蓉承酒杯"句,武则天亦尝谓"酒中浮竹叶,杯上写芙蓉",以芙蓉作杯,是人与自然最相惬的共处。食茱萸生于水畔,其下很可能生有大片芙蓉花,茱萸果掉落在芙蓉瓣上,便如以芙蓉杯盛茱萸酒般了。

此时的裴迪则仍被困在孤寒里。他同样嗅到了食茱萸浓烈的香气("飘香乱椒桂"),看到它披针如竹的叶片("布叶间檀栾"),甚至也见到了云日如鹿柴返景般的回照,可心中却没有开出明丽的花来。"森沉犹自寒",这种寒意与王维在内景中的留恋形成了心灵层面的温差——二人同行时,王维是沉郁荒寒的,裴迪则潇洒而心含温情;但当王维独自走入光明,暂时停止了与游伴的互动,裴迪则渐渐显得独力难支,随着日落陷入了枯暗。

感受到同伴的需要,王维在宫槐陌意犹未尽地离开了他的"空山",饱满地回到了裴迪的身边。

仄径荫宫槐,幽阴多绿苔。

应门但迎扫,畏有山僧来。

——王维

门前宫槐陌，是向欹湖道。

秋来山雨多，落叶无人扫。

——裴迪

你或许能感觉到，王维的叙事线在此出现了断节：《茱萸沜》尚居停山中，光华明亮，《宫槐陌》却突然回到了一条幽阴窄小的路上，如"暗入商山路"的复现。

事实上，对宫槐陌与茱萸沜的连接责任已经随着主情绪的转移交给了裴迪：从分行回归并影后，王维将表达的先机让了出来。

裴迪独抱深寒，在遍植宫槐的小路上看到了前方的欹湖。独行以来，他已三度提及落日（"日夕见寒山""苍苍落日时""云日虽回照"），光感退歇，山中又下起秋雨。当满山落叶扑眼而来，裴迪的衰颓陷入了绝境——评家说这首诗"徘徊欲绝"，正因为叠加了前面三首诗的情绪，到此终于濒临失温，难以负荷了。幸好有王维及时绕到了裴迪身后，托起他的感受。裴迪说"落叶无人扫"，王维便劝"应门但迎扫，畏有山僧来"。无人扫，不妨自己扫，语调与北宗"时时勤拂拭"的意思相仿：人不应放弃自己，要勤力修持，等待自性觉时的一瞬——这样的话，定要在禅定中获得过慰藉的人说出才更可信。

走出"空山"的王维已经有了担负人间暖寒的能力，他舍弃了光明温暖的内景，让诗的意象陪伴裴迪回到了那条幽深的"仄径"：共担过观感，劝告才有效。

在王维的携领下，逼仄的宫槐陌没有如"商山路"般闭合，而是渐通开阔，四面来风：二人舍陌乘舟，来到了临湖亭。

轻舸迎上客，悠悠湖上来。
当轩对尊酒，四面芙蓉开。
——王维

当轩弥混漾，孤月正裴回。
谷口猿声发，风传入户来。
——裴迪

不知你有没有看出，王维的《临湖亭》与《茱萸沜》以宫槐陌为镜，再次形成了一组内与外的互见。独坐"空山"时，他的满怀期待都交给了一朵芙蓉，而走出"空山"后，却是樽酒清风，四面俱见芙蓉。一山一水，一幻一真，见自己后重来天地，一个更为丰富含情的世界便叠生在想象之上了。

王维为他与裴迪的转场留下了一个第三视角的长镜头：他相信作为主人的湖水是乐见二人轻舸前来的，一如他也愿意洒扫槐径，迎待山僧。这首诗毫无字面装饰，但从轻舟写到平湖，从一樽酒写到四面芙蓉，小与大之间的意象缩放巧妙地调动了呼吸的节奏，令人读一联，便要愉快地长出一口气，如心花一朵接一朵候开。这首诗的笔法总令我想起一首儿时音乐课常听的歌曲：

"小船儿轻轻，飘荡在水中，迎面吹来了凉爽的风。"既无来由，也无去处，整首歌最重要的一段旋律，却偏偏放弃了任何观点的表达，只有十足的轻盈愉快。

要共享这种状态，裴迪也需要一次入境：在亭畔混漾的水波中，他也陷入了自己的内心世界。"当轩弥混漾，孤月正裴回"，天与水在孤月摇动的影像中交叠，这本就是古人对旧与新、生与死常见的想象因依。王维曾取笑裴迪吟诗是"猿吟一何苦，愁朝复悲夕"，而此刻被风传入的"谷口猿声"，或者就可以理解为裴迪悬停高处，听到了那个在寒意中苦吟的自己的声音——这事实上已与王维的"但闻人语响"如出一辙，同处内观了。

于是到下一首《南垞》，二人的诗歌再次内外分流，各自走上了自己的路：

轻舟南垞去，北垞森难即。

隔浦望人家，遥遥不相识。

——王维

孤舟信一泊，南垞湖水岸。

落日下崦嵫，清波殊淼漫。

——裴迪

王维仍立于轻舟之上。面对时流的转换，与出发时的"惆怅情何极"相比，他的态度无疑平和了很多。

南与北是我国古人对距离最极致的想象，而以南北界分水系，在距离之外就更有一重阴阳之别：北溟主阴，南溟主阳。庄子在《逍遥游》中说北溟的鲲化鸟为鹏，"将徙于南溟"，自北图南，本质就是一场天地倒悬的转生——"南溟者，天池也"。王维写南北垞之远用水多之"淼"而不用极目之"渺"，本也在强调这一重象形。

《南垞》自阳转阴，在盛而终衰的交点蓦然半渡：人永远无法同时占据两种状态，永恒的只有变化。站在去往北垞的轻舟上时，王维一直在尽力向前瞻望，却什么都看不清。北垞仿佛不可知的未来，纵然我们清楚地知道尚未相逢的人就在那里端然过活，我们也只能安于遥望，安于此刻的不相识。

这首诗的方向是向下沉降的，一如南北垞的地理方位（"逶迤南川水，明灭青林端"，显然南垞地势更高），但王维笔势极为恬淡，竟是一丝情绪都没有动。陶渊明有一句诗叫"纵浪大化中，不喜亦不惧"，随化就势，无为而往，本已是很高的境界了，但王维的《南垞》似了更高 格：他的眼中甚至连"大化"都不存在，而只有永恒的当下，以及无穷的远方。

从诗的行程看，裴迪落后了王维半步。他停步于南垞，尚未放舟入水，这个瞬间，也更宜接应他在前章中进入的静定状态。裴迪在岸边好好看了一场山外的落日，然后将目光凝注到了水面——这步蓄力，让这个年轻人为下一步的自我寻找做好了准备。

一动一静之间，二人终于都来到了辋谷这个大车轮的轴心——欹湖。在这片最为平静的湖面上，他们各自找到了一种独属于自己的安适。

> 吹箫凌极浦，日暮送夫君。
> 湖上一回首，山青卷白云。
> ——王维

> 空阔湖水广，青荧天色同。
> 舣舟一长啸，四面来清风。
> ——裴迪

王维少年时很爱楚辞。贬赴济州时，他曾在鱼山神女祠拟作巫歌，其中《迎神曲》有"吹洞箫，望极浦"句，《送神曲》又作"倏云收兮雨歇，山青青兮水潺湲"，一前一后，恰好构成了这首《欹湖》的全貌。祀歌的灵感或多或少来源于《九歌·湘君》中的"望夫君兮未来，吹参差兮谁思""望涔阳兮极浦，横大江兮扬灵"，只湘夫人所吹是排箫，而王维则改作了洞箫。

短短二十字间，王维完成了迎神与送神的过程——而改"望"为"凌"，一字之差，也令舟上之人在被动的等待中生出了能与神灵相颉颃的神采。于是与《楚辞》中的湘君不同，这位日暮将归的神向他投来了一个短短的回望。《庄子》有谓"千岁厌

294

世，去而上仙。乘彼白云，至于帝乡"，"山青卷白云"或许是这位神灵眷恋的显影，也可能预示着他最终的消散，但无论如何，当山云在这一瞬卷展重青，王维与我们都知道，这人间已经不一样了。

在辋谷的最中心，王维通过一场短暂的降神完成了自我的蜕变，彻底脱离了人的苦闷，让深情幻生出了神性。

王维自察走的是外求之路，而裴迪则相反。落日沉水，湖天共色，裴迪在中间这艘小小舣舟上骤然看到了自己：任阴阳倒悬，天地不分，而我自介乎其间，不与水广，不同天青。

同在一片湖水上，王维看向了天空，裴迪则找到了自己。一声长啸，清风四面——在一个这样肯定的动作中，"我"出现了。

读到裴迪这首诗，我总会想起少年时读金庸先生《倚天屠龙记》中张三丰悟道时那一场笑：

> 张君宝若有所悟，在洞中苦思七日七夜，猛地里豁然贯通，领会了武学中以柔克刚的至理，忍不住仰天长笑。这一番大笑，竟笑出了一位承先启后、继往开来的大宗师。

每个人都有突然看到自己的一瞬，为了这一瞬，此前无数艰难寒冷，也就都有了意义。

两人的诗一虚一实，一个周见世界，一个照彻真我，仿佛阴阳两面，沛然自足。在辋谷的最中心，他们都短暂地到达了一个独属于自己的完满。而完满之后，便是不舍的日损了。在遍种垂柳的堤岸畔，两人都流露出了对圆满的眷恋。

分行接绮树，倒影入清漪。

不学御沟上，春风伤别离。

——王维

映池同一色，逐吹散如丝。

结阴既得地，何谢陶家时。

——裴迪

此景一名柳浪，从王维的"分行接绮树"可以推想，二人在柳荫下循岸舟行，并未上岸。

柳是赠别之树，王维却反用其意，前写比株相接，后说形影相顾，都取长聚不离的意头，到篇末更是特地点出"不学御沟上"，似乎也在暗示既居山中，便未妨同道长伴，不必为仕途沾巾歧路了——这当然是一个不切实际的梦想，但梦话说出来，有时也是一种慰藉。

裴迪则以池柳一色接过前作湖天一色的混沌，然后逐丝吹散，转入田园。得地陶家，是借王维笑他的"狂歌五柳前"向这位忘年老友致意：柳丝虽散，柳荫常在，终将长伴高士之侧。

至此，二人恢复了王维在前、裴迪在后，同道互致，相与优游的写作节奏：走下坡，更要彼此搀扶。

> 飒飒秋雨中，浅浅石溜泻。
> 跳波自相溅，白鹭惊复下。
>
> ——王维

> 濑声喧极浦，沿涉向南津。
> 泛泛鸥凫渡，时时欲近人。
>
> ——裴迪

柳荫数里缓行后，小舟来到一段急流：栾家濑。

王维的诗起手两个拟声叠词都来自楚辞，但与欹湖相较，声情更为幽森。"飒飒秋雨中"来自《九歌·山鬼》中的"风飒飒兮木萧萧"，"浅浅石溜泻"则取自《九歌·湘君》中的"石濑兮浅浅"，浅浅通溅溅，写流水之急，《木兰诗》有"但闻黄河流水鸣溅溅"，即通此义。

《湘君》中，湘夫人在浅浅急流畔看到"飞龙兮翩翩"，怨神驾不返而生激愤之语："交不忠兮怨长，期不信兮告余以不闲。"急景通哀，是诗人用势的自觉，王维却反其道而行之：他在连绵喧豗的流水声中看到了聚合的偶然与必然，并最终让如龙惊飞的白鹭再次落下。积雨成溜，水溢于道，便自要跳波成珠，腾迁结空，这个小小的偶然惊起了立于水中的白鹭，而当它飞起回头，方才的跳波又早已漂没水面，白鹭也便再度和身投回了这片永恒。

苏轼在黄州写一只惊飞的孤鸿时曾有"惊起却回头，有恨无人省"的怨望，但王维却并没有在这只白鹭身上寄托爱恨，因无爱恨，才有明物理、近物象的耐心，让这段很具禅意的小景的呈现格外真实。

与王维不同，裴迪对这片急流似乎并无太大兴趣。在他眼中，栾家濑的急流只是开启下一个景点的先声：草草一笔"濑声喧极浦"带过后，他把笔墨大多留给了前面的小渡口"南津"，那里水面平静，有水鸥、野鸭，恬然自处，也愿意时时与来者亲近。

裴迪的诗始终被一个主视角推行着：他不关心一只被水珠惊起的白鹭，而更愿意将情感交给那些和他缔结了因缘的事物，恰与王维的空镜头形成了一组阳与阴的对照。

阴阳之间光彩总要在交互中转换。至金屑泉，王维便再次让裴迪出了一头地：

日饮金屑泉，少当千馀岁。
翠凤翊文螭，羽节朝玉帝。

——王维

萦淳澹不流，金碧如可拾。
迎晨含素华，独往事朝汲。

——裴迪

金屑是道教的术语,《名医别录》中称能"服之神仙",以此为泉名,该是因为此地能得朝霞夕照,泉水和光生出金晕,如金屑琼浆,能助道士服食修行所用,也即王维诗中所谓"少当千馀岁"的寓意。

裴迪对修道兴趣不大,倒是对茶事更有兴致(多年后,他经过竟陵西塔寺忆起陆羽,还曾有诗谓"一汲清泠水,高风味有馀"):他爱山泉清冽,故而愿意晨起独往,汲水自足。在略显不耐的栾家濑之后,裴迪确认了自己"沿涉向南津"时的心之所向。为他一停步,静水中粼粼的光华瞬如可握,触手生华。《金屑泉》几乎可以说是裴迪全集中最好的一首诗。它用最富贵的词留摄了最含情的凝注,而不稍耽于欲望。这种尺度,定要满心珍惜的温柔之人才把握得好。

王维理解裴迪对金屑泉的钟爱,也明显地在此后撤了一步:他没有在景物上与裴迪争胜,而是将这眼泉水完完整整地留给了他。乘翠凤之辇,导文虎文豹,见霓旌羽节……这本都是《拾遗记》等道教神仙故事中常见的意象。王维虽熟读道家典籍,却很少造发这样大而无当的空语——事实上,王维的这首诗是裴迪的垫脚,用这许多华丽的大词,也只是为了消解一下小友稍显认真的态度:裴迪写"朝汲",王维便说"日饮",他笑裴迪既爱此到忘乎所以,不如索性羽化成仙算了——只担心他即使成了仙人,恐怕也难得自由,还要去朝拜玉皇,继续当官。虽是玩笑,但回照到文杏馆、斤竹岭中二人对仕与隐的述辩,也看出他们的状态都已轻盈多了。

辋谷已行至后半程，既说回了仕与隐，他们也便不得不面对山外的世界。行至白石滩，王维终于再次拿出了他常用的、西子浣纱的故事：

清浅白石滩，绿蒲向堪把。
家住水东西，浣纱明月下。
——王维

趿石复临水，弄波情未极。
日下川上寒，浮云澹无色。
——裴迪

《神仙传》中每有"恒煮白石为粮，就白石山居"等语，但前首既已调侃过修仙，王维自然不必再耽于道教的话头。诗中的白石滩铺于夜月之下，如笼烟雾，水畔人家、滩头女子，更为绰约的小景添了极精柔的灵性。不过，当"浣纱"与"水东西"同时出现，或许会引导读者再多想一步：古时的越溪畔也曾有这样两位浣纱女子，只是西边的运气好，得到了吴王的钟爱，东边的无人问津，就只能终身浣纱。

南北朝有一首民歌叫《拔蒲》，其中有一句"与君同拔蒲，竟日不成把"，写男女相悦而无心劳作。此刻，白石滩畔的绿蒲已极茂密，随手一拔，便已"堪把"，可它们却始终未曾得到浣纱女的留意：她们都在爱情的幻想里等待着一个不确定的未来，而此时能共有的，也只有一轮照在轻纱上的明月。

你若熟悉王维对西施的态度，便看得出他此时在说的仍是仕与隐的关系：宠辱不常，且非人力可求，倒不如安于此刻，珍惜现有，随明日如何到来。

王维在写世态，裴迪却如水仙花神般顾影自盼。"跋石复临水，弄波情未极"，他坐在石上看着自己的倒影，又像怕看得太清楚，有意无意地搅动着溪水。"人情翻覆似波澜"，一个高洁的个体，是否能禁得起人间无情的拨弄呢？裴迪似乎是悲观的："日下川上寒，浮云澹无色"，古人愁臣不见君每谓"浮云蔽白日"，但在裴迪眼中，白日与浮云却同时褪去了色感，眼前只有一条冰冷的前川，和里面看不清明的自己的影子。

尚未通过制科考试的裴迪对"羽节朝玉帝"的来日还没有深刻的概念，也不太能对西施见幸、东施不遇的处境感同身受。他所着眼的更多在于人情的寒暖，也即对整个"非我"世界的体察——当外界的寒冷随日下而渐不可转，裴迪也就再次思隐了。

这时，他们结束舟行，在北垞上了岸。

北垞湖水北，杂树映朱阑。
逶迤南川水，明灭青林端。

——王维

南山北垞下，结宇临欹湖。

每欲采樵去，扁舟出菰蒲。

———裴迪

　　裴迪当头点出北垞地处南山，本就是对"悠然见南山"的回照，而如结庐山下，旁对欹湖，就更是有山有水、可樵可渔了。不过，从诗中对采樵与扁舟的态度差异看，裴迪对隐居似乎还怀揣着微妙的不甘——扁舟是范蠡平吴后浪游五湖的写照，功成身退，放舟江湖，与樵郎的无功不出、终老山中，自然不能同日而语。

　　王维的《北垞》好像若有若无地回应了裴迪的苦闷。北垞与南垞是欹湖南北两座土丘，地势虽有高下之分，水系却是一脉同源。回望南川时，水影为高处的世界镀上了一重令人神往的幻光，但事实上，明灭的"青林"不过就是彼岸的杂树——当破除了距离的幻术，那个远方实与他们此刻的拥有并无二致。

　　解决了这一重烦恼，二人就可以安心地投入隐逸了。

独坐幽篁里，弹琴复长啸。

深林人不知，明月来相照。

———王维

来过竹里馆，日与道相亲。

出入唯山鸟，幽深无世人。

　　　　　　　　　　——裴迪

　　从二人的《竹里馆》诗不难看出，裴迪与王维对隐逸的认识依然存在着分歧。

　　裴迪的隐是遁世绝尘的独居：他愿将自己安置在山中，然后一日日修禅问道，最终如山鸟一般，彻底化为山的一部分。但王维不同。王维向往的隐并非沉降和闭锁，而是一种离开种种不得已，能乘物由心，独与天地精神往来的自由。

　　王维的独处十分自在，他可以随时选择自己栖身何处、寄情何务。在无人知问的深林中，王维先独坐，再弹琴，终而长啸，从沉默到表达，自克制而恣肆——他仍有心事可以倾吐，只是不再强求一位听众。在灵魂的独舞中，深林也再次为他生放出了光明。

　　这光明很适合与"返景入深林，复照青苔上"相参看：在鹿柴时，王维还没有自我抒发的欲望，眼中的明亮也真幻不居，没有源头，如空山人语般神秘而旷远。但当他走入竹里馆，愿意诚恳地将自己完完整整交出来后，也就得到了更为确定而专致的光亮：明月。

　　万物无情而有灵，不离则不即，一感必一应。每个人心底，当然都期待过这样坦然的解放与交感。事实上，王维的《竹里馆》之所以为世人所喜爱，正在于这首诗是在最安全舒适的状态下将自己完全打开，也为此收到了最可感的回应。所谓"相照"，正是要先将自己的心光放出去，才好开阔地接应回照 —— 晋时郭璞《游仙诗》有谓"绿萝结高林，蒙笼盖一山。中有冥寂士，静啸抚清弦"，姿态与王维绝类，却远无《竹里馆》的澄莹清澈，原因大抵就在这位"冥寂士"将自己包裹太严，明月已经没有照进来的空间了。

当人的心怀能与外物共振，与明月精神相往来，便已无所谓我与非我，也从此与山间每一株树、每一朵花无异。

在辛夷坞，王维就由人的隐居，看到了花的遗世：

> 木末芙蓉花，山中发红萼。
> 涧户寂无人，纷纷开且落。
>
> ——王维

> 绿堤春草合，王孙自留玩。
> 况有辛夷花，色与芙蓉乱。
>
> ——裴迪

这首诗用韵剥啄，如花吐苞，也如花落枕；如时流中的浮沤，也如深山中的回响。在某种意义上说，"木末芙蓉花，山中发红萼"就是"独坐幽篁里，弹琴复长啸"，两首诗都由闭合走向开放，是不求回应的一场尽情倾吐。从一个人，到一朵花，再到无数朵花 —— 他们次第绽放，然后纷纷凋落。就中畅美，不必为外人所知，也终将在"寂无人"的涧户中没入空无。

裴迪则并不愿让好友同物为一朵辛夷花。他刻意将回应准确地对到了王维这个人的身上：先用《招隐士》的典故致意"随意春芳歇，王孙自可留"，表示自己愿与他长留山中；又沿王诗辛夷芙蓉之比，反用《九歌·湘君》诗意：此地既有辛夷花，"搴芙蓉兮木末"便不再是痴人说梦了，后句"心不同兮媒劳，恩不甚兮轻绝"也遂成了无源之怨——二人既然心同恩甚，又何愁不能在山中长久地共同居住下去呢？

裴迪越写越觉自足，经过漆园时想起庄子，便进一步去渲染隐逸精神的高举。

古人非傲吏，自阙经世务。

偶寄一微官，婆娑数林树。

——王维

好闲早成性，果此谐宿诺。

今日漆园游，还同庄叟乐。

——裴迪

漆园傲吏指的正是庄子。《史记》中说楚威王欲迎他为相，遣去漆园的使者持厚币相请，却徒然迎来了一场笑斥："子亟去，无污我。"事实上，大部分隐士心中都拟设过一位用以衡量自己隐居重量的楚威王，一如年轻时的王维要用霍去病的受赏来确认侠客的价值，裴迪写庄周，显然也是心存这样的向往：庄周曾在漆园拒绝君王的邀请，自称"宁游戏污渎之中自快，无为有国者所羁，终身不仕，以快吾志焉"，直是一点后路都不为自己留。

但对王维而言，这个典故并不妥当。他身任左补阙，早已为"有国者所羁"，当然不能自承漆园之乐是"以快吾志"，而对次年就要参加制科考试的裴迪来说，那更是一句毫无意义的大话。于是，在自己的《漆园》诗中，王维帮裴迪做出了谦卑的转圜：他说我们和庄子一样，并不是所谓的"傲吏"，只是自觉缺乏经邦济世之能，才会隐寄漆园，安心做一个小吏的。相较口舌之快，作为真正见过"污渎"之人，王维深知安全更为重要。

《漆园》末句用典。"此树婆娑"来自庾信的《枯树赋》的开篇："殷仲文风流儒雅，海内知名。世异时移，出为东阳太守。常忽忽不乐，顾庭槐而叹曰：'此树婆娑，生意尽矣。'"写庭中槐树虽枝叶纷披，却已再无更进一分的心力。《枯树赋》写树犹人，王维则是写人犹树：寄身微官却形同槁木，厕诸树之间，婆娑相与，浑无分别。

从创作视角看，这典故与庄周漆园傲吏的结合实在无理，却又极具神采，我想他大概是从郭璞"庄周偃蹇于漆园，老莱婆娑于林窟"一句偶然想到"婆娑"，方自此联系到了《枯树赋》上去。无论如何，最后五字堪称点铁成金，将前面板结的典故与解释全部做活了：若没有这一排似生犹死而彼此依存的树，漆园就不过是个地名，是否傲吏也只是一种说辞，至于"阙经世务"，就更只能沦为心证层面的东西了。

"婆娑"是个活泼却很具距离的形容词，如高山上女巫的舞蹈，有情而无望——正要有这样一点不真切的动势，树在"生意尽矣"这一刻的状态才足够复杂丰富。不甘与释然，寂寞与守望，都不因渺小而可轻。纵是"偶寄一微官"，也仍要始终保持悲悯的自知。

末句的声情也很独特。婆娑与数株树各据一韵，连绵重出，仿佛左边两棵树，右面三棵树，有种未经统一的单调感。不拘一格，也不值一看，这亦是"微官"的真实写照。

成熟期的王维即使写极低微的情绪也不再负气。他的体察细密而轻小，自具一种有尊严的平等观，继而走出了因果论的梯度。这是他人格高贵之处，也是他的诗在传播时较李、杜吃亏的原因，这一节，我们可以留待明天去做更深入的讨论。

总之，经王维谦卑的揭示，裴迪也终于在椒园诚实地面对了自己的心。

桂尊迎帝子，杜若赠佳人。

椒浆奠瑶席，欲下云中君。

——王维

丹刺胃人衣，芳香留过客。

307

幸堪调鼎用，愿君垂采摘。

——裴迪

他是愿为国家效调鼎之用的——这本是士族子弟对自己最诚实的预期，并无丝毫可鄙。他期待赏识与任用，也自认为配得起这样的未来。而至于是要牵衣干谒还是隐修自持，是用丹刺还是用芳香，那本都只是愿力驱动下的某一种机缘。

看到裴迪做出了选择，王维也欣慰地献上了最好的祝福：椒园遍植香草，肉桂、杜若、花椒……俱是《九歌》通神所用。裴迪以花椒自比，期待着解人的采摘，王维便祝愿他凡有所预，必得所望，每一个愿力都能被收获、感应与珍惜：持桂樽时，有帝子翩然下降；搴杜若时，有佳人宛然会心；瑶席奠酒时，则"龙驾兮帝服"的云中君也要停步向他垂注。

这种祝愿大而悬浮，像是年节间人们挂在嘴边的各种吉利话——可王维这卷最为细密真挚的《辋川集》，偏偏就停步在此，好像掏心掏肺写了一篇长信，最终总要附上一笔"顺致时祺"。

这段停云带雨、出真入幻的奇妙心事，终于在这句虚无的祝福里失去了它在人间的最后一点投影。开篇为"有"与"无"悲伤难以自抑的王维，最终笑着将一切化为幻光，照在了朋友身上，自己则默默退入了阴翳，什么也没有带走。

到此，这部《辋川集》我们便聊完了。与单篇诗歌不同，这部诗集更像是一场绵长的双人舞：它不独在表达，也同时在持护。在阅读过程中，我们仿佛看到两个天资绝佳的舞者身位交错，在自己的主调中上步、腾跃、独舞，也在对方的演绎中退步、转身、拊掌。他们在不同的段落找到了各自的灵魂时刻，也在携手与对视中始终保持着对舞伴的关切和扶持。这种默契的温情是《辋川集》更为可贵之处，也是许多没有这重机缘的诗人终生不可抵达的境界。

或许你会察觉到今天我们的对谈与前几日完全不同：我尽量减少了文本层面的分析，而将注意力转交给了一些更绵长开阔的东西，譬如情感，譬如善念，譬如哲思。经此取舍，今天的谈话或许已经不再像是诗评，但这又是我在谈诗最后一日尤其想强调的：与大部分诗人不同，王维的诗可以离开语言自生。一如《逍遥游》中起于北溟的鲲，水击三千里后同样可以化为飞鸟，"抟扶摇而上者九万里"，以另一种形态走向更高旷的天地。

王维拥有他人难及的语言天才，但他的诗对语言并没有特殊的依赖：语言只是他的给养，不是他的空气。后人学诗，往往发乎情而径于言：先有感受，再学手法，方能说到创作，但王维最好的那些诗却并没走在这条路上。"香稻啄馀鹦鹉粒"可学，而"婆娑数株树"不可学，盖因前者是对一种成熟语言范式的颠覆与突破，好似七十二般变化，俱自行者摇身而来，既是技的延展，就当然具有探讨与再成长的基础——但后者却根本就没有一个最底层的原型。

王维学习过无数种成熟的诗歌范式，但最终他没有取道任何一路去为自己加持，因为走到完成态时，他早已将自己打散，化生于万物之中。我曾经无数次思考王维最独特的好处究竟在哪里：感知、辨察、审美、乐律……似乎都对，但似乎都不够。重读了一遍《辋川集》，跟随他一步步看到自我，继而接受自我、蜕离自我、泯没自我后，我想拿出的答案就是无我。

诗中无我，则万物皆我。人欲彻底消散，有情世界蓬然生成。当一个诗人的生命已无所不至地弥漫于人间，他便不再需要思考再去构筑什么了。他在的地方，诗就会在。明天，我们就针对这一点，谈谈诗在王维、李白、杜甫三位巨匠手中不同的展开形式。

明天见。

第
十
四
日

三星聚会：王维与李白、杜甫

涧户寂无人，

纷纷开且落。

———

　　"诗"与"我"之间的关系，是所有诗人
都需要面对的终极课题。

告别《辋川集》一段短暂的交光，我们也要放阔眼界，看向更邈远的诗歌宇宙了。任是多么温热地活过，人终将离开自己熟悉的能量场，被推入遥远而恒常的星群——大多数人将在这个过程里慢慢失温、暗弱，但也有些人的光亮会穿越黑暗，占据更为长远的时空。

王维身边有过许多珍视的朋友，如我们提过的储光羲、卢象、崔兴宗、张諲、裴迪等。他们都是名重一时的诗人，相照相形，也都在王维的光轮里留下过美丽的叠影。可时间实在是最不惬人意的东西，它会穿透所有情感，打乱一切秩序，依冰冷的逻辑将万物排入一种无情却近理的维度——当距离拉得足够远，个体的光芒终要一步步折堕，能以与王维同样的亮度占据盛唐那片遥远宇宙的，只有他生前说不上很熟悉的两位诗人：李白与杜甫。

此前十三天，我们都在努力地通过文本去修复王维的生命场，希望能如小王子浇灌他的玫瑰花一般，与那个遥远的星体在心灵层面缔结起一种独特的缘分。但事实是我们与盛唐始终远隔一千三百余年的距离，一瞬传影之后，我们仍只能放他回到那个时空，然后在星云此岸终身远望。

当我们放长视距，王维身侧的另两颗大星就会不容忽视地出现在余光里了：他们与王维共同描述着那片宇宙的形状，或者说，在这个视觉距离内，他们也同力构成了我们对王维的想象的一部分。

今天，我们就在李杜的交辉之下，一起看看诗学远空中的王维。

南宋张戒在《岁寒堂诗话》中曾说"世以王摩诘律诗配子美，古诗配太白"，显然此时李杜声名早已双峙于世，时人也早惯以王维为二人权量——诗话中说"摩诘古诗能道人心中事而不露筋骨，律诗至佳丽而老成"，无疑已在用他与李杜最称手的诗体相较了。他随后又评王维"虽才气不若李杜之雄杰，而意味工夫，是其匹亚也"，这里的"意味"，指的正是用语言唤起精神共鸣的能力，也即"诗"与"我"的关系。

我们昨天说过王维诗歌独特在"无我"。事实上，对"我"的安放方式，正是诗人在创作中面临的最为终极的问题。今天，我们就基于这个简易的维度，看看三个人的选择最终将如何作用于诗歌。

读诗要先知人，谈诗之前，我想先请你和我一起，站在王维的视角看看李杜。

从年代论，李白与王维可以算同龄人。他们得寿都在六十岁上下，生年与卒年虽各有多种说法，但里外不会差出三年：生于武周末期神龙政变前，死在安史之乱后，生命与玄宗一朝的兴衰几乎完全重叠。杜甫则小二人十岁有余，生于乱局甫定的唐睿宗太极元年（712）。他步入成长期时，盛世已是个日渐凝结的事实，而不再是一个混沌中需要极力探触的神影了。

十年的代际差异决定了他们不同的处世态度。李白与王维都曾亲眼在成长期见证过人间从大乱走向大治的过程，知道这个正在缔结的秩序之下堆积着多少偶然，也更明白要自我实现，抓住机遇远比个体努力重要得多：李白一生中都在拼力追寻各种想象中的可能；而王维最终决定不再争取，也正因他认为属于自己的机缘已经闭合。而杜甫不同。他成长在一个完整而坚实的系统中，也就更为依赖确定的经验，相信个体的能动性。中岁后三人都是多遇磨折，却只有杜甫仍能不改素志，始终积极地等待着命运的回报。

再看出身。

杜甫与王维的家世非常相似。他们门第高贵，又都是家中长子，自小就生活在父母两系士族的人际网络中（杜甫与王维的母亲还都出身于博陵崔氏），遵从着相似的处世规范，接受着相似的仕途想象，也肩负着相似的家族责任。李白却完全是另一种处境，他出生在远离朝廷中枢的地方（一说四川江油，一说现吉尔吉斯斯坦的碎叶城），父亲是位客商，虽自称李渊七世祖凉武昭王李暠之后，却始终拿不出像样的证明材料，只能以"国朝已来，漏于属籍"模糊过去。在唐代，没有家族谱系，意味着没有对接上层社会网络的端点：李白五律极好，应付省试诗绰绰有余，也早有足够体量与质量的乐府集可以行卷，但没有户籍，就无法被任何州府举荐去参加贡举试，更遑论官资。

生逢盛世，三人年少时都有过匡扶家国的梦想，但王维与杜甫脚下有一条按部就班的明路，李白却没有。他没有合理的社会身份去安置理想，与自己的目标之间就永远隔着一道断裂的天堑。对李白来说，登仕与修道底色相近，都是在绝望中极力去寻找连通的可能——在这个过程中，他必须将自己变得足够庞大，才有希望引来轨道之外的传接与偏移。

李白满怀政治热情，却对政治运作几乎一无所知，因此虽有一腔向往与怨望，却都难落到实处，所有情绪都只能在"我"与"世界"间往复周转。相较而言，王维与杜甫的际遇就具体得多，他们可以更清楚地辨识自己的痛苦，也有一定的空间和办法去盛放它们。以此，若说李诗旨在扩张，王与杜则更重拆解，只是最终王维选择了解离，而杜甫选择了延坼。

不过当然，类似的阶层不一定通向类似的性情——杜甫与王维显然就不是一种人。与李白相似，杜甫始终渴望着在人间活出些声响来，王维则正相反，这大概也是李杜意气相投，却都与王维少有交集的原因。

李白与杜甫拥有漫长的少年期：在身体和心灵最需伸展的年纪，他们都享受过充分的释放，也有足够的空间去自我确认。杜甫自谓"忆年十五心尚孩，健如黄犊走复来。庭前八月梨枣熟，一日上树能千回"，二十岁前的李白更是遍游巴蜀名胜，读书学剑，无拘无束，十分逍遥。

与他们相反，在最该纵性快活的年纪，王维却早已被迫走入了成年人的世界。王维的成长是跳过了少年阶段的，换言之，他从未真正好好打开过自己。一个无凭无恃的孩子要从容周旋于一众位高权重的成人之间，最好的策略当然不是逞才，而是藏锋——从诗的角度看，沿着这种性情向天地间多进一步，便是"同物"。

王维敏于内觉，但在他眼中，自我的重要性反而从来最低，也向来没什么非说不可的话。后世学王者众，而似者寥寥，即使大才如白居易、苏轼亦不能牟其妙处，其原因便在于此：他们从来不想将自己藏起来，也不必这样。

最后还需说说的是三人的交集。

人多惜王维与李白生死同时而终生不曾相见，其中自然也有客观原因。李白曾两度在长安长住，第一次是开元十八年（730）为拜会玉真公主而来，前后停留了三年，而这段时间王维确实也在长安，但正值丧妻伤心，拜入道光禅师座下修行之际，无事不出，自然无缘相遇。第二次则在天宝元年（742）九月，李白随吴筠受诏入侍做翰林待诏。彼时王维任左补阙，却恰逢李林甫弹压言官，缚手缚脚，不得不避情辋川，也不会有心情去结识一位待诏陪筵的红人。

不过当然，即使二人相逢恰得其时，恐怕也不见得能彼此投契：他们对友情的需求太过迥异，实在很难适配。

动画片《长安三万里》曾将李白塑造成了一个热情而健忘的赤子 —— 基于他的诗歌人格，其实不妨沿着这个设定更进一步：与其说李白爱交朋友，不如说他是向往故事。

社会框架无法为李白提供绵延自我的惯性空间，因此，他格外需要高浓度的好故事用以进行持续的自我确认。不难看到，李白愿意交往之人或是浓烈明快，能和他共同构筑一段响快而漂亮的传奇；或则不吝溢美，能作为叙事者托举起他的形象。高如贺监也好，低至汪伦也罢，都要为李白的自我塑造服务。但王维显然二者皆非。

王维交友基于平等观，重视分寸感。相较于对故事的塑造，王维更看重情感的依存。他的朋友都是能怡然自足的个体，社会身份纵有高低，人格尊严却无分别 —— 王维从不会将谁捧得过高，也同样不愿意旁人哄抬自己，换言之，他不喜欢人与人之间因地位高下差等形成的势，可这一点却是李白喜爱的叙事型交友所不可或缺的。不难看出，王维与卢象、储光羲、张諲、崔兴宗等人的交游多与热烈新鲜的传奇无涉，更近于细水长流的守望与相知。这样的友谊从后人角度看或嫌琐屑无趣，但对当事人来说却无疑更为熨帖和耐久。

理解了这样的取向，就不难明白为何杜甫也未能走入王维的交际圈了。

青年时，杜甫在父亲杜闲荫庇下养成了一种刚强豪迈的性格，事求尽兴，不预来日。当王维在贤相集团和聚敛集团拉锯的旋涡中辗转浮沉时，杜甫正好整以暇地壮游东南，自命"饮酣视八极，俗物都茫茫"。仰望高天的人不会对脚下大地心存敬畏，责任勒上肩头之前，人们也总会对为自己提供安全感的事物展现出不屑的叛逆，是以相较苦闷经营的王维，杜甫自然更会被放浪豪迈的李白吸引。至三十岁时父亲离世，杜甫才不得不接过家族长男的职责，开始计划自己的未来 —— 他应该期待过以诗文为媒去接近王维，一如他满怀热忱地向朝中能够到的每位名流献诗，但王维对这样有目的性的靠近当然又很难提起兴趣。

其实不独王维，很多人都认为中年时的杜甫太过急功近利，气格不高，但我觉得一个经历过那样旷荡的少年期之人能毅然接过自己的责任，"朝叩富儿门，暮随肥马尘"，为家族与至亲低下他本以为可以一生昂着的头，这本身同样是一种大勇。

杜甫在仕途上起步太晚，也没有手足如王缙可以同力承担家族使命，一路走来，光彩或卑微都只能一力背负 —— 但杜诗也正是在这样真实的打磨中慢慢坚实，有了担扛的力量。

谈到现在，他们的轮廓或者已清晰些了。事实上，正因为这样强烈的反差，三个人在诗学远空中构成的星团才显得如此坚固而不可拆分。

闻一多先生曾说盛唐诗可以分为三派：以王维为代表的自然派、以李白为代表的纵横派和以杜甫为代表的社会派。后来，人们也尝试着用教途分流去解释他们的不同：王维从释，李白从道，杜甫从儒。无论怎样分类，这种表述大抵可以证明，他们三人拼在一起，就几乎可以涵盖盛唐的全部气质。

不过要警惕的是，标签只是效率经济的产物，而不适合用来亲近真实的个体。分类思维本身就意味着排他，而大诗人的特点，本就是不设界限。王、李、杜都曾在自然、纵横与社会三个方向上探索，也都广泛地接受过儒、释、道的三元教化，他们都在重重套叠的不同宇宙秩序中艰难地寻找着各自的平衡，真正重要的是寻找的过程，而不是那个简单的最终坐标。

从古至今，诗歌经历过千万次演化，也衍生出了无数种诗学观，但究其本质，终不会脱离表达与个体的纠缠轨迹——"诗"与"我"之间的关系，是所有诗人都需要面对的终极课题。从家国叙事到个体觉醒，再从作者中心走向非个人化，每一步前驱或反侧，都标画着一个个诗人在诗中寻找"我"的过程，所有诗学层面的技巧乃至风格，也都只会在这种消长中应运而生。

下面，我们就从这个视角来看一看三位诗人的选择。

先说李白。

在诗歌领域，李白堪称古往今来最为夺目的超级个体——不必加"之一"。无论是容量还是浓度，他的诗歌都远大于他本人：像一团以"我"为灯芯，不断扩张的火光外焰，站在旁边盯上一会儿，说不定就也给卷进去。对李白来说，诗就是他的自我冲破一重又一重语言边界的膨胀过程，像道教讲的"以形守气，以气养形"，诗与我吞吐相生，至于无穷。老子在《道德经》有

"专气致柔""复归于婴儿"的说法，推崇凝聚与顺应，至唐代内丹术出，道教气质则随丹道变化自柔入刚，分化出了张扬进取的一面——好像婴儿长大一点，变成了孩子。

李白至死都是个这样的孩子。

他的诗学人格拥有一切孩子的特点：充沛热烈的自恋、不加节制的扩张、对即时刺激的兴奋、对荒诞幻想的迷狂……每个孩子都坚信自己是宇宙的中心，也就不需向往所谓的超我，反而会不断用夸张乃至极端的表达为本我赋权，以对抗现实规则带来的困惑。若接触过孩子，你一定会发现他们很爱用"就要""永远不""绝对"等无理却强势的语言去主张自己的感受，一如李白的"明朝拂衣去，永与海鸥群""仰天大笑出门去，我辈岂是蓬蒿人"，话出口就一定得说满，半点妥协的空间都不肯留。

李白心中一直有个鲁仲连式的"英雄自我"，能以片言成大功，功成而不受赏，最终浮槎沧海，既成功且自由。这种极端的理想人格当然要经历无数代的戏剧化加工，而李白也同样是一位善于用戏剧处理去自我赋魅的人。

我们不妨按戏剧元素将一将李白的诗。先说动作。与杜甫、王维相较，李白对肢体语言的重视程度最高，这与他喜欢用主视角写诗有关。李白会专门设计一些功能性动作来完成自我描述，譬如"拂衣"：在李白的逻辑里，功成身退还不是鲁仲连的完成态，掸衣服这一下才是。"吾亦澹荡人，拂衣可同调""事了拂衣去，深藏身与名""功成拂衣去，摇曳沧洲傍""长揖不受官，拂衣归林峦"……拂去尘土，意味着对尘世毫不留恋的挥别——一个具有象征意义的结束仪式，在心理层面有时比阶段转换本身还要重要得多。这种用动作控制叙事节奏、完成意义确认的手段，是非常典型的舞台思维。

再说情节。戏剧限于时长，往往不得不通过夸张去把握节奏重心。诗歌的文本空间较戏剧更是窄小数十倍，若同样要依靠叙事逻辑动人，手段当然只有更加极端。李白最为人喜爱的诗歌，无论是绝句如"朝辞白帝彩云间，千里江陵一日还"，还是拟古乐府如"闲来垂钓碧溪上，忽复乘舟梦日边"，都有种近乎狂诞的戏剧性夸张。这些幻想固然有道教"控景[1]"的方法论在主导，可也只有李白能将这样具有萨满意味的想象写得这样神完气足，充满信念。这同样源自一种孩子气的自信——"世人见我恒殊调，闻余大言皆冷笑。宣父犹能畏后生，丈夫未可轻年少"，他是真的相信自己的未来拥有无限空间。我们讨厌听人吹牛，但若能如李白般吹出这样不容置疑的底气与调门，大话也就不再是大话了，它将反过来撼动经验，倒逼我们去反思何谓真实。

更要注意的是叙述视角：相较乐府诗常用的旁白式侧写，李白更喜欢用独白的口吻去区隔"我"与"非我"，这同样出于孩子的思维模式。独白本就是语言秩序规训下的一束意识流，发乎人

---

1 "景"在道经中有日月之义，"控景"即驾乘日月之义，即飞升。

欲，也自然会循人本初的特质，如奇点爆破般一点点将混沌的宇宙围绕自己整合起来。李白最好的诗歌大多或在喃喃自语，或在向天发问，前者就是对"我"的加固，后者则是对"非我"的瓦解。

"拔剑四顾心茫然"，李白与世界的关系一直处于这种既戒备又渴望的状态中，或许这也是他灰心于朝局后选择受箓修炼的原因：他总想变得无限巨大，然后如鲲化鹏，彻底飞向一个只有自我的自由世界。但当然，只要他还在遵循这种戏剧式扩张，这个梦想就永不可能实现——"非我"仿佛一面"我"的镜子，永远会跟随他同比例增长。

一定程度上说，李白诗的魅力注定要在这样的冲突里成型，毕竟戏剧的本质就是冲突。"安能摧眉折腰事权贵，使我不得开心颜"，诗歌史上很少见到如李白这样能理直气壮地珍视自己的感受，将自我满足驾凌于万物之上的诗人：若世界与他不能调和，那么一定是世界的错，而他愿意与错误奋战到底。大多数人无法拒绝李白，或许正是因为最初那个两手空空、仅凭一团生命元气来到世上的孩子其实一直住在每个人的心里。当它被李白用诗歌唤醒，我们每个人都愿意给出一霎向往的纵容。

我们再说说杜甫。

杜甫是三人中最年轻的一位，可文学形象却反而最为老迈——人们并不习惯管李白、王维叫老李、老王，却偏就只喊他作老杜。

与两位早早找到自己风格的少年天才不同，杜甫的诗虽一直在水准之上，却是到中年后才有了可以独立于诗歌史的面目。

这也与杜甫安置自我的方式有关：像因陀罗网上的一颗明珠，杜诗是千千万万种影子的叠加，也终要在千千万万次映见中定相——说得直接些，杜诗中的"我"从来不是独立存在的，而是诞生于与他者的关联。杜甫需要和远远近近的人建立起深深浅浅的关系，并最终在这些错综的线脉中一点点盘绕出自我的样子。在这种逻辑下，自然是阅世越久越广，诗的容量越大，丰富度越高。

1936年，病笃夜卧的鲁迅曾请许广平为他开灯，说想"看来看去地看一下"，因为"无穷的远方，无数的人们，都和我有关"，杜诗动人处，往往也有这样的底色。老杜是三人中最宜代表儒家的一位，因为他的诗歌对他者的需求最为迫切，也就不可能留在心灵孤岛上走自我扩张的路（毕竟没有社会生活的儒教徒根本就不能被称为儒教徒）。"朱门酒肉臭，路有冻死骨"，杜甫终要在每一种"看到"里确定自己的坐标——也正因杜诗是真正在与远近高低每一重真实性里建立心灵上的连接，它才有被后世称为诗史的资格。

杜甫的共情能力极强，也是三人中唯一能用"我们"的视角作诗的人。他允许自我被人群包围，并以集体的身份存在：他能从"三吏""三别"中的新妇、老妪、新丁、老兵身上看到不同情境中的自己，也甘心以他们的痛苦为痛苦。"莫自使眼枯，收汝泪纵横。眼枯即见骨，天地终无情！"我们很难说这样的表达是劝人还是自劝，是独白还是群呼——当一个人能代表千千万万个人去呼喊，他的声音一定意义上就容纳了天的回音。

杜甫对关系的理解始终是温度导向的，这也导致他在处理相对近切的社会关系时总显得不太得体，该讲礼序时心中偏还论着人情，就容易闹出仗着辈分对幕主严武发出"严挺之乃有此儿"这样不宜感慨之事。但反过来，当浸入与利益无涉而纯托于情感的关系时，杜甫的诗心就会活起来。

　　最能涵养情感的所在自然是家庭。杜甫心中的妻儿就从不是用以强化自己夫权与父权的空心文学符号，而是一个个鲜活温热，他愿意喜心泣泪端详一生的人：他写妻子如"何时倚虚幌，双照泪痕干""夜阑更秉烛，相对如梦寐"甚至"妻子衣百结""瘦妻面复光"，写儿女如"忆渠愁只睡，炙背俯晴轩""移时施朱铅，狼藉画眉阔"等，都是源于"真听真看真感觉"的自然流露。与李白写妻女如"会稽愚妇轻买臣""折花不见我，泪下如流泉"式自我构建的笔法相较，就很见尊重。很多人说老杜写人状物胜在观察力，但若心中没有丰盈的感情，是找不到这样准确的观察方向的。

　　写朋友亦然。杜甫会认真地注视朋友的每个动作，并将之编纳入二人的情分。譬如《彭衙行》中写孙宰对自己的招待，杜甫先感激孙宰"延客已曛黑，张灯启重门"的郑重，"暖汤濯我足，剪纸招我魂"的体贴，再写对方叫妻子孩子出来见客的热情，"从此出妻孥，相视涕阑干。众雏烂熳睡，唤起沾盘飧"，步步推下，有条不紊 —— 从这样细致的描述里，分明也能看出他对此行打扰的愧疚：朋友家的灯是专为他点的，洗脚水是专为他烧的，纸人是专为他剪的，妻孥是特为他迎出来的，孩子们也是因此不得不被从"烂熳睡"中唤起的……若是李白，或者也同样会为孙宰的盛情写下"桃花潭水深千尺"样的诗去道谢，却不一定能将对方的每一步付出都看得那样细致和重要——他会感激，但不见得会愧疚，因为愧疚来源于体代，那本是从杜甫对自家妻小的尊重和亲爱中推生出来的。

顺便说一句，很多人说李杜的友情不够对等，但站在杜甫的视角，他付出的情感本也不需要李白去成全。杜甫的感情足够充沛，能在文学中实现自我圆满——他晚年写李白时有一句"三夜频梦君，情亲见君意"，显然，李白并不需要给出任何回应，在梦到李白的那一瞬间，情感的回馈就已经在杜甫这里完成了。

老杜身周生长着一卷温暖的关系茧，他会将情感一重重织出去，让它以核心那个自我的形状绵延开来，至于无穷。每一种关联，都是他的样子。

对他者的需求同样决定了杜甫诗歌语言的特点：与李、王相比，杜诗最需要读者——也可以说，他可以说是三人中唯一心里有读者的一位。

杜甫在诗学语言上贡献最大，而语言，本就是人与人之间关联的一种显相。杜甫自谓"语不惊人死不休"，锤炼字句时常怀"能写偏不写"（顾随语）的倔强，这也意味着他心中常有一位会被"惊"到的预设读者等在那里。李白、王维都有极精警的句子，但少见老杜这样刻意实验的拗劲——"诗是吾家事"，这也是他对祖父杜审言的交代。

杜诗句法莫测，以七律尤甚。与李白的线性冲刷不同，杜甫的思维是呈网状平面展开的，关要也就被留在一个个扭结的交点上。读杜诗不能闭起眼任他裹挟，而要时刻面临岔路，做出选择。

杜甫不欢迎被动的读者，他需要读者有能力参与到意义生产中来，顾随说"老杜的诗有时没讲儿，他就堆上这些字来让你自己生一个感觉"，其实就是这个意思。杜甫的诗中时刻包含着语法性歧义，比如"丛菊两开他日泪"，菊花的二度开放是在今日还是他日？泪指的是白露节气间菊瓣挂的露珠，还是看花人的触物伤情？如是前者，老杜是在隐写月光（白露节气人们通常会赏月），还是暗喻死亡？如是后者，看花人是否还是同一个？泪是因昔日而流，还是因今日而流？是为"不见去年人"而流，还是因"此生此夜不长好"而流？……文本中有无数重空间，而读者必须和他四目相对，拿出自己的解法，才能真正让他的诗变得确定和完整。

从这个角度看，在文学层面去爱杜甫是有门槛的，或者说，杜甫与读者间同样有自疏而亲的一重重门户，一如人际网络：若你只想循杜诗看场故事，老杜便也只能对你遥遥致意，无法走近；只有愿意在创作层面与他对话的人，才能等到他"张灯启重门"，坐入他满怀热情为你预留的座位。

读杜甫，我们必须抱着日日精进的自觉，但那是值得的，虽艰难，但这不是一条寂寞的路。杜甫已在前方预留了无数回应：

在一阶又一阶的确认中，我们会越来越清明地看到他的样子，感受到他的真诚。

最后我们回到王维。

钱穆曾说"王维之诗已将人抽掉，即是不将自己摆进去"，这或许是对王维诗歌最朴素的画像了。无我意味着关联的瓦解，进而导致语言的失位，这是王维与杜甫两位语言高手最终面临的歧路：同样坐拥宝山，杜甫选择将它调驯成自家的园林，而王维则让它变作了空山 —— 不是阒寂无人的空山，而是我们前面提到过的，佛学意义上解离时空、具有美学超越性的空山。

诗评家们往往会将王维的诗歌归入"无我之境"，但我以为若说"无"是为了衬出"有"，这说法还不太准确。王维处理"我"的态度是"非有无"的。若仍以山为比，他的诗更近于"山色有无中"——在王维的诗里，我们很难找到"我"的踪迹，却又仿佛处处可见敞开着的感官：山水树石，都如随他的节律在安静地呼吸。事实上，王维的"无我"并不是 T.S. 艾略特推崇的"去个人化"。相较于为对抗叙述者霸权而特地"将人抽掉"的技术手段，王维对"我"的处理可谓毫无机心：说"抽离"还不确切，用"溶解"才更合适。

王维对诗中的"我"既不依赖也不警惕，可有也可无，故能纵浪随化，随缘显现，也就形成了一种与杜甫、李白截然不同的物我关系。

杜甫是个深情的观物者，他与物象是相亲而不相融的。杜诗没有物我混同的底色，处理意象时也始终通过裁量关系去体现情味：看"桃花一簇开无主，可爱深红爱浅红"与"黄四娘家花满蹊，千朵万朵压枝低"，区别便很显然 —— 小桃无主，故能近辨，繁花属人，则合远观（后文止于观蝶听莺，显然一直没有走近）。一定程度上来说，准确处理距离的能力保证了情感表达的安全性：老杜用情写物始终是与读者站在一起的，手段固然高绝，可视角却与读者最为贴合。

李白的物我关系则因物而变：他会将自我注入一部分物象，在此过程中，他也一直审辨"我"和"非我"、"同物"与"外物"之间的界限 —— "敬亭山"拉进来，"众鸟"和"孤云"则剔出去；"渌水""清猿"拉进来，"熊咆龙吟"则剔出去……李白有强大的调度能力，与物的关系也更近于"用"。可用者用之，不可用者遣之，这是一种孤家寡人式的心态：李白对"弃我去者""乱我心者"始终心怀警惕，接纳物象、自我充实，本质上也是为了对抗一个更大的外在。

而到王维诗中，就已经不再有一个"非我"的外在了。王维对世界既不欲对抗，也不想拥有，更近于是以一株树、一只鸟、一眼泉的形态融入天地间。"弹琴复长啸"固然是他，"清泉石上流"又何尝不是？

王维后期许多诗都很难用叙事逻辑或物我关系归纳成所谓导图，因为他几乎就没有设定一个主视角：在同一首诗中，他有时近，有时远，时在上，时在下。以《辛夷坞》为例，"木末芙蓉花"是仰视，"山中发红萼"是俯视，"涧户寂无人"是长焦镜头，"纷纷开且落"是延时摄影，四句之间，有即时的切片，有时段的截取，也有拉入永恒时空后的降噪，这并不遵循人类的叙述视角，而宛如神栖万类，无定相而无不在。

以电影作比，李白像一条第一视角的长镜头，气息凝集而顺畅；杜甫似能作全景深构图的深焦镜头，视野广远而确凿；王维则更像是一组不同机位的空镜，时空离散并消解，就中的"我"始终是可有也可无的，也就不必陷入话语权的自证。王维的诗从不抢着说话，但当你读进去时，会觉得自己心头自然有千言万语流过 —— 不知是他的，还是你的。

谈到这里，三个人诗歌中"我"的位置也便各自分明了。若说李白之诗是自点而线，在急剧扩张中获取方向和速度；杜诗是自线而面，在繁复交叉里开辟面积和分量；王维的诗则更近于是将多时空交缠的五维世界折叠回了三维，在约简的投影中消解主体的可能。

李杜的诗歌都在大力开张。他们在各自的能级中各有独到的升维手段，也遂能带读者领会在震荡中逐步打开的快感，而王维的诗歌则相反：读者乍看会觉得他只在一方静态时空中安坐，不施手段也无甚气力，但若距离他足够近，则会因骤然辨察到容量的过载而觉得晕眩，甚至畏惧 —— 对我而言，那感觉就像是科学家终于一步步走近了自己的终极目标，却突然意识到推演的尽头似乎真有个上帝。

宇宙不绝运行，三颗巨星也仍在不同维度的空间的褶皱中安静地自转。仰望星辉的同时，我们更该用自己的质量去切身地感受那个神秘的引力场：那是他们共望一轮明月后，最终以"我歌月徘徊""中天月色好谁看"和"明月松间照"重建起来的诗学平衡。读王维时，我们常揣着自己不知向哪里安放，或者正要有李杜这样势大力沉的存在，才能让我们知道放下的那一霎里空无的重量。

至此，十五日的漫谈终于将告结束，明天，就让我们一起回到当下的时代，去面对我们与他最终的联结。

明天见。

第
十
五
日

今日，我们如何读王维

红豆生南国，
秋来发几枝。

——

生本寻常，但每一个个体，也都值得人心
怀温热，珍重相托。这是王维在走过这样
的一生后，最终留给人间的态度。

相伴十四天，这场漫谈该进入尾声了。乘着色相与音声随王维走过了这样一场长谈，我想在告别前补上几句自己的感受。

不知你翻到这一页时，我们的世界又迭代成了什么样子 —— 但从盛唐回到此时此地，我想或许你会有同感：时间穿过我们的速度与古人的已不再相同。

现代文明对效率的追逐将我们推入了更为迅疾的相对时流：太常寺从《龙池乐》走到初步律化的春祭礼乐用了十四年，而若交给人工智能辅以专家反馈，这种级别的探索最多几个月就能完成；王维从长安去辋川，任是快马加鞭也总得半日工夫，可如今我们驱车出西安城区后走沪陕高速则最多只需一小时车程。今时今日，人确实较农耕时代活得轻易：我们拥有更大的时空自由，能用一辈子的时间经历他们几十辈子也无法想象的变化。这当然可以说是一种幸运，但幸运背后总有代价，多与快，也不是永远意味着好。

我不打算做社会学讨论，只说个体的感觉。当环绕四围的时间太过稠密，我会觉得身心不太畅快，一如座上的清风若变成浓雾，人就很难再有深呼吸的冲动。这不仅是个比喻 —— 被各式屏幕包围，看各种信息飞掠时，我们的呼吸确实会变得既浅且快，与世界的交互也将日益稀薄。

这或者是因为我们的身体并没能追随湍急的时流彻底摆脱"从前慢"：风拂上面颊的速度没有变，浪打上沙滩的频率没有变，黄鹂一声啼鸣的长度没有变 ——树增一圈年轮、花经一回开落，都仍遵循着一种远大于人类野心的自然节律。当我们习惯于手忙脚乱地追逐技术奔跑，就只能日渐与世间万物格格不入。

人们怀念着慢的时代，却已渐渐忘记该如何作为一个生命去毫无机心地与天地同处。"行到水穷处"或还不难，但大多数人都已失去了"坐看云起时"的能力 ——梦想在山水间终老的人真若丢掉手机去山水间独坐，恐怕多难心境安稳地撑过五分钟。我们已经习惯在日夜川流的信息中飘荡，殊难将自己再交给一泓不波的空潭。

这是我觉得当代更需要王维的原因。跟随他，或者能让自己重新参与进这个可触的世界中去 ——用生命，而非头脑。

王维是一位虔诚而本分的艺术家。这句话可以理解为，他的表达是与感受相适配的，一入复一出，既不私藏，也不加力，让万物好好地流过他，再经由他的孔窍回归万物。以此，我们可以在他的创作中，看到人与世界正常交互应有的样子。说来似乎很自然，但若你尝试过艺术表达就一定会明白，这绝不是件容易的事。

先说入口端。

每个人都在用自己的方式通过世界，然其间所获一定千差万别。人们常将之简化为观察力的差异：正如同样走过一条山路，有些人天然就能看到更多物种，分辨更多颜色……但这种评量标准与我们要讨论的诗性感受并不完全匹配。在视觉思维本位下，观察力裁定的仍是大脑对信息的占有量，并没有考虑身体的参与度。

事实上，我们可以介入世界的方式有很多种，色声之外，尚有香味触法。能将视听得来的信息整理为身体的感受，才算是真正与事物缔结了联系。

我想引王维《过香积寺》中的"泉声咽危石，日色冷青松"作为注脚。依诗评家找诗眼的习惯，你当很容易关注到"咽"字与"冷"字的不俗。自明而清，人多盛赞这两个动词用得工巧："五、六即景衬贴荒凉意，'咽'字、'冷'字工"（明周珽《唐诗选脉会通评林》），"'咽'与'冷'，见用字之妙"（清沈德潜《唐诗别裁》），"泉遇石而咽，松向日而冷，意自互用"（清张谦宜《絸斋诗谈》），"五、六特作生峭，'咽''冷'二字，法极欲尖出"（清卢㻞、王溥《闻鹤轩初盛唐近体读本》）——但即使是公推的新警，这两字仍不似杜诗那般有谋一事、制一器的锤炼感，究其原因，大概就因为它们只发乎身体感受，而无关作品意识。

"咽"是喉头的震颤，"冷"是体肤的凛栗。它们都是被动而自然的身体觉知，随势而发，因境而生。耳中的泉声与眼前的松色与作者没有构成物理接触，但在王维诗中，它们类化成了两种直接而明确的体感。

这种身体直觉的获取并没有我们想象的那样轻易。先说"冷"字：对今人而言，冷暖色已是俗成定义，用"冷"来饰写青色也就顺理成章，并不稀奇；但在王维的时代，我国传统画论还未形成色彩心理学的理论自觉（冷暖色的说法要后推至清初恽寿平时代方才初步成型）。要将色彩转化为切实的生命感受，他没有任何概念可供援引，只能依赖认真而诚实的身体觉察。"咽"字亦然，吞咽发乎软腭的承重，听到石隙水声感到喉头上提，完全是一种托身入物的表达。

这种发乎直觉的感官整合也许来源于王维多元的艺术经验。声音与色彩对大多数人来说是来自造物者的"无尽藏"，它们客观存在，适人取予，但于他却更复杂些：他明乐理，又工绘事，实际参与过音乐和图像的创建，就更容易用一种创作者的思维去面对它们。

对音乐家来说，声音远不止意味着耳膜接收到的刺激，它更是簧片的颤动、琴轸的旋转、指腹的游移、唇齿的姿态、气息的形状……他们会自然地被声音代入熟悉的韵调，然后自然地激发起自己的演奏经验来。举"松声泛月边"中的"泛"字为例，以"泛"写声，便与古琴指法中"泛音"之"泛"出于同源。琴人奏泛音时左手甫触即离，声质空灵如"孤鹤唳空"，故而蔡邕论琴尝以泛音喻天籁（散音、按音则分别对应地籁与人籁），在此句中与高处松声在月下的声光烁动参想，就极为精准——这样写声，是娴于琴理之人才有的感受。

绘画亦然。我们前面曾说过，每种色彩都有自己独特的质地与性格，它们被一点点提炼、打磨，然后循画师生浓淡、定排布，方成风景。王维写景时笔法便往往兼工带写，暗伏画理，如"白云回望合"之"合"，便很显然有回笔渲淡的姿态在里面，"积雪带馀晖"之"带"、"千里横黛色"之"横"也莫不如此。这种因图景辨笔势的本事，也是画师独有的。

声色在身体律动上的复现，是我希望能通过重读王维诗歌打开的诗境入口。有实际作用于身体的感受加入，物象才不再是一滑而过的即时信息，能经由诗人的生命进入诗的边界。

及此就可以谈到输出了。丰沛的感受力是诗人不可或缺的禀赋，它主张创作冲动，非为王维独擅，但作诗时能有几分感受说几分话，不用诗艺催动个体扩张或情感升华，这份克制却是大诗人中相对少见的——很少有人甘心这样写诗。

大诗人多有恃一字驱策山海的语言能力，如孟浩然"气蒸云梦泽，波撼岳阳城"中的"蒸""撼"，杜甫的"吴楚东南坼，乾坤日夜浮"中的"坼""浮"莫不似此——设若我们去掉这几个动词，"泽气云梦，城波岳阳"、"吴楚东南，乾坤日夜"亦是不坏的四六骈文语料，但失去或蒸腾或延展的动势神采，诗的领控空间却显见狭窄了许多。

事实上，唐代云梦泽早已填淤成陆，孟浩然当然不曾实地见过水汽上腾，岳阳楼高仅二三十米，杜甫也很难凭栏看尽东南一带的断隔与开张——站在洞庭湖畔，他们真正拥有的只有一片苍凉的湖水和古往今来几个单薄的地名，可经过诗歌一番整理，种种传说与图志就这样在他们手中震荡开来，演化出了百倍宏阔的气象。

每个人都想拥有更大的自由，占据更广远的时空。我们总会不自禁地被更"大"的东西吸引，是以很少有诗人能抗拒文字表达的扩张欲——那是语言的本能，正要遵循这种本能，诗才好辐射开来，触及更多的灵魂。

意象如此，情感亦然。诗人喜欢用语言驱动感受，让诗在情感的延长线上继续滑行，这也可以算是一种独属于文学创作者的愉悦：诗与诗人的主导权在语言领控下即时互换，像乘滑板路冲，我们很难说跃上板后那段滑行就不属于诗人——即使可能已经脱离了他的速度极限。

这通常就是很多情诗被指"情至深则近伪"的缘由。好诗能让我们看到最极致的情感表达，但事实上，人在真正饱满的情绪中很难作诗，再清浅流畅的诗也需要理性参与。不客气地说，所有看似至情至性的诗，都是诗人在情绪回落后，在语言思维的驱使下让自己再度冲向高峰的一种感官拟合，在这个过程中，诗人会受到语言的强烈诱惑，也将不再满足于止步个人的觉察：诗语会带动他们继续向上飞升，甚至乘之腾化，以领受更具快感的情感体验。

但这不是王维的写法。

王维文字能力高绝，值应制或应酬需要亦能造奇象、开广庞，但单纯面对自己时，他是诚实与克制的。同样写山中阒寂，不闻鸟声，柳宗元会横推千里，作"千山鸟飞绝，万径人踪灭"，好为后面的孤舟独钓聚焦出反差之势，而王维则仅止于"谷静唯松响，山深无鸟声"，停在此山此时，不为加持孤独的烈度去肆意展张意象。写感情亦如是，同值丧妻伤心，元稹能将悲痛推至"曾经沧海难为水，除却巫山不是云"的高度，以圣人之高、神女之美将自己的感情极度神圣化，王维却只如白描般带了一句自陈，"心悲常欲绝，发乱不能整……颓思茅檐下，弥伤好风景"，不肯以他人事典稍加渲染。

他的诗歌拥有绝大的容量，偏偏表达的尺度控制得又极为精准：不受时序拘束，不作空间架叠，不循人事助推，刚好能容你完好地经由诗歌逆向回归到感受，不增不损地找到独属于艺术家的身体直觉。

若说大多数诗人的诗是酒，王维的诗就更近于药 —— 在他人向往强大与力量时，王维更看重平整和通顺，也可以说，他人求的是精进，而王维找的是回归。

精进往往依赖技术的破发，回归则只会指向欲望的自抑。至此，我们也不妨回到今日开篇的话头，要跟着信息的奔流飞驰，还是依从自然的节律放缓，每个人都可以有自己的选择，不过，在时代急流的冲刷下，王维的诗或许能让我们重拾一点不被裹挟的定力。

说罢读诗，我想再从作诗的视角顺势聊聊我们如今面临的诗学处境。

不知你读到这里时，人工智能的人文创作能力是否又有了突破性的演进，我的闲聊，也只能基于此刻的切片展开：写这本书的这段时间，DeepSeek 的出现确实对许多仍在坚持文言诗歌创作的人造成了一些心态上的扰动。

倒不为它写得有多么工稳，人类诗人早已能接受这种程度的冲击 —— 毕竟早在世纪初，我国民间就有擅诗的 IT 工作者在开发作诗程序了，经过二十年迭代，其成作虽不能说追步唐宋，可写出像模像样的同光体已不是问题，技术特征外显而易于提取的诗歌流派多逃不掉被大规模复制的命运，这在人类世界同样成立。

一种诗风能被凝聚成诗派，往往正因它能给资质普通的诗人一个顺利进入某种成熟表达的机会。在传统的诗歌场域，这种易于复制的确定性可以转变为一种组织方式，将审美志趣相似、创作能力相当的人群快速聚集起来。但当创作权被让渡给机器后，这重社会学意义被消解，其易被替代的弊端也随即显现了出来。

人的聚合本身就是一种意义，但作品的聚合不是。相似的人通过诗歌被拉近后，灵魂会找到更合理的共振方式，与这相比，诗歌结集本身并不重要：一个诗派能生产出两百首抑或两百万首水准以上的诗歌，从任何维度看都无法构成对真诗人的情感冲击。

说回 2025 年年初这轮 DeepSeek 迭代。事实上，它令人焦虑的点更多在于机器创作逻辑从稳到新的转向。

农历年除夕前后，一首题为《超新星客栈》的机器创作出现在社交媒体上，掀起了人们对语言模型极为热烈的讨论。诗的后四句作："南来星舰贩暗能，北往虫商卖时差。醉客忽掷银河碎：'此乃故乡最后沙。'"你该能感觉到它还远说不上成熟，纵然引入了大量相对文言语境有些陌生的意象组，但若出于人类诗人之手，大概率掀不起那么大的讨论热度。

自《三体》《银河帝国》等科幻文学走入大众视野以来，很多文言诗人都已颇具野心地开始在物理学框架下对诗歌进行时空拓展了：古代汉语语法弹性高，结构变化也就更多，在传递信息方面也许不及现代汉语准确，但若用于观念建构，却有浪漫而独到的美学价值——只要文言不死，这种诗歌的出现是必然之事。《超新星客栈》引发讨论的点并不只在于它本身，更在于人们突然意识到，一条用以分离作手与庸才的金线似乎要失效了。

我在前面谈起过诗人很难拒绝扩张的冲动，现在我们仍从这个假设出发：随着年龄的增长，人的感知力与倾诉欲都会随生命力转衰，诗的入口端也无法避免地一点点收窄。为保持作品的尺寸，诗人会逐步容许语言技艺上位替手，为他撑起诗歌的空间，走向下一步延展。这种延展的底层，其实就是一种交叉的逻辑。

自杜甫通过近体诗逐步探索出网状展开的法门，诗就有了更多样的远方：相较现代汉语，文言更为自由，它不必遵从严正清晰的语法链条，遂能开启更多的拼插端口。

对老杜而言，他的语料与同时代诗人并无太大分别，对交叉的运用主要是依托近体诗的格律黏性把打散的时序、地理与叙事错落编织入自己的情感线。举"听猿实下三声泪，奉使虚随八月槎"为例：短短一联之间，有巴东，有河源，有人境，有仙家，有真切的伤感，有落空的期待……在平与仄的交错里，它们共同撑起了一个比"因未能追随严武回归长安而伤感的中年诗人"本体要阔大得多的时空想象。

今天，我们面临一个远比唐代丰富绵密的世界，可以用来交叉的要素也就自然更多了：新旧语言可以交叉，学科框架可以交叉，对世界的认知方式也可以交叉。一个娴熟于文言范式的诗人若掌握了更多元的信息、能穿梭于更多维度的观念，就自然能引导更复杂的结构，诗歌的尺寸也当然会更大。

DeepSeek 创作的那首《超新星客栈》炫人耳目之处就在于新旧语言与文理学科的交叉：它为"东市买骏马，西市买鞍鞯"的乐府句式嫁接上了科幻小说中常见的物理名词，又以李白"初惊河汉落，半洒云天里"的姿态为媒引入《三体》中"宇宙沙粒"的意象。虽然只有意象，还远未涉及具体认识框架，可只这一点点陌生化的接入，就已让一首诗有了被看到的资格。

事实上，这首诗的意外走红映射出的是文言诗歌现阶段的审美方向：人与世界的关系日益浮泛，作为诗内核的生命张力也相应越来越微弱，作为代偿，诗人决定为那个日益衰小的核织出更蓬松的茧，让更多信息可以附着其上，让诗歌更沉重、更复杂，以抵消生命损失的分量 —— 走得更极端些，则索性彻底放弃个体视角，让蔓延的结构取代生命燃烧，去完成更可持续的延伸。

这层茧，就是我们刚刚一直在说的"交叉"。

这是一条堪称走通了的路。它已形成了丰富的诗学理论与审美标准：织出这样繁复的丝茧不是件容易的事，那需要极广博的见识、极包容的思辨与极敏密的联想，意味着勤奋、天赋与眼界的际会——一定程度上说，在这条路上，信息容量的大小与语言能力的高低，可以最终决定诗人的水准差等。

而 DeepSeek 这首诗的出现却恰恰让人们意识到，这些如此珍贵而幸运的禀赋突然不再具有被区分的必要：人永远无法占有比 AI 更广博的信息，对语言的直觉也不可能与基于概率预测的语言模型相比。当人工智能已经不再满足于为成熟的诗歌体裁生产合律的标准件，而开始选择笨拙地冒犯诗歌的空间边界，这条区分诗力的金线就注定将被碾碎。

硅基加入创作的新文本时代，我们不得不直面一个问题——诗歌究竟是空间的诗歌还是诗人的诗歌，换言之，它是一种安放或开拓的方式，还是人本身。

天赋卓绝的诗人总不甘心只做个诗人，他们愿意承担更多的使命，也总想赋予诗更多的意义。自古以来，诗歌的身份一直在这种崇高愿景的推行下演进，也承担起越来越多元的功能。它牵引礼仪，推倡政令，映带历史，构建叙事，阐释哲辨，开垦语体……能做的事似乎越来越多，但到今日我们却意识到，当诗可以脱离诗人作为一种功能存在，人工智能当然也不妨雄心勃勃地站在我们身边，来争一争诗的定义权。

技术依赖理性却不信任灵性。它抗拒本能，也就终将指向普适的标准与个体的坍缩。当所有语言层面的技艺都已能通过概率的推演被迅速习得，我们或许该回过头去，看向层层解剥之后，诗最终不能被算力替代的、属于"我"的部分。

谈应制诗时我们曾探讨过"言"与"意"的关系，也看到了双方消长过程中诗的滋生。如今，当"言"之一道被引入了远较人类强大的竞争者（或谓建设者），我们对"意"的把握也就越发关键：能不能在天地间掂起自己的重量，在人海中看到自己的面目，在概率中确认自己的语言，这对诗来说很重要，对我们亦然。而在重拾个体感受一道，王维是一位绝好的接引者。

我们说过，在王维的认知里，自我的重要性很低——这让他避过了大多数诗人无法避免的自恋。自恋往往伴随着潜意识下的自我美化，与强烈的被注视妄想：那喀索斯[1]在水波中看到的自己，一定兼带着他下意识的美学创作。当诗人内倾太过，作品意识会随之产生，那个真实的、与世界实际发生着关系的自己会反而慢慢模糊——习惯于跟随更具美学侵犯性的语言去感受世界，他们会甘心牺牲掉一些真实，成就一种更完整也更高明的述说。

王维的好处，就在于他的表达中看不到这样的权衡。这一方面是因为他的语言能力本就足以精准地复现自己的感受，不必犯

---

1 那喀索斯，希腊神话人物，拥有年轻俊美的容颜，因爱上自己在水中的倒影憔悴而死，变成了一朵水仙花。

险弄虚，另一方面也因为他没有被作品意识驱动的野心，遂不必扭曲自己的体验，裹挟更宏大的语言去推动诗境的开张。

王维的诗典雅而坦诚，能广博地接纳，又平顺地返还，他精准地复现了一位具有立体多维感知能力的人与天地最为直接的吐纳与交融。我们读太白时少能出神，读老杜时不敢出神，但读王维却是不妨随时出神的——若太专注于揣摩他的诗艺，反如买椟还珠：他的诗不是一只漂亮的盒子，你可以随时从中蜕出、飘散，也可以随时自由归来。

最后，我想借一首我们最熟悉的诗来结束我们这十五天的长谈：《相思》。

红豆生南国，秋来发几枝。

愿君多采撷，此物最相思。

这首诗异文很多，上面引用的版本来自清代王士禛《唐贤三昧集》：它与《唐诗三百首》中我们熟悉的版本最为接近，只是"春来"被换成了"秋来"。其实，自唐宋至清中期，诗中此处都作"秋来"，我们熟悉的"春来"反而是晚近所改。

红豆又叫相思子，生于岭南，该是王维知南选时所见。它"秋间发花，一穗千蕊，累累下垂；其色妍如桃、杏"，能在萧肃的人间开出难见的鲜妍。其果实像细皂角，到次年春日，"荚枯子老"，荚中小豆掉出，"零落可拾数斗"，这就是王维劝朋友采撷的红豆了。萎落的红豆坚固而美丽，"赤如珊瑚"，"鲜红坚实，永久不坏"，比花朵又多了一重恒定的尊严，因形如血泪，故名为相思。当地人爱它形名俱好，常用来赠给朋友与情人，或存置银囊（韩偓"罗囊绣两鸳鸯，玉合雕双鹨鶒。中有兰膏渍红豆，每回拈著长相忆"），或穿成串珠作首饰；亦有人因它颜色鲜亮，用以嵌骰子（温庭筠"玲珑骰子安红豆，入骨相思知不知"），好取个吉祥意头。

这样细说红豆习性，倒不单是为论证"秋来"一说的合理，我想提醒你注意的是，以唐人的图景常识看来，红豆是种非常不合时宜的作物。《相思》起手二句，写的就正是它的特异：红豆生长于远离长安的南国，发蘖又赶在百卉凋零的秋日，时时处处都透着与人间运转秩序的不调和。

对诗人而言，这样的植物最合喻用：既可写贬谪，也可写不遇，既可哀"举世皆浊"，也可赞"坚持雅操"，用笔稍作拧转，就能把种种个体的情势鲜明地架出来。但王维却并没有选择这条路。

这首《相思》中全不见一丝执拗与勉强，一"生"一"发"，和顺如歌板，把一颗特立独行的种子调驯得自然而然："红豆生南国"是植根，"秋来发几枝"是萌芽，"愿君多采撷"是结子，"此物最相思"是得名，从未生写来眼前，从秋日写到春日，结空成色，顺理成章。离开时空的制约，它同样是应开时开，应尽时尽，开不骄矜，尽不折堕，既不特立于独异，也不焦灼于从众 —— 或许就因他的处理实在太过平淡，才让晚近不熟悉红豆脾性的清人将"秋来"改成了"春来"：他们很难意识到这首诗在写的本是一种多么有性格的植物。

王维看待红豆与任何人间草木都无二致，但正因如此，后面委婉含情的"愿君多采撷"才见珍贵。它不必因自己的不同担负任何期待，却也没有泯没自己的面目和性格：生本寻常，但每一个个体，也都值得人心怀温热，珍重相托。这是王维在走过这样的一生后，最终留给人间的态度。

十五天漫谈及此兴尽。我们也终将穿过彼此的生命，走向更邈远的万物，一如秋来枝发，春及实采。

感谢这期间那些曾隐现于我们身畔的光痕与声影，更要感谢你长久的陪伴。

再见。

后记

提笔写下这段后记时，篇末的《相思》已与我远隔了四个月的光阴。回舟北垞，再看到那丛"明灭青林端"的红豆，也就只能凭它跃跃如有，却终再难即。至今记得写下"再见"那一刻的怅然若失：这一日终究会来，但在写作过程中，我又没有一刻不在害怕着它的到来——你阅读时若也如我般领略过几个被诗性烛照的瞬间，我想你会懂得这份不舍。

这本书前后写了一年半，也几乎占满了我在工作与育儿外的所有边角时间。于我而言，它近似一场张骞凿空西域般的跋涉，可以用行走不断打开新的连通，证见新的空间。

王维的诗常被套入"少即是多"的冰山理论去解读：毕竟删除与添加走到极处，便要来到有与无的辩证。但我觉得相较于删简，王维的诗更近似一种超越性的折叠：听不到"人语响"的读者，便无法真正走入这座"不见人"的空山，看到诗无数种姿态的开启。

《王维十五日谈》是一场等待你我共同完成的长谈，而它初始的形状则来自我与我之间的一场周旋：动笔前的我，和被王维更新后的我。"隔浦望人家，遥遥不相识"，随着时日推移，谈席被不断拉远，话题也日益广阔。它早已不再是一场就诗论诗的观点交换，而如泻水置地，不断地四散蔓延：音乐与绘画、宗教与哲学、群聚与独处、诗艺与诗心……对谈双方不断交换着位置，一如《辋川集》中的王维与裴迪：新的我在雀跃地探索着未知，旧的我则守在诗旁站成了一个坐标，期待着远方的一次次回顾。王维如神龙探爪，在一个不断开启与闭合的世界中随缘隐现，或者说，也许他就是这个世界本身。

需要诚恳地承认，我无法保证每一圈自诗歌荡漾出去的涟漪都具有完全正确的形状 ——虽然我已在尽全力还原我看到的神影，但那终究不能等同于绝对的真实。王维的诗像山水画中的云烟，当创作不执着于"满"，诗便能随留白腾出手卷的平面，拥有被多维视角观看的可能。王维的诗短小简净，却远较许多鸿篇巨制更为自由：因其"空"，它反而拥有了体积；也因其"空"，它又永远无法被测准。

这本书在结构上也依从了王维诗歌的虚实节奏，你或能察觉某些章节在细节上下了极大力气，有些章节又似乎刻意将焦距调得很虚。同是谈艺术，绘画则实，音乐则虚；同是谈诗歌，歌行、边塞诗、应制诗则实，田园诗、《辋川集》则虚。具体到每个单章，我也同样在试图控制留白的比例：在阴与阳的消长中，我同时感受到了分缕不遗与留力顺势两种喜悦，对惯于在写作中拼尽全力的我来说，这是种独特而轻盈的觉察，也是王维带给我的、无可替代的收获。

我的收获当然还不止这些。跟随着一个个随遇涌现的好奇，这一年中，我参加了中央美术学院的花鸟绘画课，也每周跟从名师学习古琴。潦草弹会改编自《送元二使安西》的琴歌《阳关三叠》后，我更被激发出对乐律学的兴趣，想要系统地补一补王维少年时接受过的礼乐训练，找到一门新的解诗语言。在诗歌这条长路上，我已独自行走多年，但因这段写作经历，我忽然看到了长路之外的原野，与原野上方的星空。这是个令人欣喜的开始。每个人都有接近王维的独特路径，每一条路上也都有值得的风景：我用这本书标识出了我的，也相信你会找到你的。

最后，我要感谢与我一起见证这本书成形的朋友们：云衣、王小舒和我的编辑幽草君。一年多以来，是他们长足的陪伴与确认支撑着这场跋涉的终始，他们的每段点评、每种态度，都在书页中嘈嘈闪动，永不消歇。感谢赐序的胡桑兄，他让我看到了文言诗歌与现代诗歌的交通与关联，将今人与古人的对话带出世俗的妄念，成为一种可行的成长方式。感谢在"李让眉此间清坐"公众号中关注这本书进展的读者，更感谢一直在默默支持我的家人。

言不尽意。希望你喜欢这本小书。

李让眉记于乙巳大暑

附录：王维年表 [1]

西历	年号纪年	时事	人物经历	年龄
699	圣历二年		出生。	1
712	先天元年	李隆基即位，改元先天。		14
713	先天二年 / 开元元年		离开蒲州，赴长安。	15
720	开元八年		娶妻博陵崔氏。	22
721	开元九年		以进士擢第，调太乐丞，同年坐罪谪济州司仓参军。	23
725	开元十三年	玄宗东封泰山。	遇赦。	27

1　王维生卒年及部分事件发生的年份目前尚无确切的学术定论，本表依据新旧唐书等记载及本书作者的考证而拟，仅供读者参考。

（续表）

729	开元十七年		妻子去世。	31
734	开元二十二年	张九龄任中书令，开始执政；李林甫为礼部尚书、同中书门下三品。	擢右拾遗。	36
736	开元二十四年	七月，李林甫任兵部尚书；十一月，裴耀卿为尚书左丞相，张九龄为尚书右丞相，并罢知政事，李林甫兼中书令，牛仙客兵部尚书、同中书门下三品。		38
737	开元二十五年	张九龄贬荆州长史；李林甫赐爵晋国公。	调任监察御史，出使凉州；在河西节度使崔希逸幕下任判官。	39
738	开元二十六年	崔希逸迁河南尹，同年卒。	回到长安。	40
740	开元二十八年	二月张九龄逝世；同年孟浩然卒。	时任殿中侍御史；作《哭孟浩然诗》。	42
742	天宝元年	李林甫加尚书左仆射；裴耀卿任尚书右仆射。	时为左补阙，迁兵部库部司郎中。	44
752	天宝十一载	改吏部为文部。	时任文部郎中。	54
753	天宝十二载	李林甫病逝；杨国忠代为右相。		55

755	天宝十四载	十一月，安禄山反，陷河北诸郡；十二月，陷东京（洛阳）。		57
756	天宝十五载／至德元载	正月，安禄山僭号于洛阳；六月陷潼关，玄宗出逃蜀地，安禄山进入长安；八月，太子即位于灵武。	时为给事中，扈从玄宗不及，为安禄山所掳，服药称病，拘于菩提寺，后送至洛阳，口作《凝碧池》一诗。	58
757	至德二载	九月，广平王收长安；十月，广平王收洛阳，肃宗还长安；十二月，太上皇从蜀地返回长安。	陈希烈率陷贼众官向广平王素服请罪。	59
758	至德三载／乾元元年		责受太子中允；迁太子中庶子、中书舍人；复拜给事中。	60
759	乾元二年		转尚书右丞。	61
760	乾元三年／上元元年		上《责躬荐弟表》。	62
761	上元二年	王缙授左散骑常侍。	卒。	63

图书在版编目（CIP）数据

王维十五日谈 / 李让眉著 . -- 长沙 : 岳麓书社 ,
2025. 9. -- ISBN 978-7-5538-2410-9

Ⅰ . K825.6

中国国家版本馆 CIP 数据核字第 20253VH591 号

WANGWEI SHIWURI TAN

王维十五日谈

作　　者　　李让眉
责任编辑　　唐　睿
装帧设计　　张王珏

岳麓书社出版发行
地　　址　　湖南省长沙市爱民路 47 号
直销电话　　0731-88804152　　0731-88885616
邮　　编　　410006

2025 年 9 月第 1 版第 1 次印刷
开　　本　　875mm × 1230mm　　1/32
印　　张　　11.75
字　　数　　230 千字
书　　号　　978-7-5538-2410-9
定　　价　　65.00 元
承　　印　　河北鹏润印刷有限公司

浦睿文化 INSIGHT MEDIA

出版统筹：胡　萍

监　制：余　西　于　欣

策划编辑：靳田田

装帧设计：张王珏

责任营销：狐　狸

欢迎出版合作，请邮件联系：insight@prshanghai.com

微信公众号：浦睿文化